EXPRESSO LUNÁTICO

CARL HOFFMAN

EXPRESSO LUNÁTICO

Tradução de
MAURO PINHEIRO

1ª edição

EDITORA RECORD
RIO DE JANEIRO • SÃO PAULO
2013

CIP-BRASIL. CATALOGAÇÃO NA FONTE
SINDICATO NACIONAL DOS EDITORES DE LIVROS, RJ

H647e Hoffman, Carl, 1960-
Expresso lunático / Carl Hoffman; tradução de Mauro Pinheiro. – 1.ed. – Rio de Janeiro: Record, 2013.

Tradução de: The lunatic express
Apêndice
ISBN 978-85-01-09181-9

1. Hoffman, Carl, 1960- – Viagens. 2. Viagens. 3. Transportes – Avaliação.
I. Título.

12-7984

CDD: 910.4
CDU: 910.4

Título original em inglês:
THE LUNATIC EXPRESS

Copyright © Carl Hoffman, 2010

Todos os direitos reservados. Proibida a reprodução, armazenamento ou transmissão de partes deste livro através de quaisquer meios, sem prévia autorização por escrito. Proibida a venda desta edição em Portugal e resto da Europa.

Texto revisado segundo o novo Acordo Ortográfico da Língua Portuguesa.

Direitos exclusivos de publicação em língua portuguesa para o Brasil adquiridos pela
EDITORA RECORD LTDA.
Rua Argentina 171 – 20921-380 Rio de Janeiro, RJ – Tel.: 2585-2000
que se reserva a propriedade literária desta tradução

Impresso no Brasil

ISBN 978-85-01-09181-9

Seja um leitor preferencial Record.
Cadastre-se e receba informações sobre nossos lançamentos e nossas promoções.

EDITORA AFILIADA

Atendimento direto ao leitor:
mdireto@record.com.br ou (21) 2585-2002.

À minha mãe e ao meu pai:
Diane Hoffman e Burt Hoffman

*Nossa Natureza se baseia em movimento; a quietude completa
é a morte.*

— Pascal

*Nunca devemos parar de explorar. E o fim de toda exploração
será alcançar o ponto de onde partimos. E descobrir esse lugar
pela primeira vez.*

— T.S. Eliot

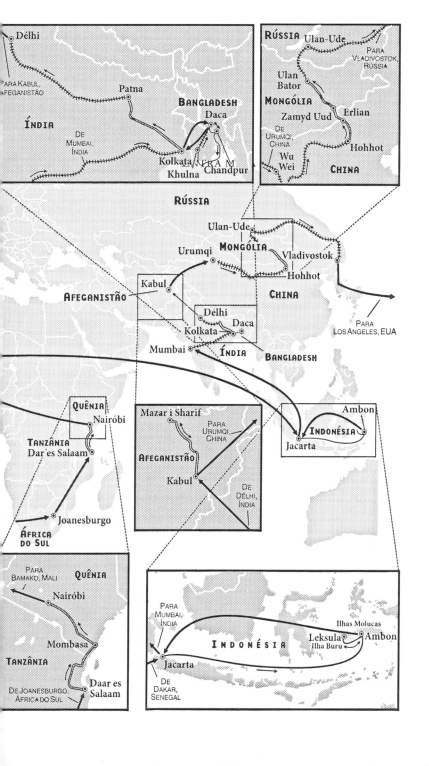

SUMÁRIO

Prólogo: Hora de rezar 13

PARTE UM **AMÉRICAS**

UM: Vai! 19
DOIS: Contando com a *buena suerte* 43
TRÊS: Ou é a sua hora ou não é 71

PARTE DOIS **ÁFRICA**

QUATRO: Agentes de morte e destruição 99
CINCO: Aquele trem é muito ruim 127

PARTE TRÊS **ÁSIA**

SEIS: *Jalan, jalan*! 155
SETE: A 290ª vítima 195
OITO: Só me resta chorar 223
NOVE: O que fazer? 249

DEZ: Assustariana   271
ONZE: Aguarde e confie   305
DOZE: Igualzinho, mas diferente   331

Apêndice   345
Agradecimentos   349

PRÓLOGO

Hora de rezar

NUMA ESTRADA DA periferia de Puli Khumri, o ônibus começou a sacudir e parou no acostamento, sem mais conseguir arrancar. Khalid, meu companheiro de viagem, soltou um suspiro. Atormentado, levantei-me para sair e esticar as pernas como todo mundo, mas ele me interrompeu.

— Isso não é bom — disse num sussurro. — Este lugar é perigoso. É território de Gulbuddin Hekmatyar, o homem mais perigoso do Afeganistão. Muito religioso, é o líder do Partido Islâmico, grupo violento, que assassina inocentes. Não é talibã, mas é tão cruel quanto. Agora está exilado. Seu povo, porém, vive aqui.

Khalid tinha razão, eu sabia, Hekmatyar estava politicamente em todo canto. Desde a queda dos talibãs, opusera-se violentamente ao governo Karzai e à presença dos americanos no Afeganistão. Os Estados Unidos o rotularam oficialmente como terrorista. De repente, tive uma espécie de pavor. Uma sensação horrível, a mais forte desde que saíra de casa, meses atrás, para viajar pelo mundo exclusivamente nos ônibus, barcos, trens e aviões mais perigosos, lotados e lentos. Minha faca estava atada a meu braço com uma fita e eu vestia um *salwar kameez* manchado de graxa, a cabeça enterrada num chapéu, a barba de uma semana cobrindo o rosto. Mas, a essa altura, o que aconteceria se parássemos de avançar por um dia e minha presença fosse revelada? Para onde iria? Para onde fugiria? Não podia pegar um táxi, tampouco me esconder num prédio do governo ou num hotel cinco estrelas. Lá fora só havia os campos terrosos. Algumas casas de barro. Poucas árvores. E se o ônibus não voltasse a partir? E se tivéssemos de descer e esperar na cidade, e eu fosse descoberto? Era loucura minha tentar atravessar o Afeganistão de ônibus no meio da guerra. O que tinha na cabeça? Fechei os olhos e tentei dormir; tentei não pensar em nada.

Khalid rezava.

PARTE UM

AMÉRICAS

Um jato comercial cubano fabricado na Rússia bateu contra uma montanha perto da cidade venezuelana de Valencia na noite de sábado. Segundo as autoridades, todas as 22 pessoas a bordo morreram. Não foram dadas explicações imediatas sobre o acidente, o segundo dessa escala em menos de uma semana a ocorrer com a companhia aérea estatal.

— The New York Times, *27 de dezembro de 1999*

UM Vai!

— Vai, vai, vai! — gritou uma chinesa na frente de um posto do New Century Bus, que ficava no subsolo amarelado de um daqueles prédios de tijolos aparentes, ao longo da H Street Northwest, no anêmico bairro de Chinatown, em Washington. O ônibus estava do outro lado da rua e partia naquele exato momento. Fazia frio e o céu estava claro. Meus filhos e Lindsey, minha esposa, correram comigo e nos abraçamos. Um chinês numa jaqueta de couro resmungou:

— Vai! — e logo me encontrei só, descendo a K Street num desses "ônibus chineses", indo para Nova York.

Meu celular vibrou. Uma mensagem de Lindsey: "Eu queria uma foto de todos nós!" Não tinha dado tempo. Parecia o som de uma voz que se dissipava rio acima, enquanto a correnteza me arrastava para longe.

O tempo estava instável, como era comum nas primeiras semanas de março. O dia anterior fora quente e frio, ensolarado e chuvoso, nublado e com muito vento, tudo ao mesmo tempo.

Descendo a Columbia Road a pé, com dez notas de 100 dólares, recém-sacadas do caixa eletrônico, no bolso, cerrando os olhos sob o sol e sob as nuvens, tentava não ser levado pelo vendaval. Cheguei a ser atingido por granizos do tamanho de uma ervilha. As placas de trânsito balançavam e um estande do *Washington Post* desabou. Senti um nó na garganta. Um peso no peito. Fazia várias semanas que não dormia. Sairia de casa naquela manhã.

Durante vinte anos, tinha sido um marido e um pai equilibrado, até que tive um estalo. De repente, minha vida parecia não mais se ajustar. Estava envelhecendo, com uma mulher e três filhos que amava, mas que não moravam comigo havia quase um ano. Uma longa viagem parecia a melhor solução. A atitude clássica seria sair desse mundo em busca do exótico, para voltar renascido: Gauguin foi para o Taiti, Wilfred Thesiger, para o deserto de Rub' al-Khali, e o artista nova-iorquino Tobias Schneebaum literalmente se livrou de suas roupas no rio Madre de Dios e entrou nu na Amazônia peruana. O oposto disso — a procura do prazer em estado puro — também fora popular por muito tempo: comida e cafés em Roma para Henry James, e, para Liz Gilbert, as ondas espirituais da cidade de Ubud, em Bali.

Enquanto caminhava contra o vento pela Columbia Road, para acabar de fazer a mala no meu mal mobiliado apartamento, ocorreu-me outra coisa: não escapar do mundo, mas o contrário, ir diretamente a seu caótico epicentro. Experimentar uma viagem não como férias, mas como o é para a maioria das pessoas: o simples ato cotidiano de ir de um lado para o outro nos meios de transporte mais baratos possíveis. Algo necessário à vida, como escovar os dentes, dormir ou fazer amor.

A ideia me veio pela primeira vez num voo de Kinshasa para Kikwit, na República Democrática do Congo, quando viajava numa missão jornalística para uma revista. O avião Short Skyvan, com 30 anos de idade e 18 assentos, estava lotado, quente como um telhado de betume numa tarde de verão, e cheio de moscas. Ainda não se sabia quando decolaria, e nem se de fato decolaria. No Congo, acidentes com aviões ocorriam com regularidade alarmante; minha preocupação não era saber se teria ou não o que comer, mas se sobreviveria. Tivemos sorte e partimos. Sob nós, um país do tamanho da Europa ocidental, mas com apenas 500 quilômetros de ruas pavimentadas, nas quais hordas de pessoas, enlatadas em caminhões de trinta toneladas, percorriam estradas de terra.

Por terra ou ar, nenhum dos viajantes no Congo era turista. Os passageiros a meu lado no Skyvan suavam nervosos, mas conformados com os atrasos, as esperas e o desconforto. Talvez todo viajante já tenha sentido isso alguma vez, pensei. Durante a maior parte da história da humanidade, viajar fora uma árdua necessidade. A própria palavra em inglês, *travel*, vem do francês *travailler* — trabalhar, o que ilustra a dificuldade de se viajar para onde quer que fosse durante a Idade Média. Com a exceção de alguns loucos, como William Lithgow, um escocês que percorreu a Europa, o Oriente Próximo e o norte da África no começo do século XVII, as pessoas não viajavam por prazer, mas por necessidade. A pé, a cavalo, em carroças ou pelo mar, as longas jornadas eram desconfortáveis, imprevisíveis e assustadoras. As estradas eram ruins. Navios afundavam. Hoje, porém, concebemos o ato de viajar como aspiração à alegria e uma busca do prazer. As férias e o turismo formam a maior indústria no mundo e geram uma renda de 500 bilhões de dólares por ano. Mas o turismo é um fenômeno relativamente recente; existe há cerca de trezentos anos. Como um jornalista que frequentemente se enfia nas esquinas e quebradas mais estranhas do mundo, gradualmente me dei conta de que os altos números da indústria turística de hoje dissimulam uma realidade paralela e excluem, portanto, um imenso fluxo de pessoas em trânsito. Na verdade, excluem a *maioria* dos viajantes, para os quais viajar ainda é sinônimo de castigo, de imprevistos e, às vezes, de um *travail* mortal.

Depois daquele voo no Congo, aonde quer que fosse, observava essa artéria palpitante de gente que viajava dentro das cidades, entre países, cruzando os oceanos; pessoas que não apareciam nas estatísticas de turismo e que não acumulavam milhas. Um planeta de povoados majoritariamente rurais que se tornara, ao longo dos últimos cinquenta anos, urbano e interconectado. Em 1970, 55% dos brasileiros viviam em cidades; em 1995, esse número chegava a cerca de 80%. Compare com outro país da América do Sul, da África ou da Ásia e as estatísticas serão similares. Em carros, vans, ônibus, barcos, trens e aviões — sem falar nos meios mais degradantes, em que indivíduos transitam empacotados em contêineres ou devem se arrastar pelo deserto do Texas com seus guias "coiotes" —, as pessoas se transferiam de povoados a cidades, de um país a outro, entre continentes, permanecendo totalmente invisíveis nas estatísticas de viagens internacionais. Somente em 2008 foi divulgado o relatório de Dilip Ratha, um economista desertor do Banco Mundial e o primeiro a estudar as remessas de valor de forma séria (o dinheiro que migrantes enviam para seus lares, para suas famílias). Antes dessas pesquisas, grande parte dos economistas concebia tais remessas como quantias desprezíveis em relação ao desenvolvimento internacional. Ratha, contudo, revelou que uns 200 milhões de imigrantes no mundo inteiro movimentavam cerca de 300 bilhões de dólares por ano, o equivalente ao volume destinado à ajuda externa de todos os países multiplicada por três. Isto é, 200 milhões de operários, jardineiros, empregadas domésticas e babás, em trânsito constante, que nunca relaxaram a bordo de um avião da United Airlines ou da Singapore Airlines.

Lendo o jornal, percebia as sombras macabras que suas viagens deixavam: "BARCO NAUFRAGA EM BANGLADESH; MUITOS MORTOS", noticiava uma manchete mínima, nas profundezas do *Washington Post*. No pobre e aquático mundo de Bangladesh, mais de 20 mil embarcações eram a única alternativa para se deslocar entre Daca e as regiões mais remotas. Nos últimos 26 anos, foram relatados 496 naufrágios, responsáveis pela morte de 5 mil pessoas. O mesmo ocorre na Indonésia, onde, por exemplo, quatrocentas pessoas se afogaram quando, em janeiro de 2007, um navio lotado afundou durante a viagem de 19 horas entre Java e Kalimantan. O que não era, aliás, nada extraordinário para os exaustos viajantes do arquipélago: tratava-se do segundo barco a naufragar em dois dias e da quarta vez que morriam cerca de quatrocentas pessoas numa linha marítima local desde 1999.

Para onde quer que olhasse, eu as via. Atento a essas breves notícias, eu as lia incessantemente: barcos de passageiros naufragavam no Amazonas; aviões se espatifavam na África; trens descarrilavam na Índia ou acabavam atacados por multidões. Quando o *New York Times* publicou, em 2007, um artigo sobre o desconforto das viagens aéreas, seu site ficou congestionado — foram 298 comentários mal-humorados, amargos e indignados. "Sou capaz de tudo para evitar viajar de avião", escreveu Isabella, de Palo Alto, Califórnia, num tom similar aos demais. A grande maioria dessas reações se dirigia aos voos domésticos americanos, entre os quais, no entanto, de 2006 a 2009, ocorrera apenas um acidente envolvendo companhia importante. Aviões lotados (embora limpos), comissários de bordo antipáticos — e daí? Você pode comprar a passagem pela internet, comer uma barra de cereais e chegar ao seu destino. A aviação africana era um universo diferente em todos os aspectos. Das noventa companhias aéreas banidas pela União Europeia, cujas aeronaves foram consideradas "caixões com asas", cerca de cinquenta vinham da África e possuíam aparelhos nos quais as chances de morrer eram 25 vezes maiores do que num avião de passageiros norte-americano.

Em *The Naked Tourist*, Lawrence Osborne afirma que "viajar é em si um conceito obsoleto (...) a viagem tem sido abrangentemente substituída pelo turismo (...) e o viajante moderno não tem mais para onde ir". Entendi o que ele queria dizer, mas não concordei. Para mim, a viagem, em seu sentido mais antigo, ainda está bem diante de nossos narizes. Em todos esses ônibus que caem de penhascos, nessas embarcações que afundam e nesses aviões acidentados, as pessoas ainda efetuam todos os dias, inconscientemente, viagens árduas e imprevisíveis.

Quando comecei a perceber a existência dessas armadilhas mortíferas, não consegui sufocar minha curiosidade. Queria zarpar e, pelo fluxo intenso dessa artéria invisível, circum-navegar o planeta. Queria saber como era estar nesses barcos que matavam pessoas diariamente, nesses ônibus que caíam de despenhadeiros, nesses aviões que se espatifavam. Queria viajar pelo mundo como a maioria das pessoas, arriscando suas vidas a cada vez que, por falta de dinheiro ou de opção, botam os pés nesses meios de transporte lotados ou malcuidados.

Numa viagem longa costumam ocorrer imprevistos. Então, na medida do possível, decidi minimizar os riscos. Colete salva-vidas, lanterna *strobo* à bateria e à prova d'água, um kit de sobrevivência que minha irmã tinha me dado de Natal, como uma pseudopiada, e uma pilha de frascos de plástico laranja: Cipro, em caso de diarreia, disse meu médico, "mas se evacuar sangue, procure ajuda"; Azitromicina, para infecções respiratórias; Tylenol com codeína, para dores fortes, "dois de quatro em quatro horas, se necessário"; e Malarone, para malária, além de agulhas esterilizadas e linha de sutura. Tentei dobrar meu seguro de vida, sem êxito: dois agentes de seguros diferentes me dispensaram, ainda que tivesse convenientemente esquecido de mencionar grande parte dos meios de transporte e dos lugares mais perigosos incluídos em meu itinerário experimental. Minha "exposição à viagem", como o disse o representante da AIG, era demasiada. Tomara todas as vacinas imagináveis: hepatites A e B, encefalite japonesa, febre amarela, tifo, tétano e cólera. Nada mais faltava.

FUGIR VIRARA MINHA especialidade. Quando entrei na casa dos 20 anos, comecei a escrever e a viajar. As duas coisas me eram indissociáveis. Em meu primeiro artigo para uma revista de circulação nacional, tive de fazer o perfil do comandante de um navio-tanque de 180 metros de comprimento, que descia a costa Atlântica. Quando saí de casa para encontrá-lo, em New Haven, Connecticut, estava tão nervoso que só pensava em vomitar. Três semanas mais tarde, um editor me ligou e disse:

— O que você acha de ir para as ilhas Canárias por duas semanas?

Sair às pressas era difícil naquela época. Tinha me apaixonado por Lindsey durante o verão de meus 22 anos. Nós nos casamos cinco anos depois e trabalhávamos ambos por conta própria; assim, ficávamos o tempo todo juntos. Ao ir embora, vencendo a passarela de embarque em direção a um lugar distante, era como se estivesse nu. Lembro-me de ter viajado para St. Lucia certa vez e ter sentido falta de ar ao entrar no avião. Ligava para casa todo dia.

Não sei quando nem como as coisas mudaram; foi tão lento, tão gradual. Conforme os anos passaram, senti-me à vontade para ir aos extremos do mundo. Atingi um nível de concentração que nunca antes alcançara — toda minha energia, dia e noite, era orientada para a missão de conseguir o artigo, de entrar na vida dos outros. E eu era capaz de me sacrificar por essa missão, passar fome, sofrer no calor e no frio como jamais o fizera. Toda reportagem era uma questão de vida ou morte, uma viagem de ida e volta até o limite e, em muitos aspectos, só me sentia capaz de ir tão longe por ter uma âncora fincada no solo do lar.

Era pago para saciar minha curiosidade em relação ao mundo. Viajava com missionários que tomavam um avião para as selvas e para as montanhas da Nova Guiné, e com pilotos mercenários no sul do Sudão. Comi miolos de rena com os últimos pastores sobreviventes de uma tribo na Sibéria. Num barco de 50 metros, em alto-mar, ao sudeste da Groenlândia, aprendi a beber uísque com um homem que uma vez fora encarcerado numa caixa de metal de $1m^2$ nas ilhas Salomão e que rodara o mundo com um recorte de John Wayne de papelão em tamanho natural. As aventuras eram um vício. Em vez de me assustar com a perspectiva de uma nova viagem, comecei a ansiar pelo momento de partir. Entrar no avião era como um jogo de dados; olhar para o céu e pensar: "Lá vou eu!" Qual seria a próxima experiência? Quem encontraria? Será que conseguiria escrever a reportagem e trazê-la de volta para casa? Será que pelo menos sobreviveria? E conseguia mergulhar no universo dos outros, ver a vida a partir de seus olhos. Esse era o maior privilégio de ser jornalista — viver por um momento no mundo de outra pessoa, diluir-me no outro e me apropriar dele, envolver-me com ele como se fosse uma nova identidade. Quanto mais atravessava fronteiras, quanto mais me encontrava em lugares estranhos, mais me dava conta de que nesse momento, nesse exato instante, esquimós polares açoitavam seus cães sobre desertos de gelo e neve na Groenlândia, mulheres *dayak* teciam cestas em moradias comunitárias em Bornéu e os maias veneravam deuses singulares em cerimônias fumarentas na Guatemala. Assim que descobri a diversidade solta lá fora, não consegui mais deixá-la.

A cada retorno, meu lar parecia mais estranho. As duas vidas desafinavam. Um dia, estava em zona de guerra no sul do Sudão, com calor e moscas, entre vítimas baleadas; no outro, encontrava-me numa reunião com os professores de meus filhos. Um dia, seguindo o curso do rio Amazonas; no outro, passando aspirador em casa e comprando leite no supermercado. Contava minhas histórias — que eram ansiosamente esperadas —, mas não contava a ninguém como era difícil cavalgar aqueles dois mundos. Estava cada vez mais aberto ao mundo e fechado para o lar... Até o dia em que comecei a desejar mais o momento de descer a passarela de embarque até o avião do que o de voltar para casa.

Um dia meu corpo simplesmente reagiu, como se ardesse em febre. Estava funcionando perfeitamente, mas cansado, letárgico, mal era capaz de me levantar do sofá e, pelo visto, não conseguiria mais dormir o suficiente. Passei um ano assim e o médico nada detectou de errado. Em seguida, como inúmeras vezes em minha vida, o telefone tocou e, uma semana depois, parti — dessa vez por dois meses, num barco, no meio do oceano Pacífico, escrevendo sobre uma busca quixotesca pela aviadora Amelia Earhart. Minha letargia evaporou-se no primeiro dia, diante do mar, com os peixes voadores e os golpes barulhentos das caudas de baleia. Oito semanas depois, estava de volta ao lar, livre dos enjoos, porém consciente, pela primeira vez, de uma tristeza intensa, profundamente desconectado da vida que julgara imperturbável.

NAS PÁGINAS INICIAIS do primeiro livro pelo qual me apaixonei, *Swallows and Amazons*, de Arthur Ransome, os filhos da família Walker, durante as férias, acham um bote na casa de barcos de uma fazenda que alugavam à margem de um lago, e acabam descobrindo uma ilha. "Os quatro tiveram a mesma ideia ao mesmo tempo", escreveu Ransome. "Não era somente uma ilha. Era a ilha, e ela os esperava. Era a ilha deles. Com uma ilha daquelas à vista, quem poderia ficar satisfeito vivendo em terra firme e dormindo numa cama à noite? Com um lago do tamanho de um pequeno oceano, um bote de 4 metros no alpendre dos barcos e uma ilhota selvagem à espera de exploradores, nada parecia mais digno de consideração do que uma viagem marítima de descoberta."

Escrita em 1930 por um correspondente itinerante que cobria a revolução russa, casado com a secretária de Leon Trotski e que havia cruzado o mar Báltico num barco à vela de 6 metros, essa passagem me capturou mais do que qualquer outra que li desde então; o nascer da sede de correr o mundo. Um bote. Uma ilha. Uma viagem. A ideia surge espontaneamente, apodera-se de você, e não se pode mais deixá-la. Não vale a pena pensar em qualquer outra coisa. "Por que você vai fazer isso?", perguntaram meus amigos. Eles não conseguiam perceber o sentido. Viam minha jornada como um tipo de masoquismo e os meios de transporte em questão como uma pena de morte que me impunha. As pessoas pararam de me ligar dias antes da partida. Não deram os pêsames, não demonstraram empatia nem disseram "boa sorte". Apenas se esconderam, como se eu tivesse ficado louco, como se estivessem com vergonha por mim e não soubessem o que dizer. "Coitado do Carl", imaginava-os dizendo, "sente-se tão perdido que está indo embora para se matar lentamente."

Mas tinha o pressentimento de que o momento era apropriado; a hora tinha chegado. Após a expedição em busca de Amelia Earhart, começara a viajar com mais frequência. Meus dias tinham virado uma série de voos de ida e volta, e me sentia cada vez mais à vontade em lugares estranhos. Agora, precisava fazer algo extraordinário para dar uma sacudida em minha vida — e, para isso, nada melhor do que as longas viagens. Ainda havia muito o que descobrir e ver no mundo, e esperava poder voltar para casa com um olhar renovado.

Quando o ônibus saiu singrando o tráfego de Washington e a remota área industrial do extremo leste da New York Avenue, minha ansiedade começou a se inflamar como um temporal de verão em Chesapeake Bay. À minha frente, encontravam-se possivelmente a miséria e, talvez, o perigo, mas também a aventura e o desconhecido – algo que eu estava prestes a viver intensamente. Dei-me conta de minha sorte. Estava pronto para o que desse e viesse e, quem sabe, talvez uma longa viagem nos piores meios de transporte do mundo me conduzisse a algum lugar completamente novo.

Comecei aos poucos, numa rota indireta que me levava ao norte. Queria ir à América do Sul, e uma companhia aérea se destacava: Cubana de Aviación, a que tinha um dos piores recordes de segurança e um "índice de evento fatal" vinte vezes maior do que o da Southwest Airlines, por exemplo. Mas o lugar mais próximo de onde a Cubana decolava era Toronto, e a pior alternativa para chegar até lá eram os chamados "ônibus chineses" até Nova York e, em seguida, a linha de ônibus Greyhound, que ia até Toronto, ambos carregados de histórias de panes e catástrofes. Além do mais, gostava da ideia de começar em casa, em estradas conhecidas, ruas que já havia percorrido centenas de vezes e que me levariam de Nova Jersey até os picos dos Andes e às planícies da Ásia, um encadeamento contínuo de máquinas, experiências em expansão que, por fim, me trariam de volta.

Levei um tempo para conseguir me desacostumar de casa. Virei a primeira noite entrando desconfortavelmente no estado de Nova York, despertando com o sol no horizonte acima do lago Ontário, que, severamente congelado, parecia uma folha de papel branca. Fazia dez graus negativos, a cidade brilhava e fumegava com uma pilha de 1 metro de neve ao longo das ruas e calçadas; colunas de vapor saíam das chaminés dos prédios sob um céu opressivamente azul. Estávamos com uma hora de atraso, a 12 horas de Manhattan, mas eu tinha a impressão de que o mundo deslizava sob mim.

Meu voo de quatro horas até Havana, numa das piores linhas aéreas do mundo, foi surpreendentemente tranquilo. Uma hora antes da aterrissagem, os comissários e as comissárias de bordo abriram suas bagagens e começaram a vasculhar o avião, levando tudo o que não estivesse aparafusado. Pacotes de guardanapos. Quentinhas de frango com alface. Um monte de talheres descartáveis. Rolos de papel higiênico. Saquinhos de sal e pimenta-do-reino. *Nécessaires* descartáveis. Pilharam o avião como se nunca mais fossem voltar a ver um garfo de plástico, e talvez sequer outra refeição, o que acabou fazendo sentido assim que saí do aeroporto. Uma chuva leve borrifava Havana. Cinco horas mais cedo eu estava num mundo frígido de vidros brilhantes e escadas rolantes, mas ali estava quente. Abafado. Escuro, o tipo de escuridão que só existe nas fissuras do mundo, onde há apenas postes suficientes para iluminar o quase nada, esses, por sua vez, frágeis oásis para nuvens de milhares de mosquitos. Havia poças gigantes e as ruas e calçadas de Havana eram rachadas e esburacadas. Ao sair da alfândega, aceitei a proposta duvidosa de um taxista cigano que me levou a uma Toyota com vidro fumê e sem maçaneta. Não gostava de perder de vista minhas malas, mas ele abriu o porta-malas e insistiu para que ficassem escondidas.

— Polícia — disse ele. — Onze milhões de cubanos, 5 milhões de policiais!

Não sei como conseguiu dar partida no carro, mas conseguiu, em meio às tosses engasgadas do motor e ao cheiro forte de óleo e gasolina. O veículo não tinha cano de descarga e saiu roncando do estacionamento naquela escuridão úmida, passando ao lado de fileiras intermináveis de pessoas que caminhavam penosamente pela calçada como zumbis noturnos sob a chuva fina.

— Você gosta de reggaeton? — perguntou ele, aumentando tanto o volume do som que as portas vibravam. — Me paga agora! — disse, de repente.

— Não — respondi. — Quando chegarmos ao hotel eu pago.

— Sem gasolina! — retrucou — Me paga agora.

— Não — repeti. Minhas bagagens estavam no porta-malas; agora ele queria o dinheiro adiantado. Era tudo muito suspeito.

— A gasolina está acabando! — insistiu o motorista. — Não vamos chegar! — inclinei-me para ver o medidor do tanque.

— Quebrado — disse ele. Estavam todos assim e os ponteiros não se moviam. Seu tom de voz dava pena.

— Ok — falei —, metade agora, metade quando chegarmos.

Ele deu uma guinada e entrou num posto de gasolina que parecia abandonado, pôs 10 dólares de combustível no tanque e logo, num rugido do motor, penetramos na escuridão vaporosa de uma cidade que me surpreendeu. Não por causa das construções da época colonial espanhola, que nessa velha cidade viravam ruínas, deterioradas pelo mofo; não devido à pobreza ou à ausência de bens materiais dos habitantes; foi o apetite sexual que tinham, um desejo tão intenso que transformara Havana num lugar de cafetões e prostitutas, com um malandro em cada esquina.

— Olá — disse uma jovem chamada Martha, que surgiu ao meu lado no dia seguinte, na rua em frente ao Parque Central.

As calçadas estavam lotadas, abarrotadas de gente que caminhava com cautela sobre meios-fios rachados, enquanto modelos de Chevrolet de 1957 e velhas motos chinesas passavam pelas ruas.

— Você é de onde? — ela perguntou. — É a primeira vez que vem a Cuba? — tinha 21 anos e podia ser minha filha. De camiseta e shorts modestos, com tênis de corrida brancos e limpos, parecia mais sã e inocente do que 90% das garotas de sua idade que desfilavam na televisão em horário nobre. — Dou aula de dança num hotel — disse — e gosto de treinar meu inglês. Você gosta de salsa?

Respondi que sim.

— Há um festival de dança muito importante num lugar famoso, o Rosário Castro, perto daqui. Quer dar uma olhada?

— Claro! — respondi. E a segui. Viramos uma esquina, descemos um quarteirão e outra esquina até chegar a um edifício colonial todo decorado e com uma porta de madeira grande o suficiente para a passagem de um caminhão. Subimos uma escada de pedra larga e alcançamos um terraço amplo, com algumas mesas de plástico, bar e vista para um jardim interno. Era meio-dia. Atrás de umas portas de vidro havia uma sala ao ar livre, perfeita para dançar, mas vazia, com as portas trancadas.

— A salsa ainda não começou — informou-me. — Você quer um mojito? Fazem uns ótimos aqui.

Uma mulher apareceu na porta do banheiro. Era pequena e tinha a forma de um barril, com um dente dourado proeminente e uma cicatriz no pulso.

— Oi, amiga! — disse Martha. As duas se abraçaram e se beijaram no rosto.

— Pague um mojito para a gente? — disse Juliana. — Por favor!

Nós nos sentamos numa mesa e Martha pediu três.

— Não se preocupe — disse. — Como ainda é cedo, vou pedir para virem bem fraquinhos.

— Você acha a Martha bonita? — perguntou Juliana, apertando a bochecha da amiga quando os mojitos chegaram.

Não tinha certeza do que responder. Então me calei e tomei um gole; a menta e o limão gelados e docinhos eram uma delícia, mas o drinque tinha rum suficiente para saciar um soldado voltando do Iraque.

— Quer trepar com ela? — Martha sorriu. Juliana sorriu.

— *Fucky-fucky*! — disse Juliana.

— Hum... Não, obrigado — gaguejei, sentindo-me de repente um pouco encurralado. As duas franziram as sobrancelhas.

— Mas você não a acha bonita? — exclamou Juliana.

Acenei com a cabeça.

— Sim, é muito bonita, mas não, obrigado.

— Ok, mas estamos com fome! — disse Martha, chupando ar pelo canudo do mojito rapidamente esvaziado. Outra rodada foi pedida.

Elas tinham me deixado curioso. Assim, paguei um prato de peixe frito com arroz para dividirem. Devoraram tudo como se não tivessem comido desde a semana anterior. Juliana enrolava charutos — cem deles por dia — e ganhava 240 pesos cubanos por mês, ou seja, aproximadamente 10 dólares, segundo a taxa oficial de câmbio.

— Os Estados Unidos são incríveis! — disseram, engolindo colheradas de arroz. — Que tal outro mojito?

— Tá — concordei. — Mas vocês têm plano de saúde gratuito.

— O quê!? — as duas quase cuspiram o arroz. — Nada é de graça! Meu bebê precisa de uma operação — disse Martha. — Tem de dar perfume, xampu, lembrancinha para o médico, senão você fica na lista de espera durante anos. A fila é longa. Sempre tem gente na lista. E a polícia! Ganham 800 pesos cubanos por mês e mais 40 pesos conversíveis, o dobro do salário de um médico — concluiu, para logo voltar à carga. Elas queriam mais. Mais dinheiro. Mais mojitos. — Você tem certeza de que não está a fim de um *fucky-fucky*?

Na terra do plano de saúde e da educação gratuita, com Che e Fidel em cada muro, os cubanos trapaceavam e davam voltas no sistema, atrás de moedas fortes. Eu não podia relaxar; se parasse num banco de um parque ou reduzisse o passo na rua, alguém tentava me vender seu corpo. Ou o de sua irmã, ou de sua namorada, ou uma caixa de charutos. Não conseguia entender Cuba, mal conseguia vê-la, e o problema era meu lar, o tempo e a mágica do avião. A Cubana de Aviación tinha me arrancado das ruas geladas do Canadá e me jogado em Havana um dia depois. Meu corpo estava lá, mas a cabeça não. Era o típico problema das férias de uma ou duas semanas, sobretudo em países estrangeiros: é difícil sair do escudo protetor, e as pessoas percebem isso, por intuição, pelo jeito de andar, de se mover, de olhar, de falar. Era como se tivesse um sinal piscando em minha testa com as palavras ATORDOADO E CONFUSO.

Foi assim que, por mais que me considerasse cuidadoso e alerta ao mundo, só em Cuba fui enganado, caindo numa conversão monetária que me deixou depenado e sozinho num mercado, com um punhado de pesos cubanos sem valor — o que não era um drama, diga-se. Afinal, mergulhar num mundo, conhecê-lo, não é algo que acontece da noite para o dia. Existe uma transição. Precisamos de tempo e de espaço, e em Cuba eu estava apenas começando a esquentar.

Após quatro dias, sentia-me ansioso para continuar em movimento e ir mais longe. Fiquei feliz ao embarcar no Ilyushin Il-62 na direção de Bogotá. O que era uma loucura: três dos oito acidentes com voos da Cubana ocorreram em linhas para a América Central ou do Sul; num deles, um Il-62 caiu, logo após a decolagem, num bairro de Havana, a uns 3 quilômetros do aeroporto, matando todos os 126 passageiros e a tripulação, além de 14 pessoas em terra. Mas não havia motivos para pânico, como dizia em inglês, de forma bem direta, a revista de bordo da companhia. Ou quase. "É como um corolário, que não precisa ser demonstrado, pois é deduzido empiricamente: antes de um voo, fica-se preocupado... Talvez você tenha ouvido falar que um furacão está atravessando tal ou tal região, o que o deixa em estado de alerta, desencadeando o mecanismo do medo, que não é aparente, é silencioso e discreto, mas que o deixa tenso. Então, fica claro que a segurança é motivo de preocupação. No entanto, essa preocupação se deve à sua falta de conhecimento sobre o meio de transporte que está usando e sobre a tripulação que o comanda." Relaxe, apregoava o artigo. A equipe da Cubana fora "devidamente certificada por instituições prestigiosas de aeronáutica" e o avião em si era "um modelo recente, equipado com (...) os melhores sistemas desenvolvidos pela mente humana, capaz de rir dos furacões e de qualquer outro distúrbio atmosférico". Pouco importava que eu estivesse indo para um país cuja simples menção do nome bastava para deixar minha família e meus amigos aflitos. Guerrilhas. Narcotráfico. Sequestros. Mas, assim como viajar na companhia aérea mais perigosa do mundo fora estranhamente agradável, suspeitava de que os perigos da Colômbia fossem superestimados. Os norte-americanos sempre consideravam seu país como o mais rico, o mais livre, o mais seguro do mundo, e o resto, especialmente os países em desenvolvimento, como um miasma de desespero e criminalidade, um universo hobbesiano de pobreza, assaltos, bombardeios e sequestros no qual as pessoas se esforçam para levar a vida num entulho de lixo. Eu acreditava que fosse uma preocupação exagerada, e era justamente por essa razão — pensei, enquanto me instalava a bordo do Ilyushin — que viajava daquela maneira.

O braço de meu assento no avião fabricado na antiga União Soviética estava rachado e descascado; o encosto não ficava reto. Os comissários de bordo não eram esbeltos e bonitos como no cartaz em Toronto; a metade, composta de homens calvos e acima do peso. E não foi fornecida qualquer indicação dos procedimentos de segurança. Um cara no fundo, por exemplo, acendeu um cigarro antes de decolarmos. Mas os soviéticos tinham projetado o avião sem pensar em lucro, e eu não podia reclamar, os assentos tinham espaço de quase 1 metro para as pernas, os corredores eram amplos e a copacozinha, no centro da aeronave, tinha uns 6 metros. Melhor ainda, quase não havia pessoas a bordo. O piloto pisou no acelerador e um bagageiro superior se abriu, deixando cair uma pilha de kits de primeiros socorros, que se esparramaram no chão. Foi o mais grave incidente do percurso. Três horas depois, aterrissávamos ruidosamente na pista do aeroporto de Bogotá. Um minuto antes do previsto — e senti que era hora de começar a verdadeira viagem.

LIMA, Peru — A polícia informou nesta terça-feira que pelo menos 45 pessoas morreram quando um ônibus lotado mergulhou num abismo numa região ao sul dos Andes, apesar da campanha do presidente Alan Garcia para reduzir os acidentes fatais nas estradas.

O ônibus derrapou para fora da estrada na noite de segunda-feira e despencou num precipício de 500 metros. Segundo o policial Julio Apaza, o acidente ocorreu porque o motorista conduzia em alta velocidade.

— Reuters, *5 de dezembro de 2006*

DOIS Contando com a *buena suerte*

NADA SE ASSEMELHA a um terminal rodoviário da América do Sul. A impressão é a de se estar no centro da cidade, porque, de certa forma, o é. No terminal terrestre de Bogotá, passei por um detector de metais, mostrei meu passaporte a soldados em uniforme de combate e penetrei num modelo de eficiência a baixo custo. Os aeroportos modernos das grandes cidades costumam parecer estéreis, genéricos e desconectados de suas metrópoles. Aqui, porém, meninos brincavam com seus carrinhos no chão; camponeses baixos e de pele escura pareciam tímidos e confusos com seus chapéus de caubói; e mulheres estalavam majestosamente seus saltos no piso do terminal, sob o olhar de soldados e seguranças privados que manuseavam metralhadoras, enquanto os vendedores de passagens punham suas cabeças para fora de pequenas janelas, anunciando o destino dos ônibus numa fala acelerada e musical.

— Ipiales! Ipiales! Ipiales! — gritavam, e de modo tão rápido que parecia uma frase ininteligível.

— Cuenca! Cuenca! Cuenca!

Na América do Sul não havia meio-termo: poucos possuíam carros e apenas os ricos viajavam de avião. Os ônibus imperavam. Só em Bogotá, dezenas de companhias privadas ofereciam serviços para praticamente qualquer cidade ou aldeia do continente, uma rede de deslocamento mais barata e eficaz — e muito mais perigosa — do que qualquer outra nos Estados Unidos.

Sentia-me impaciente. Ainda estava no fuso horário de Washington, com ritmo acelerado, sob uma mentalidade produtivista, habituado a chamadas telefônicas, e-mails e torpedos, um fluxo contínuo de problemas, convites e outras necessidades alheias. Sabia que, quando se começava uma longa viagem, era sempre assim; as férias de duas semanas nunca bastavam para me livrar da pele morta de uma vida normal. De certa forma, havia descoberto, em longos anos de viagem, que o lar era como uma calosidade isolante que precisa ser desgastada antes de podermos ver e absorver adequadamente um novo mundo. Sabia que isso acabaria acontecendo, mas, enquanto não, tinha em mente a ideia simples de trilhar caminhos, deixar os quilômetros para trás, seguir sem parar até o coração do mundo.

Quito, no Equador, pareceu-me uma boa ideia e, para chegar lá, teria de atravessar a Colômbia até a fronteira entre os dois países, uma viagem de vinte horas até Ipiales, cruzando os Andes e o território dos guerrilheiros, as Forças Armadas Revolucionarias da Colômbia (Farc). "Evite viajar durante a noite", avisava-me o guia *Lonely Planet*, o que tornava uma viagem noturna ainda mais interessante — e, em todo caso, como poderia evitá-la num percurso que levava vinte horas? Uma guerra complexa se arrastava há anos na Colômbia, envolvendo guerrilheiros de esquerda, esquadrões da morte de direita, narcotraficantes e empresários americanos, mas as coisas estavam melhorando rapidamente e o país começava a prosperar. Na semana anterior, soldados haviam se infiltrado no Equador, perto de onde eu estava prestes a passar, para atacar uma base das Farc, matando um de seus principais comandantes. Embora seis turistas tivessem sido sequestrados alguns meses antes na costa do Pacífico, as guerrilhas encontravam-se na defensiva. E, no que diz respeito a distúrbios políticos e perigo, acredito que a população seja quem sabe o que é melhor — os ônibus continuavam partindo, as pessoas viajando, e eu estava num país imenso.

Pior do que as guerrilhas, porém, era a possibilidade de um acidente. A Organização Mundial da Saúde classificou as estradas da América Latina como as mais perigosas do mundo, com 1,2 milhão de mortes por ano — quase 3 mil por dia. Os ônibus do Peru, do Equador e da Bolívia eram famosos sobretudo pelos acidentes trágicos, quase sempre caindo de penhascos, como ocorrera no Peru, em dezembro de 2006, quando um coletivo lotado despencou num abismo de 500 metros de profundidade. Morreram 45 dos 47 passageiros. Ao menos a Colômbia empreendia um esforço: desde 2004, obrigava suas empresas rodoviárias a publicar estatísticas de acidentes e mortes, supostamente tornando seus clientes informados. A companhia na qual viajava, Continental SA, sofrera 18 acidentes durante os três primeiros meses do ano, com oito feridos e seis mortos — o que parecia muito. Comprei minha passagem e tomei meu lugar com um prato de curry de frango, arroz e pamonha embrulhada com folha de bananeira.

Minha vizinha de assento, ao sair de Bogotá, era uma mulher chamada Maria. Tinha uma cara redonda, usava uma bandana branca e brincos prateados, e era tão tímida que mal conseguia olhar para mim. Partira em busca de trabalho, passara dois dias em Bogotá e agora cumpria as 24 horas de volta para casa.

— Não pude pegar um avião — disse com sua voz aguda.
— Muito caro.

Subíamos e descíamos; seguíamos um itinerário sinuoso entre montanhas verdes, rochosas e íngremes, e sob um céu cinzento e chuvoso, rodando em estradas bem pavimentadas, com duas pistas e cheias de *curvas peligrosas*. A cada uma, notava que Maria se comprimia contra a janela, olhando-me com medo e curiosidade, como se fosse o coelho da Páscoa. Meu espanhol fraco e a timidez dela frustraram minhas tentativas de conversa. No meio da noite, num breu absoluto, a chuva caiu em fortes pancadas, e pensei então que toda guerrilha lá fora — na selva fria e em terra tão íngreme que mal se pode ficar de pé — estaria entocada. Mas e se nos deparássemos com um bloqueio? As Farc tinham o velho hábito de sequestrar desde políticos locais, como Ingrid Betancourt, até empresários americanos e turistas. Não consegui me livrar desse pensamento ao passarmos por uma patrulha de soldados na estrada. Estavam armados com M-16. Talvez eu pudesse me esconder atrás das bagagens, no compartimento superior. Será que os outros passageiros me denunciariam? E se as guerrilhas queimassem o ônibus, como já fizeram antes?

Às quatro da manhã, Maria se foi sorrateiramente e, com a claridade, percebi que o homem do outro lado do corredor olhava para mim. Em seguida, em meio a outra *curva peligrosa*, reparei que esfregava sua mão vigorosamente sobre a genitália. Virei a cabeça. Guerrilhas, estradas escorregadias, acidentes — aparentemente a única e verdadeira ameaça era sexual.

NA FRONTEIRA COLOMBIANA, diante de uma parede coberta de cartazes com fotos dos comandantes das Farc procurados pelo governo, carimbaram meu passaporte. Atravessei o rio San Miguel e entrei no Equador. Dez minutos mais tarde, estava dentro de um ônibus velho, com bandeirolas azuis e brancas nas janelas, em direção a Quito. Durante as seis horas que se seguiram, dois caras, sentados do outro lado do corredor, liquidaram uma garrafa de tequila Suiza. Logo descobri que o banheiro estava trancado — somente para senhoras, disse-me o motorista. Enquanto isso, a TV instalada sobre as primeiras fileiras, mas cujas caixas de som berravam bem acima de mim, passava "Rambo" numa versão dublada em espanhol. Bombas voavam, corpos explodiam, e o herói enfiava a mão nuns caras. Como acabaria descobrindo, nunca exibiam comédias românticas nos ônibus da América do Sul. À medida que o tempo corria, meu corpo e minha cabeça começaram a doer em decorrência da altitude e da falta de café. Estava com calor, sujo, pegajoso, faminto e solitário, e chegar a Quito — 26 horas depois — não me trouxe consolo algum. A paisagem era de extrema feiura. Quilômetros e quilômetros de blocos de concreto empilhados uns sobre os outros, como se versão moderna de uma aldeia de índios *anasazi* em meio à fumaça dos carros no engarrafamento; uma cidade que se estendia, abrindo-se toda como uma lagosta sem casca.

Não demorei muito. O terminal de Quito continha três andares, com oitenta portões de embarque para ônibus que chegavam e partiam a cada cinco minutos. Os vendedores das companhias apregoavam.

— Cuenca, Cuenca, Cuenca!

— Pedernales!

O cheiro de fumaça de escapamento e de gasolina tomava conta da estação, assim como a algazarra das buzinas. Uma hora depois, num ônibus que trazia a estátua da liberdade pintada numa das laterais, estava de volta às montanhas, na direção de Guayaquil, e pelo caminho mais longo, a costa. O tempo passava: curvas, descidas, subidas, freadas bruscas. A música e as explosões ininterruptas vindas da televisão me perturbavam. Não havia o que fazer, tampouco aonde ir. Ninguém lia e os passageiros mal conversavam; num ônibus se é prisioneiro do assento. Meus vizinhos eram idênticos a Maria — pessoas que percorriam trajetos incrivelmente longos para visitas curtas à família ou para trabalhar. Vendedores ambulantes, como um enxame, invadiam o ônibus a cada parada, negociando milho frito, refrigerantes quentes e cubos mágicos.

— *Jugo! Cola! Está bien!*

Um fluxo de ambulantes entrou, falou sem parar e mostrou frascos de pequenas pílulas verdes ou pedaços de doces. — Minha mercadoria é a melhor! — diziam enquanto tomavam o corredor, agora tão cheio que mal podiam se mover. A ideia de vender doces ou remédios num ônibus em movimento me parecia impensável; dia após dia, a mesma conversa fiada, tudo para ganhar uma mixaria.

Mas eu começava a perceber algo, e aos poucos entendia por que sempre havia um ônibus pronto para levar-nos aonde quer que fosse, e por que esses veículos sempre despencavam nos abismos. Não era uma temeridade nata dos sul-americanos, um fanatismo selvagem e literal próprio a pessoas cobertas de crucifixos e pulseiras de santos. Antes, tratava-se de pura economia. As estradas norte-americanas eram pavimentadas, bem-sinalizadas e conservadas porque os Estados Unidos gastavam milhões de dólares com infraestrutura, dinheiro proveniente dos impostos. Seus ônibus possuíam bons pneus e freios em estado adequado porque havia fiscalização e porque os cidadãos pagavam um preço compatível à viagem. Relativizando, porém, meus vizinhos naquele ônibus sul-americano não tinham recursos. Não podiam, portanto, pagar por boas estradas, bons pneus e bons freios. Se tivessem meios, pegariam um avião. Assim, para ganhar dinheiro daqueles, muito numerosos, que não o tinham, as companhias continuavam ignorando a manutenção dos veículos e comprimindo a maior quantidade possível de gente dentro deles. Os motoristas dirigiam horas sem fim; dormiam ao volante, bebiam e raramente viam suas famílias. Os policiais também eram mal pagos; extorquiam as empresas e os motoristas em vez de retirá-los de circulação ou, pelo menos, processá-los. O perigo, acima de tudo, mantinha o preço das passagens baixo. Uma semana depois, uma cidadã britânica seria morta naquela mesma estrada, quando um caminhão atingiu a lateral do ônibus em que viajava ao anoitecer. O motorista sequer parou para ver; simplesmente fugiu.

Não havia folga. Peligro! Redusa su velocidad ahora! — diziam sinais amarelos que o condutor ignorava, adernando em sucessivas curvas, sempre desprovidas de qualquer proteção lateral entre estrada e precipício, e ainda sob o risco de ameaçadores deslizamentos. Tempo era dinheiro e as quantias eram tão minguadas, tão difíceis de conseguir, que valia a pena arriscar a vida.

Fazia uma semana que eu tinha partido. Viajara em ônibus por quase cinquenta horas consecutivas e, à medida que descia das montanhas para as planícies quentes e úmidas do litoral, um mundo repleto de bananeiras, cicadáceas e estradas de terra, senti como se começasse a despertar de um longo sono; o véu entre mim e o mundo principiava a cair. Aqueles trajetos de ônibus entre cidades grandes eram só um exercício para o que experimentaria mais tarde, e eu suspeitava que fossem tranquilos como um piquenique diante do que viria quando me lançasse a regiões mais remotas. Cumpriam sua missão, contudo — estava me desconstruindo e me abrindo. Começava a relaxar, a entrar num novo ritmo, a abandonar a ilusão de que fosse possível controlar as coisas; a estrada seria a que surgisse em meu caminho, e estava bem assim. Não. Mais do que isso: estava ótimo assim.

Quanto mais viajava nos ônibus sul-americanos, mais me sentia em paz. E começava a confiar na eficiência de todo aquele sistema propositalmente desregulado. Em Canoa, letárgica aldeia de pescadores à beira do Pacífico, na costa equatoriana, fiquei parado na rua por menos de cinco minutos. Logo surgiu um ônibus que me depositaria, duas horas mais tarde, ao lado de um píer na poeirenta cidade de San Vicente, com suas ruas de terra batida e construções de cimento inacabadas. Eu e mais vinte passageiros nos amontoamos numa *panga* de madeira, pagamos 35 centavos e partimos para a baía de Caráquez, onde subi num bici-táxi que, em cinco minutos, levou-me a um ônibus que seguiria para Guayaquil. Embora lento e estatisticamente perigoso, esse tipo de viagem era barato e farto como pão. A concorrência era tão feroz, a fiscalização tão ausente, que sempre havia mais veículos do que o necessário, sempre uma bicicleta ou um táxi que oferecia preço mais baixo. Não era preciso esperar, tampouco se preocupar com a fome e a sede, pois certamente haveria alguém vendendo alguma coisa.

De Guayaquil, tomei um único ônibus, num trajeto de 28 horas, até Lima. As cinco horas até Nova York tinham-me parecido longas, as doze até Toronto, uma eternidade, mas começava a receber aquelas 28 seguidas como algo normal, assim como eram para meus companheiros de viagem. E sequer reparei na condição do veículo: estofamento rasgado, pneus carecas, calor, umidade e muita gente — tudo integrava a paisagem como o campo ao nosso redor. Ainda lia Lawrence Osborne, que queria encontrar "o fim da terra, um lugar de verdadeira aventura". Ali, dentro daqueles ônibus, eu com certeza não estava no fim da terra. Sentia-me — isto, sim — bem no âmago de seu coração populoso, cercado por pessoas comuns. Viajava por uma série de veias e artérias que não têm vez na maior parte dos desenhos anatômicos do mundo desenvolvido.

Atravessamos campos inundados sob um céu azul-cinzento; passamos por vacas *brahman* de longos chifres e corcundas, com a água até o peito; vencemos estradas de terra batida com trechos de asfalto que se abriam em crateras; cruzamos estradas enlameadas e cobertas de poças opacas. Naquela mesma manhã, observara uma família, nitidamente de classe média, que acompanhava, com muita emoção, o embarque de duas filhas. Marina, uma engenheira de alimentos de 24 anos, cujo prato favorito era espaguete, agarrou-se ao celular, enquanto sua irmã de 21, Vivien, abraçava uma edição latino-americana da revista *Cosmo*. Ambas se sentaram do outro lado do corredor. O pai, equatoriano, tinha uma fábrica de calçados em Guayaquil; a mãe era meio chilena e meio peruana. Após doze anos em Lima, a família teve problemas com o visto de permanência. Seus pais e os irmãos mais novos se mudaram para Guayaquil. Marina e Vivien ficaram para trás, com a avó. Elas consideravam normal tomar aquele ônibus e enfrentar as 28 horas entre as duas cidades.

— É barato — disse Marina —, e gosto de ver o mundo.

Era a um só tempo um mundo grande e pequeno; meus amigos e a maioria dos americanos que conheço ficariam horrorizados ao pensar numa viagem de ônibus tão longa. Ainda assim, apesar daquela árdua maratona sobre montanhas e estradas precárias, Marina praticamente nada vira. Nunca estivera em Cusco, no Peru, ou em Quito, no Equador, e tampouco em qualquer outro lugar que não aquele caminho que então percorríamos. Eu era um intruso em seu pequeno mundo, e ela e a irmã me salpicaram de perguntas. Casado? Filhos? Para onde ia? Como eram os Estados Unidos?

O que era ainda mais estranho, porque a versão hollywoodiana dos Estados Unidos estava bem ali à nossa frente, durante horas e horas, na tela da TV do ônibus. O país não passava de uma abstração. Uma abstração literal, vívida, reforçada a cada vez que um sul-americano ia ao cinema ou ligava a TV. Era uma provocação constante; aquele lugar mágico onde todos eram ricos e belos (sem falar nos violentos), e tentei imaginar como seria ver, o dia todo, cenas da Colômbia — como a imagem sobre aquele país se fortaleceria. Assistimos a oito filmes, incluindo *Armageddon* e *Resident Evil III*. Enquanto isso, atravessamos a cidade de Huaquillas, com seu movimentado mercado (flores plásticas de 2 metros; ovos de codorna, quatro por um dólar; facas; calças jeans muito justas; e um porco inteiro pendurado num gancho de cabeça para baixo), e enfrentamos uma chuva em Chiclayo que inundava as ruas até o meio-fio. Pela manhã, houve uma parada sob o sol quente e lavamos os cabelos num tanque de cimento ao lado da estrada.

— São só mais sete horas até Lima! — berrou um dos motoristas, sacudindo a água de seus cabelos como um cão após o banho, antes de ensaboar as axilas. Chamados de *conductores* em espanhol, tinham dentes de ouro e tatuagens desbotadas e místicas nos ombros. Alternavam-se no volante de cinco em cinco horas e faziam aquele veículo, com suas sete marchas, deslizar para a frente, como se o tivessem feito desde sempre. O que era verdade: dirigiam durante 28 horas até Guayaquil, pernoitavam lá, e então voltavam a Lima, antes de seguir para Puno, na Bolívia, mais vinte horas rumo ao sul, para enfim voltarem e percorrerem tudo novamente.

— Muitos acidentes — diziam, rindo. — Você tem carteira de motorista? Quer dirigir?

Cruzamos cidades deterioradas, com pequenas casas de alvenaria do tamanho de uma garagem. Muito sol, muito vento e muitos cibercafés. Um mundo extraordinário, com tantas camadas de cultura que, às vezes, de algum modo, era como se não estivéssemos em lugar algum. Quando conseguiu captar uma torre de celular, Marina se pôs a conversar no telefone; entre um filme e outro, os Bee Gees cantarolavam na televisão; carneiros e mulas vagavam pela estrada empoeirada.

Em Lima, mudei de ideia. Precisava ir mais fundo; já passara por rodovias demais, em viagens longas demais. Aqueles ônibus começavam a me parecer demasiadamente civilizados. A leste da capital erguiam-se os Andes e, no meio deles, encontrava-se Ayacucho, uma das áreas mais pobres do Peru. Lá, em 1980, um professor de sociologia chamado Abamel Guzman iniciara o movimento maoísta Sendero

Luminoso, um dos mais violentos e impiedosos exércitos guerrilheiros da América do Sul. A brutalidade e a longevidade deste grupo sempre me fascinaram, e por muito tempo me perguntei por que era tão difícil erradicar guerrilhas num país como o Peru, em que soldados, paramilitares e esquadrões da morte de extrema-direita estavam por todo canto. Queria chegar a Cusco; passando por Ayacucho, levaria 36 horas para percorrer 720 quilômetros.

Em Washington, eram as férias de primavera e convidei minha filha de 17 anos, Lily, a me visitar. Ela começaria a faculdade no ano seguinte e eu queria que tivesse uma ideia de como era minha vida. Além disso, após dias e mais dias em ônibus desconfortáveis, nada mais me preocupava em relação aos cinco dias que passaríamos juntos. Fui apanhá-la pouco após meia-noite e a arrastei para um ônibus na manhã seguinte. Ao embarcarmos, um homem baixinho apareceu. Andando pelo corredor, gravava tudo com sua câmera de vídeo e filmava cada passageiro.

— Para que isso? — perguntei.

— Para o caso de alguém roubar alguma coisa ou de haver um acidente — respondeu.

— Então há muitos acidentes?

— Oh, não!

— Um bocado de ladrões?

— Não!

— Mataram alguém recentemente?

— Oh, não! — exclamou.

Em linha reta, Ayacucho ficava apenas a uns 160 quilômetros de Lima, mas, por uma estrada sinuosa há pouco asfaltada, levamos dez horas. As montanhas eram íngremes, altas, implacáveis, e me dei conta de que me enganara nos cálculos. Estava acostumado às longas horas num ônibus apertado, habituado a guinadas e curvas na estrada, familiarizado à incerteza de todo aquele empreendimento — fizera isso durante anos, afinal. Mas Lily, que ainda há pouco conversava com suas amigas da escola, agora estava, sem transição, nas montanhas peruanas, dentro de um ônibus apinhado de gente. Estava tonta, exausta após o longo dia, e seu espanhol era bom. Assim, ficou nervosa ao ler a palavra "Assassinos" pichada num muro. Até Cusco ainda faltavam 24 horas, e havia somente duas escolhas: um ônibus às 6h30 e outro às 18h30.

— Mas não tome o noturno — advertiu-nos o recepcionista do hotel. — É muito perigoso.

Portanto, embarcamos novamente às 6h30. Imediatamente, compreendi por que se levava tanto tempo, por que o ônibus noturno era perigoso e por que era tão difícil expulsar a guerrilha das montanhas e das selvas sul-americanas.

Não havia estrada. Ou melhor: o que se chamava de estrada não passava de uma pista de terra, que subia e descia mais de 300 metros, cheia de zigue-zagues, penhascos e trechos erodidos que despencavam encosta abaixo. Da janela, tinha a impressão de voar, ainda que em câmara lenta, pelos céus turbulentos. Cadeias de montanhas, vales infindáveis — percorrer 15 quilômetros levava horas. Cruzamos aldeias compostas de casas de barro e telhados de sapê; superamos planícies montanhosas e sem árvores, nas quais só havia carneiros, alpacas e cabanas rotundas de pastores; passamos por um caminhão sem para-brisa e com a dianteira amassada devido a uma batida recente, e paramos, com uma freada brusca, a milímetros de uma carreta carregada de melancias; descemos por vales fluviais quentes e úmidos, depois subimos outra vez, acima da altura das árvores — tudo em ritmo de caminhada. Assim era a rodovia: uma estrada no meio de lugar nenhum, que penetrava uma região brutalmente escarpada. A cada seis horas mais ou menos, o ônibus parava e eu e os outros homens nos precipitávamos para fora — éramos 16 a mijar no acostamento. As mulheres não saíam do lugar.

Num pequeno vilarejo, fizemos uma parada breve e tirei fotos da paisagem ondulada.

— Você não tem rochas nos Estados Unidos, gringo? — perguntou uma senhora.

Lily estava tranquila. Eu me alimentava sempre que a fome mandava, enquanto os vendedores ofereciam espigas de milho quentes e gordurosas, com grãos enormes e brancos, e pedaços de pão recheados com queijo derretido, mas ela não queria comer coisa alguma. Preocupei-me com ela, mas era bom tê-la por perto; era bom não estar sozinho.

Ao anoitecer, estacionamos em Andahuaylas para trocar de ônibus. A estação rodoviária era desorganizada, suja, quase medieval, cheia de cães ferozes e suplicantes, pilhas de lixo e mulheres com chapéus-cocos e tranças. Carleton, um índio canadense cinquentão e o único turista que via em dias, estava assustado.

— Prometi a mim mesmo que não tomaria ônibus noturno — disse —, mas o resto do percurso será feito à noite. Estou realmente com medo! Algumas vezes, tive de desviar o olhar desses penhascos.

Eu não sentia perigo algum. Embarcara, nos últimos anos, em helicópteros e aviões abarrotados, e aprendera a me resignar à sorte, tomando apenas alguns cuidados. Controlava o que era possível (daí meu excelente kit de primeiros socorros), mantinha os olhos abertos e confiava na própria sagacidade. De resto, deixava as coisas rolarem. Carleton não conseguiu comer. Sentado num banco de madeira estreito sobre uma lona azul em frangalhos, devorei uma sopa de galinha bem temperada, retirada de uma panela suficientemente grande para comportar duas crianças. Lily nada quis, mas a cozinheira era capaz de identificar uma mocinha faminta e nervosa e lhe trouxe uma tigela, insistindo para que se alimentasse, o que acabou fazendo sob a pressão de uma mãe que sequer era a sua. Então, um sino de igreja repicou e nós embarcamos num ônibus ainda mais velho.

— Vocês não têm medo de enjoar? — perguntou Carleton, sacudindo a cabeça. — Estou faminto, mas não me arrisco de maneira alguma a comer isso!

Olhei para Lily e começamos a rir.

— Está vendo como você é corajosa! — disse, rezando em silêncio para que não enjoasse. Assim que o sol se pôs, baratas apareceram das cortinas. Caíam no colo de Lily, rastejavam sobre meu casaco e corriam sob nossos pés. Estava um breu lá fora. Os faróis sacolejavam e iluminavam a estrada de terra e os penhascos. Lily estava assustada. Sentia-me mal por ela e, ao mesmo tempo, orgulhoso. Esperava que gostasse da viagem ou, mesmo que não, que se recordasse dela, e que aquela experiência a fortalecesse, ainda que só mais tarde. Esperava que aprendesse que o mundo era grande, rico, complexo, às vezes perigoso, e sempre interessante; que compreendesse que é possível se esconder dele ou explorá-lo e aceitá-lo em todas as suas complexidades.

O ônibus parava a cada quilômetro, enchendo-se rapidamente de passageiros que ficavam em pé e eram tão morenos e mirrados que pareciam cogumelos enlatados. Logo apareceu um cachorro, e depois um velho vestido com um paletó preto e tão baixinho e frágil que se assemelhava a uma marionete.

Passar tanto tempo dentro de um ônibus foi estranho — era como se o próprio tempo estivesse suspenso. Sem luz, não podíamos ler. Estávamos no meio de tudo, mas também afastados de tudo. Queria descer e me achar nos lugares; não apenas passar. E era fisicamente doloroso. Os assentos eram muito próximos; não havia espaço para esticar as pernas. Num certo momento, contudo, entrei numa frequência zen, apenas sucumbindo às dores nos joelhos e no pescoço. Estava além de meu controle. Saí daquele sofrimento num estado de graça, totalmente entregue, com minha mente dançando em lugares distantes. Era fácil para mim, mas difícil para Lily. Ela submergiu numa letargia, mas nunca se desesperou. Sorria, mantinha-se calma. Aprendera a confiar nos próprios instintos e a se abrir para experiências que extrapolavam suas fronteiras habituais. Transformava-se ao simplesmente descobrir a força que já possuía, a pessoa que já era: uma mulher capaz e segura, algumas vezes assustada e feliz, mesmo se encontrando às margens do mundo. Eu adormecia e acordava confuso, espantado por me achar, com minha filha, num ônibus em plena América do Sul.

Quando chegamos a Cusco, passamos dois dias flanando, comendo em terraços ensolarados, de algum modo esquecidos de minha viagem. E então, de repente, era hora de ela partir e a levei ao aeroporto, por cuja porta de segurança entrou e desapareceu. Fiquei sentado, esperando que seu avião decolasse, e chorei. Cinco dias não tinham sido suficientes. Não sabia dizer se ela gostara ou não da viagem, se apreciara o que vira, tampouco se conseguira me conhecer melhor. Até então, era mais fácil me sentir satisfeito quanto mais longe estivesse de minha casa e de minha família. Ter Lily a meu lado e depois vê-la partir, porém, legou-me um enorme vazio, uma profunda consciência do que deixara para trás. Sentia sua falta e me culpava por não ser um cara mais normal; por adotar uma vida que me levava para tão longe; por precisar experimentar a intensidade da solidão, do perigo e do desconforto.

Era hora de seguir adiante. De Cusco, meu plano sempre fora viajar de ônibus até La Paz, na Bolívia, de lá tomar a "estrada mais perigosa do mundo" e, depois, embarcar num trem — conhecido como "trem da morte" — até a fronteira do Brasil. Tudo isso soava tentador. Mas uma nova estrada fora construída, uma alternativa àquela "mais perigosa do mundo", que doravante atraía apenas ciclistas de montanha dispostos a experimentar o gosto do perigo dentro de um pacote turístico organizado. Ademais, em Cusco, eu e Lily encontráramos um programador de computador inglês de cabelos sebosos que acabara de viajar no "trem da morte".

— Cara, foi uma delícia — disse. — Nenhum problema. E havia um bando de mochileiros a bordo.

Não que esnobasse os mochileiros. Fora um deles. "Autenticidade" era um jargão quando se tratava de viagens, mas o que exatamente queria dizer? A rigor, levando a argumentação à forma mais pura, os únicos lugares realmente autênticos eram aqueles nunca tocados pelo mundo exterior. Ainda havia alguns desses por aí — na Amazônia, talvez no lado indonésio da Nova Guiné. Mas pouco representativos, vestígios exóticos de um universo remoto, e a autenticidade estava simplesmente em todos os cantos; de um jeito ou de outro, tudo era autêntico. Num trem com um monte de mochileiros, entretanto, fica muito difícil conhecer os nativos, sentir solidão e medo — coisas que queria experimentar.

Para o meu propósito, portanto, a estrada para Puerto Maldonado, na Amazônia peruana, parecia divina: "Segundo engenheiros das rodovias peruanas, é a pior estrada intermunicipal do Peru", advertia meu guia de viagem. "São necessários dois dias e meio, durante a estação seca, e bem mais na época das chuvas. Não encare essa viagem com leviandade; o percurso exige resistência, autossuficiência e um bocado de sorte. Acidentes fatais não são raros." O livro era obsoleto. Os imigrantes desembarcavam em Puerto Maldonado para fazer fortuna. Assim, claro, uma companhia de ônibus aproveitou a brecha e seu Expresso los Chankas não parecia se preocupar com coisa alguma. Dezessete horas se não chovesse; 20 dólares; os ônibus partiam diariamente às 15 horas.

A estrada era o último trecho importante da *Carretera Transoceánica* — uma rodovia de 6 mil quilômetros que liga o Atlântico ao Pacífico, do Brasil ao Peru. E, mais importante, une aos portos da costa do Pacífico uma das últimas grandes florestas tropicais primitivas restantes da bacia amazônica. Ouro. Mogno. Tribos isoladas. Puerto Maldonado, diziam, era uma cidade em ebulição nas margens do rio Madre de Dios; apenas duas semanas antes, após preparar relatório sobre um carregamento ilegal de mogno da floresta virgem, um pesquisador fora assassinado lá.

TUDO COMEÇOU BEM. O ônibus era velho, com os descansos para os braços quebrados e cheiro de urina, mas fora varrido recentemente e eu estava no assento do corredor, sem vizinhos. A estrada, acabaria descobrindo, fora pavimentada em dezembro. Duas pistas de asfalto macio que serpenteavam pelos Andes e ganhavam um mundo quase sem árvores e muito frio, com lhamas e casas de adobe e telhados de palha de cujas chaminés uma fumaça densa escapava.

As nuvens, porém, pareciam agourentas. E algumas horas depois, quando começamos a descer as encostas orientais dos Andes, tudo mudou: o asfalto acabara. Relâmpagos prateados rasgavam o céu e uma chuva torrencial desabou. O ônibus começou a encher; o ar se tornou úmido e denso. O assento a meu lado foi ocupado por um camponês com botas de borracha e agasalhos espessos. Seu filho de 3 anos tossia como um porquinho-da-índia ferido, vomitava dentro de sacos plásticos e urinava pela janela durante a noite interminável. A chuva se intensificou, carregada em gotas enormes, e o motorista, Juan Luis, de 32 anos, lutava para não sair da estrada. Durante toda a madrugada, avançamos ao sabor de solavancos e derrapagens, e uma goteira encontrou destino sobre minha cabeça. Cruzamos vaus escuros de rios espumantes tão caudalosos que pensei que seríamos arrastados. Parávamos, recuávamos, esperávamos; seguíamos lentamente, passando por caminhões e despenhadeiros tão próximos que podia tocá-los pela janela.

— A chuva está muito forte — confessou-me Luis numa parada durante a qual quarenta pessoas urinaram no acostamento e um trilhão de sapos coaxaram. — Isso é muito cansativo. A estrada virou um barro muito escorregadio.

A viagem se resumiu a vinte horas de tortura. Mas as dificuldades trazem recompensas: quando o dia raiou sob a chuva cerrada, entramos numa espécie de viveiro úmido e resplandecente. A selva encharcada, as estradas cobertas de lama vermelha e os barracos de madeira de um só cômodo irradiando luzes de velas — finalmente havia penetrado em outro conjunto de artérias, ainda menores e mais remotas. O mundo em que ingressava parecia fértil e viçoso.

Puerto Maldonado poderia até ser o começo do fim da floresta tropical peruana, mas, no instante em que lhe pisei o chão, gostei. Havia tudo do dinamismo e da prosperidade de uma fronteira: ruas sujas e enlameadas, pelas quais circulavam motocicletas e riquixás a motor parecidos com os indianos, barracas de madeira nas quais se comprava ouro, e restaurantes ao ar livre que serviam uma sopa grossa — tudo isso ao longo das margens de dois rios de água marrom e 800 metros de largura. Passei horas andando pelas ruas de lama, só para absorver a energia. As casas brotavam em todo canto e novas ruas se estendiam cada vez mais longe na direção da floresta. Os imigrantes vinham dos Andes e invadiam o lugar para trabalhar no corte de madeira e na garimpagem de ouro; quando a rua fosse pavimentada e a ponte sobre o rio Madre de Dios construída, a região explodiria. Algo que poderia acontecer no dia seguinte, ou nunca — dois pilares de concreto tinham sido plantados de cada lado do rio para uma ponte de aço que estava guardada num depósito vizinho há mais de uma década.

Ao longo das margens lodosas do rio, botes de 15 metros colidiam em busca de passageiros, e balsas movidas a um motor de popa com capacidade para um carro chegavam e partiam. Lenhadores, com guindastes enferrujados, descarregavam pilhas de troncos de árvores. Dali, nu, o artista Tobias Schneebaum caminhara para a floresta, onde encontraria tribos que ainda praticavam o ritual do canibalismo. Ainda hoje, tribos nunca contatadas vivem nos afluentes acima, em território peruano. Descendo, a Bolívia encontra-se a cinco horas apenas. Queria saber mais e conheci Joseline Vizcarra no cibercafé que acabara de abrir. Ela concordou em me acompanhar rio abaixo.

— Não sei o que essa gente toda vai fazer quando construírem a ponte — disse, pechinchando um barco e um comandante.

Era uma bela morena, que usava sandálias da marca Teva — um sinal de suas viagens para fora de Puerto

Maldonado. Acenava para as balsas e para os botes à medida que avançávamos com a corrente do rio na cheia, o ar pesado pela umidade e pelo cheiro de fumaça. Filha de um diretor de colégio, crescera numa aldeia 40 quilômetros a leste, mas fora despachada para morar com uma tia em Lima, a fim de cursar uma faculdade.

— Quando era pequena — disse —, não tinha coisa alguma aqui. Era um vilarejo selvagem e a estrada era horrível; a gente levava cinco horas para viajar 40 quilômetros de nossa aldeia até a cidade.

Estávamos descendo com a correnteza justamente no ponto em que era mais forte, no meio do rio. As águas haviam subido, inundando as ribanceiras com seus arbustos emaranhados e suspensos, cheias de galhos e redemoinhos.

— Agora — continuou —, todo dia chega mais gente. Nós os chamamos de *colones*. Tudo isso, quando era menina, era floresta virgem, cortada por pequenas trilhas pelas quais os nativos vinham pescar.

Era um mundo em vias de extinção; madeireiras levavam as árvores, e os pecuaristas traziam o gado em seguida.

— Não sobrou mais mogno — concluiu, enquanto gotas de chuva pesadas e bem espaçadas caíam sobre nós. — Quando era menina, meu pai e eu vínhamos caminhar pela floresta e colher castanhas-do-pará, mas agora é preciso subir o rio durante sete horas para encontrar floresta virgem.

Durante duas horas e com o motor roncando, descemos. Depois de tanto tempo dentro de ônibus, o rio parecia um caminho livre, aberto e amplo, com seus reflexos marrons prateados sob o vasto céu cinzento. Mas eu o estava vendo na cheia, em plena estação das chuvas. Segundo Joseline, no verão, longo, quente e seco, ficava coberto de garimpeiros:

— Parece uma cidade iluminada à noite — disse, enquanto o rio se dividia em torno de uma ilha arborizada e plana. — Aqui tem muito macaco-aranha. Houve um tempo em que um homem morava aí e os alimentava. Era possível ir vê-los, mas, depois que ele morreu, ficou perigoso. Esses macacos são agressivos e selvagens; mordem. São terríveis!

Fizemos uma curva e vimos, mais à frente, cinco dragas de garimpeiros atracadas contra a margem do rio agitado. Rodolfo Muñoz acenou para que nos aproximássemos. Estava feliz, acho, por ter um momento de distração. Baixinho, magro, parecendo um duende, com seus olhos verdes e um elmo de cabelos negros, era um boliviano que garimpava ouro há 24 anos, desde os 16. As cinco balsas partilhavam uma única cozinheira, uma mulher com jeans cortados, e seus colegas eram do Brasil e da Bolívia, todos clandestinos no país. Sua embarcação estava descorada pelo sol e era feita apenas de madeira, com dois cascos — no interior, duas camas simples, um fogareiro a gás, uma bacia esmaltada, um banheiro e um motor a diesel de oito cilindros, fumegante e barulhento, que absorvia os sedimentos do leito do rio a uma profundidade de até 15 metros e cuspia tudo numa eclusa do tamanho de uma cama de casal coberta por um tapete cinza.

Seis dias, vinte horas por dia, Muñoz trabalhava ali, sugando sedimento e água, que eram despejados sobre o tapete e deixavam uma lama bem fina para trás. Parava das 16 horas de domingo até as 9 de segunda-feira.

— Num dia bom — disse em espanhol, apanhando o material acumulado no dia de dentro de um balde e colocando-o sobre uma panela dourada —, conseguimos um grama por hora — e então fez girar a lama, remexeu-a e apontou para uma centelha de ouro tão pequena que jamais teria visto. — Num dia ruim, oito gramas em vinte horas. Atualmente o grama do ouro custa 84 soles (31 dólares); numa semana boa, consigo de 120 a 140 gramas.

Enquanto arirambas listradas, com cabeça grande e bico proeminente, mergulhavam no rio, as eclusas cintilavam com bolhas de mercúrio do tamanho de uma roda de skate. Muñoz pegou uma jarra de plástico com o mercúrio tóxico e mostrou como o derramava no balde, misturava-o com a lama e coava tudo numa peneira de algodão — a água e o mercúrio escorriam, deixando apenas o ouro. Isso acontecia em uma única balsa; era difícil imaginar, portanto, quanto mercúrio era lançado diariamente no rio durante a movimentada estação de seca. De sua cama, protegida por uma cortina de plástico azul, retirou um pequeno pedaço de papel com uma bolinha reluzente no meio: cinco gramas de ouro.

Em cada balsa, trabalhavam dois homens; para cada trecho do rio, alguém detinha uma licença de garimpo.

— Cada dia de trabalho é nosso — prosseguiu —, exceto sábado, quando o ouro vai para os donos das licenças. Algumas vezes Muñoz precisava mergulhar no buraco feito debaixo d'água apenas com uma mangueira de ar. — É perigoso porque não é largo e pode desmoronar. Nesse caso, você morre. Depois só se recupera o tubo, mas o homem fica. Já perdi trabalhadores na Bolívia. Mas aqui, não.

Encolheu os ombros, ficou calado, olhando para os próprios pés.

— Já foi roubado? — perguntei, imaginando uma cena de faroeste com assalto na estrada ou no rio.

— Só uma vez. Um homem roubou meu barco, mas meu amigo o viu e nós pulamos no barco dele e seguimos o ladrão. Depois recuperamos o barco.

— E o que fizeram com o cara?

— Nada — respondeu com um sorriso. — Sabia que tinha feito aquilo porque era pobre, e pude ver que estava com vergonha.

O motor era ensurdecedor, e a umidade e o calor pesavam como um cobertor de lã. Assim era sua vida.

— O que mais posso fazer? — exclamou. — É tranquilo aqui e faço 800 soles por semana, e não por mês, como seria se trabalhasse na cidade. A gente se arrisca e conta com a *buena suerte*.

Quando a estrada fosse concluída, se um dia isso acontecesse, Puerto Maldonado começaria a crescer. Mais madeira. Mais ouro. Mais turistas se precipitando para conhecer a selva e os macacos antes de seu fim. Ao retomarmos o rio de volta à cidade, sob um sol inclemente, pensei que gostava de como era agora. Em breve, seria preciso muita sorte.

As autoridades reportaram que um barco de passageiros com mais de cem pessoas a bordo colidiu com uma balsa carregada de tonéis de combustível e afundou no rio Amazonas na quinta-feira (...)

Equipes de socorro recuperaram os corpos de quatro crianças, cinco mulheres e um homem, (...) verificando a lista de passageiros da embarcação descobriu-se que ainda havia nove desaparecidos.

— Los Angeles Times, *22 de fevereiro de 2008*

TRÊS Ou é a sua hora ou não é

Quanto mais fundo penetramos na bacia amazônica, menos estradas se veem, até que desaparecem inteiramente; os rios predominam e os ônibus são substituídos por barcos. Segundo meu mapa, se me dirigisse diretamente para o leste a partir de Puerto Maldonado, alcançaria Rio Branco, no Brasil, e depois Porto Velho, às margens do rio Madeira, de onde esperava tomar um barco e seguir por uns mil quilômetros, em direção nordeste, até Manaus, a cidade no meio da floresta. Os barcos de passageiros no Amazonas afundavam regularmente; nos três primeiros meses do ano, mais de duas dúzias de pessoas morreram em dois acidentes distintos. Mas, para chegar ao rio Madeira, precisava seguir para o leste e atravessar 160 quilômetros da Amazônia peruana, e só havia uma opção: os táxis coletivos que rodavam por estradas, de acordo com meu mapa, nada impressionantes.

Andando na ponta dos pés pelas ruas enlameadas de Puerto Maldonado, peguei um riquixá motorizado de três rodas até o Imperial Car Service. Iñapari — a travessia da fronteira peruana — devia se encontrar a três horas dali, mas "as estradas estão horríveis", disse o motorista, um cara baixinho vestido com uma camisa do Buffalo Bills que lhe alcançava os joelhos.

— Choveu demais. Talvez possamos fazer o trajeto em cinco horas.

Comprei alguns biscoitos, garrafas de água e esperei o automóvel ser abastecido, uma caminhonete Toyota branca com os bancos revestidos de plástico e um relâmpago vermelho e amarelo pintado na lateral. Os pneus estavam carecas como os de um carro de corrida. Quarenta e cinco minutos depois, éramos seis homens amontoados uns contra os outros, e mais dois apinhados na traseira sem assento. Aos solavancos, descemos as ruas cheias de poças até uma rampa de cimento que levava ao rio. Saltamos do veículo e o motorista recuou por uma trilha de terra escorregadia, subindo sobre duas pranchas de madeira pouco mais largas do que os pneus, e finalmente estacionou dentro da balsa. Atravessamos o rio num curso enviesado, empilhamo-nos novamente dentro do carro ao alcançar o outro lado e seguimos por uma estrada cheia de sulcos e encharcada de lama vermelha, margeada por arbustos verdes e rasteiros. A atmosfera era doce, enfumaçada e úmida; as nuvens, cinzentas e baixas. O veículo movia-se tortuosamente e levantava tanta lama que fui obrigado a fechar a janela.

Meus companheiros de viagem mantinham-se calados. Atropelamos um cão com um baque surdo e o motorista começou a rir. Ultrapassamos homens a cavalo, pequenas propriedades rurais e árvores gigantescas. Notei um falcão empoleirado num galho. A cada rio, atravessávamos estreitas pontes de madeira, feitas para um único veículo. Logo depois, as pontes acabaram e surgiu uma estrada pavimentada, que deveria ser uma rodovia mas que ainda era, então, o limite extremo do mundo conhecido. Sentia-me feliz; nada além de lama, chuva e um céu carregado de nuvens, sem a menor ideia de para onde estava indo, exceto pela vaga intenção de tomar um barco de cuja existência sequer sabia. Experimentava uma alegria crescente e pouca solidão. Deveria ser o contrário, mas aquela fronteira profunda alimentava minha alma romântica. Apreciava a ideia de um lugar tão vasto e inexplorado que, como disse o lendário escritor-viajante inglês Peter Fleming em 1934 (no texto *Brazilian Adventure*), "Você pode acreditar no que quiser (...); ninguém tem autoridade para contradizê-lo. É possível postular a existência de monstros pré-históricos, índios brancos, cidades em ruínas e lagos imensos". Havia ali pessoas que nunca tinham visto um telefone ou um computador. Só araras e papagaios, onças e bichos-preguiça. Que importância tinham se não podia vê-los da estrada? Bastava saber que estavam por lá. Aquele era o tipo de lugar que aprendera a amar e no qual me sentia à vontade durante todos os anos de viagem. Descobrir o mundo, avançar por locais inóspitos — isso era o que me fazia livre. E era preciso estar alerta o tempo todo, concentrado, vigiando minha retaguarda, ainda que sem a menor noção de aonde essas estradas me conduziriam.

Sob chuva fina e após seis horas de um trajeto difícil, chafurdados na lama interminável, grudenta e esvoaçante, chegamos a Iñapari às 16 horas. A cidade se resumia a uma única praça cercada por casas de madeira e mais lama. Um cartaz anunciava que o oceano Atlântico se encontrava a 3.908 quilômetros, e o Pacífico, a 1.874. Sozinho, no meio de lugar nenhum, saí do carro. Uma cadela grávida e feroz passou por mim furtivamente. Galinhas ciscavam na beira das poças. Não sabia direito o que fazer. Iñapari não me parecia um bom lugar para ficar. Um homem se aproximou; havia algo de diferente nele. Alto, ombros largos, tinha cor pálida e usava jeans preto e sapatos de couro pontudos.

— Assis — disse. Era o nome da cidade na outra margem do rio, no Brasil.

— Há algum hotel por aqui? — perguntei em castelhano. Não entendeu e me dei conta de que era brasileiro e falava português.

— Táxi? — perguntou, apontando para uma pequena caminhonete branca. Seu carro era impecável, com jornais espalhados sobre o tapete. Antes de cruzar a fronteira, usando um balde, abasteceu-o. Quando se ofereceu para me levar a Rio Branco ainda naquele final de dia, concordei. Adormeci no caminho, uma estrada reta, rápida e asfaltada na qual, havia apenas duas décadas, só existia selva amazônica, um prenúncio do futuro do Peru. Em Rio Branco, tomei um ônibus e cheguei a Porto Velho às quatro da madrugada, desabando sobre o fino colchão de um quarto com paredes de cimento, do outro lado da estação rodoviária.

Estava tão cansado que não consegui dormir, e pensei nas palavras de Lawrence Osborne: "Uma viagem nunca é simples. Os percursos e o tédio, as conexões perdidas e as horas mortas são o preço por se deixar a vida real para trás e penetrar sozinho numa vida irreal." Naquele exato instante, estava em lugar nenhum e em todos os lugares. Só, estrangeiro e hesitante num movimento perpétuo. Era uma viagem bruta, que me despojava de tudo até a medula e me despia das ansiedades restantes. Quando viajamos, imaginamos deixar para trás o que éramos antes. Mas a fome, o cansaço, as dores e os sofrimentos da vida num assento de ônibus apenas nos mostram quem de fato somos — nunca se escapa de si mesmo. E isso não é pouca coisa. Eu era apenas eu. Nos últimos anos, sentia-me tão desfigurado pelas vidas múltiplas — que simulara de modo a ser diferente com pessoas diferentes — que às vezes era difícil me lembrar de quem era. Ali, só podia ser eu mesmo, feliz, autoconfiante, satisfeito, exatamente como se fizesse parte daquilo tudo. Osborne estava dizendo que aquela era uma vida irreal, e talvez fosse — eu certamente não poderia continuar assim para sempre. Mas era também o oposto, verdadeira, e me ocorreu que a felicidade não estava em todos os confortos externos, mas apenas em estar ali, dentro de mim mesmo.

Pela manhã, saí cambaleando de meu hotel e acenei para um táxi.

— Leve-me até o rio — disse. — Até o porto.

Fazia calor e o ar estava úmido. O sol brilhava e queimava minha cabeça. Seguimos por quarteirões e ruas sinuosas e descemos por uma pista de terra apinhada de gente, como uma feira, até pararmos à beira do rio. Literalmente: estava tão cheio que transbordara, a água enlameada lambendo a rua.

Como em todos os lugares miseráveis, não precisava procurar nem perguntar coisa alguma, pois nunca estava perdido. Saí do táxi e fui abordado por um aliciador pronto a me oferecer qualquer serviço de que precisasse.

— Manaus? — berrou um homem descalço e cujos músculos inflavam sua camiseta sem mangas.

Agarrou meu braço e me conduziu por uma série de pranchas sobre água e lodo. Desembocamos ante uma visão incrível: amarrado a balsas de madeiras flutuava o *Altamonte Moreira VII*, uma embarcação amazonense de 30 metros de comprimento. Tinha três conveses altos e curvas elegantes. A proa era saliente, com linhas graciosas; a meia-nau, rebaixada; e a popa, arredondada.

— Vamos zarpar às 14 horas — disse o comandante, um sujeito atarracado que, sentado ao lado de uma mesa dobrável, cobrava as passagens, enquanto um exército de homens carregava caixotes de tomates e sacos enormes de batatas pela prancha estreita de embarque. — Setenta dólares para pendurar sua rede, com direito a três refeições diárias. A viagem levaria três dias.

Voltei correndo para o hotel, paguei a conta, comprei uma rede e um pedaço de corda e retornei ao porto antes de meio-dia. Um pouco atrasado, percebi, pois o *Moreira* se enchia rapidamente. O primeiro convés, apenas 60 centímetros acima da linha d'água, era um espaço aberto, repleto de sacos e caixotes; tive de me esgueirar por uma passagem estreita entre eles, o que me deixou nervoso. Pareciam pesar toneladas. O segundo convés, aberto nas laterais, era um emaranhado de redes amarradas às vigas, apertado conjunto ao qual acrescentei a minha. O convés superior também era aberto, exceto pela área do bar, onde havia mesas e cadeiras de plástico. A festa já começara. O céu imenso era épico e a brisa soprava como se de um ventilador. De um par de alto-falantes de 1 metro de altura, um acordeão berrava uma espécie de samba em compasso binário. Duas mulheres dançavam em volta de uma mesa cheia de latas de cerveja, balançando os quadris como se suas colunas fossem cobras. Dez crianças corriam pelo convés, e duas delas brincavam peladas sob um chuveiro ao ar livre.

— Qual o seu nome? De onde você vem? — perguntou Irma. Seus cabelos eram longos e pretos, e usava jeans apertados por cima dos quais sua barriga transbordava.

Do outro lado, um caubói negro de olhos verdes rebolava. Usava botas de vaqueiro, chapéu de faroeste, jeans de cintura alta e um cinto com enorme fivela de metal. Só lhe faltava o cavalo.

— Este é o melhor barco — disse Roberto, um engenheiro agrícola de camisa polo e sapatos de couro. — A comida é boa e farta. E tem um bocado de mulher!

Era como se tivesse entrado no dormitório de uma faculdade americana no primeiro dia de aula. Irma, Val, Kleyton, Lúcia e Antônio dançavam e bebiam. Nunca tinham se visto antes. Irma retirou sua aliança da mão esquerda e colocou-a na direita. Antônio, já sem camisa, fez o mesmo. Kleyton sorriu, deu um tapinha nas minhas costas e disse:

— Brasileiro só pensa em sexo!

— Nós só vamos zarpar às 19 horas — falou Val, que tinha duas covinhas nas faces e cujo corpo parecia transbordar da blusa de frente única.

Paguei uma rodada de cerveja para todos e me instalei. Às 17 horas, no entanto, os motores começaram a roncar e nos afastamos do porto. Mas, ao alcançar a corrente, pararam. Ficamos à deriva. Apareceram então, a toda velocidade e cheios de homens, botes de alumínio.

— Olhe — disse Carlos, um venezuelano mais velho —, a linha d'água desapareceu.

Inclinei-me sobre a amurada e de fato não a vi.

— É. Não dá para ver. O barco está superlotado!

Carlos era um contador aposentado de Caracas que decidira fazer longas viagens pelo rio. Já navegara em muitas embarcações e tinha razões para se preocupar. No final de fevereiro, o *Altamonte Monteiro* (uma cópia idêntica do *Moreira*), também a caminho de Manaus, colidira com uma balsa de combustível na escuridão, durante um eclipse lunar. Ninguém sabia ao certo quantas pessoas estavam a bordo, mas o *Monteiro* adernara e afundara, matando pelo menos 18 pessoas. Três meses mais tarde, outro barco de passageiros, que transportava oitenta pessoas, emborcou e matou 15.

Levou-se uma hora para resolver o problema; em vez de descarregar as mercadorias a fim de reduzir o peso excessivo, o dinheiro passou de uma mão a outra. Os filmes de catástrofes estão cheios de prenúncios de mau agouro: ao som de músicas dramáticas, a câmera se fixa no instante do suborno. Mas assim era a vida de todo dia, extremamente banal e trivial, e com frequência nem valia a pena mencionar. Até que uma tempestade desabasse ou dois barcos colidissem, provocando uma tragédia. Naquelas embarcações fluviais, geralmente eram os que dormiam nas minúsculas cabines abafadas e sem escotilhas, na altura da proa, que se afogavam, como ocorrera com o *Monteiro*. O venezuelano deu com os ombros e fez o sinal da cruz. Nada havia a fazer; estávamos nas mãos de Deus. Enquanto o sol se punha, o barco enfim moveu-se, vagarosamente, sobre o leito largo do rio marrom.

Não há algo melhor do que a vibração do motor de um navio pulsando suavemente sob os pés. É o som da viagem; uma longa viagem. O rio Madeira tinha 1,5 quilômetro de largura e parecia não ter fim. Cresci velejando na baía de Chesapeake, tive um barco à vela, e me surpreendia — não pela primeira vez — o fato de o planeta ser definido e dominado pela água, os continentes sendo apenas ilhas numa grande piscina, uma estrada mais original do que qualquer rodovia. Dali podia-se navegar até o Amazonas, do Amazonas ao Atlântico, e do Atlântico para qualquer canto. Nas profundezas da selva, ainda me sentia conectado a todos os lugares. Embora as estradas sejam, por definição, construções recentes, os rios fluem como sempre o fizeram. Ali, na bacia amazônica, a paisagem não mudara desde quando Francisco Orellana a vira, em 1542.

A noite cai rapidamente na zona equatorial. Num instante estava ensolarado; no outro, escuro. O Cruzeiro do Sul bem baixo, a Via Láctea sobre nossas cabeças, e de resto o negror do rio e suas margens despovoadas e impenetráveis. Relâmpagos cortavam o céu ao longo do horizonte e eu jogava cartas com Kleyton e cinco crianças. Porém, após a cerveja da tarde, o sol e o calor, estávamos exaustos. Irma e Val pararam de dançar e caíram pesadamente sobre as cadeiras de plástico. Kleyton sumiu. De minha parte, esgueirei-me entre as redes e os corpos oscilantes para mergulhar dentro de meu pedaço de pano pendurado. Foi uma noite longa. As pessoas estendidas acima de mim e a meu lado batiam contra meu corpo a cada vez que um de nós se mexia. O barco roncava. Meu traseiro roçava no convés. A noite ficava mais úmida e gelada; vesti outras camisas, mas continuei tremendo. No meio da madrugada, acordei e descobri que o barco estava atracado. Enfileirados, homens atiravam peixes congelados, um a um, como toras de madeira, ao porão.

Uma buzina soou às 6 horas, anunciando o café da manhã, e novamente às 11 e às 17, para o almoço e o jantar. Comíamos em volta de uma mesa comprida, vinte de cada vez, grandes tigelas de arroz e feijão, macarrão e frango, com porções copiosas de farinha e pimenta caseira, terminando com um café preto, tão doce e espesso quanto um sorvete. Ninguém falava; engolíamos tudo e saíamos para que o grupo seguinte, em fila dupla, entrasse. Cochilávamos em nossas redes. Nas escalas, as pessoas quase afundavam o píer flutuante, carregando sacos de carvão, pacotes de arroz, motocicletas, panelas e frigideiras. Em uma aldeia, a buzina do barco foi respondida por uma série de fogos de artifício. Durante quilômetros e horas sem fim, cruzávamos apenas um emaranhado de árvores verdejantes. Algumas vezes, ficávamos a poucos metros da margem; outras, seguíamos pelo meio do rio, pontilhado por redemoinhos de lânguidas correntes, ilhas flutuantes e aguapés. Não havia boias ou sinalizadores; a navegação era feita graças à intuição e à experiência. Jogávamos cartas e líamos; bebíamos muita cerveja e nos queimávamos sob o sol. Ficávamos nos observando e nem por um instante me senti entediado.

Não havia aonde ir, coisa alguma a fazer; podíamos beber à vontade. A maior parte do tempo, conversávamos — "visitando", como dizia minha mãe sobre as longas reuniões em sua Dakota do Norte natal. Kleyton era um médico meio-peruano de Rio Branco que fora deslocado para trabalhar num barco em Manaus e atender as cidades ribeirinhas durante seis meses. Era baixo, usava óculos de armação frágil e um boné de beisebol. Na véspera, não desgrudara de Val e Irma. Dançara com elas, tocara-lhes os ombros, tentara fazer-lhes rir. Nenhuma das duas, contudo, demonstrara interesse especial por ele, que agora estava zangado.

— Aquelas mulheres — disse, sacudindo a cabeça e apontando para Irma e Val, que dançavam em seu próprio mundo — são prostitutas.

— Acho que não — retorqui.

— São, sim — insistiu. — São mulheres ruins. Você não deveria falar com elas.

Kleyton era um obcecado. Toda conversa acabava em mulher, o que, aliás, ocorria com frequência durante minha viagem. Se havia um assunto universal entre os homens no mundo, eram as mulheres. Todos nós éramos obcecados.

— No Brasil, todas as mulheres têm a bunda redonda — falou. — Mas, nos Estados Unidos, têm o corpo todo cheio de curvas, né?

Estávamos dentro de uma bolha; o universo daquele barco era só nosso, e isso era estranhamente libertador. Antes, diverti-me pensando que todo deslocamento de trem por um país e toda viagem de navio para outro continente eram assim. Uma evasão. Uma suspensão do tempo e um período de reflexão.

O *Moreira* era limpo — havia sempre um marujo fazendo faxina. Contudo, levava duzentas pessoas e oferecia apenas quatro banheiros, compartimentos de madeira úmidos, sufocantes e quentes, do tamanho de um armário, cujo cheiro, tão forte, era impossível respirar. Para tomar banho, abria-se uma torneira e a água do rio caía do teto a trinta graus. Pias coletivas se estendiam ao longo de uma parede no convés das redes. Entrava na fila, barbeava-me e escovava os dentes diante de uma plateia. Espaço pessoal, asseio, silêncio, segurança — acostumara-me a não dispor dessas distinções por longos períodos. Mas começava a me dar conta de que se tratavam de luxos inacreditáveis. Nos Estados Unidos, quanto mais rico se é, mais se acumula e mais importante se torna. O dinheiro, porém, não compra apenas as coisas. Depois de tantos dias em barcos e ônibus lotados, restava claro que, acima de tudo, o dinheiro alcança isolamento e proteção. Proteção contra o vento, a chuva, o calor, outras pessoas, o barulho, a poluição. Quanto mais fundo ia, mais evidente isso ficava.

COMÍAMOS, COCHILÁVAMOS, chocávamo-nos uns contra os outros, e o rio seguia seu curso. Uma vez, vi o comandante sentado, enquanto alguém catava piolhos em seus cabelos. Na tarde do terceiro dia, começamos a cruzar um número maior de fazendas de gado entalhadas no meio da floresta, confinando à beira do rio os casebres precários erguidos sobre estacas. Meus companheiros de rede arrumavam a bagagem, escovavam os dentes, lavavam os cabelos e aguardavam. Às 21 horas, entramos no rio Negro e então começaram a aparecer luzes em número cada vez maior — uma iluminação industrial, chocante, que clareava os imensos cargueiros de longo curso, um mundo de metal, força e músculo reencontrado após termos visto somente água, madeira, céu e selva.

— É uma visão assustadora — disse Kayla, uma cabeleireira que voltava para Manaus depois de uma visita de três meses a seu pai na Bolívia. Como Marina, no ônibus para Lima, também se deparara com tanto e tão pouco: nada além de Santa Cruz, na Bolívia, Manaus, no Brasil, e centenas de quilômetros de floresta tropical e rios entre as duas cidades.

— Nunca estive no Rio ou em São Paulo — falou, enquanto desviávamos os olhos do sódio ofuscante dos candeeiros a gás.

Passamos por píeres onde centenas de barcos fluviais semelhantes estavam ancorados, atracados às extremidades das docas de madeira e, numa velocidade insana, dispersamo-nos. Numa hora estávamos juntos; noutra, todos tinham partido. A vida real nos agarrava pela lapela e nos sugava rápido demais. Por alguns dias, fizera parte de uma comunidade e, em seguida, tudo acabara, evaporara, e estava só outra vez.

FAZIA QUASE UM mês que viajava sem parar. Era já hora de ir para a África. Meu voo, única opção, partiria de São Paulo. O Brasil prosperava, seu território era imenso e as estradas, terríveis. Um bocado de brasileiros estava ganhando muito dinheiro e, assim, viajava cada vez mais de avião, no entanto dependendo de um sistema aeronáutico obsoleto, pelo qual praticamente todo voo precisava passar por São Paulo, uma das maiores cidades do planeta e onde fica um dos aeroportos urbanos mais movimentados do mundo.

Atrasos de horas — às vezes de dias — eram frequentes em Congonhas, o mais antigo e o mais usado entre os três aeroportos de São Paulo, com pistas notoriamente curtas, cercadas por uma massa densa de prédios altos e, em geral, banhadas por chuvas torrenciais. As pistas de pouso e decolagem do JFK, em Nova York, estendem-se por mais de 4.200 metros; as do aeroporto de Bogotá, por mais de 3.600. A mais longa de Congonhas, contudo, tinha apenas 1.939 metros. Em 1996, um jato da TAM caiu sobre uma área residencial ao decolar. Noventa e seis passageiros morreram. Em 2006, dois Boeing 737 derraparam e quase saíram da pista; e um 737 da Gol colidiu, sobre a Amazônia, em pleno ar, com um jato executivo. Todos os 154 passageiros morreram. Em fevereiro de 2007, devido à dimensão das pistas, às chances de derrapagem e às condições do asfalto, foi proibida a utilização do Boeing 737 e do Fokker 100 em Congonhas, aeroporto que, em decorrência das fortes chuvas, vinha sendo fechado, em média, três vezes por mês. As pessoas protestaram — a decisão impunha a utilização do aeroporto internacional de Guarulhos, bem mais distante — e o tribunal voltou atrás. Logo depois, a Associação Internacional de Pilotos de Aviação emitiu uma séria advertência para todos que voavam no país. Mencionava "a falta de controle e de fiscalização adequados do governo" sobre as aeronaves. No entanto, apenas cinco meses mais tarde, a 16 de julho de 2007, um turbo-propulsor ATR

42 derrapou e saiu da pista, sem deixar feridos. Um prenúncio do que ocorreria no dia seguinte, quando o voo 3054 da TAM, proveniente de Porto Alegre, aterrissou sob chuva intensa e não conseguiu frear, causando 187 mortes.

Para chegar a São Paulo, precisaria pegar exatamente o mesmo voo. Antes, entretanto, teria de deixar Manaus, e fiquei surpreso quando, menos de doze horas após desembarcar do *Moreira*, entrei no aeroporto da cidade. O chão revestido de borracha era tão limpo que serviria como prato numa refeição. Diamantes, pérolas e ouro cintilavam nas vitrines. Homens de terno e mulheres em jeans bem justos e sapatos de salto alto passavam à minha frente. Depois de um mês em ônibus horríveis e em meio à lama e à sujeira quase constantes nas estradas, nas montanhas e na selva — sem falar dos rios tortuosos e dos barcos de madeira —, aquilo tudo me pareceu duro, polido e escorregadio. Surpreendeu-me a organização geral. Uma voz incorpórea anunciou meu voo. Entreguei o cartão de embarque a uma mulher de batom, cabelo longo e salto alto, e então desci a passarela até um Airbus 330 novinho, com ar-condicionado e poltronas revestidas de plástico laranja. Uma comissária de bordo serviu balas em embalagens individuais. Tudo naquele avião era o extremo oposto dos ônibus, barcos e carros em que tinha viajado até então. Horários dos voos, tecnologia, treinamento de pilotagem e segurança, manuseio e acompanhamento de bagagens, manutenção, controle de tráfego aéreo, comunicação via rádio e inspeção de abastecimento de combustível — tudo isso representava um avanço espetacular e exigia técnicas, organização e fiscalização governamental muito superiores àquelas cobradas dos motoristas de ônibus, com seus dentes de ouro e tatuagens, e dos comandantes de embarcação com piolhos na cabeça. Os barcos de madeira e os ônibus, todos tinham horários, mas aproximados; partiam quando estavam cheios; chegavam quando chegavam. E as pessoas nada esperavam além daquilo. Os horários eram submetidos à realidade. O mesmo valia para manutenção e segurança: os pneus estavam carecas, os ônibus superlotados e o sistema, minado pela corrupção. Geralmente, as únicas consequências eram um pneu furado ou um atraso, e, quando havia de fato uma tragédia, suas vítimas eram pobres, gente com quem, exceto familiares e amigos próximos, ninguém se preocupava.

O sistema aéreo brasileiro expandia-se em grande velocidade. Na verdade, cada vez mais pessoas começavam a poder voar, e em lugares onde não se fazia isso antes. Os aviões se tornaram muito mais democráticos. Surgiram companhias aéreas de baixo custo, e não somente no Brasil, mas em todos os países que tinham uma classe média emergente: Indonésia, Nigéria e Índia, por exemplo. Os sistemas subjacentes, porém, aqueles que tornavam os voos seguros, ainda não acompanhavam o processo. Nos Estados Unidos, o tempo dos aviões cheios de aeromoças sensuais e com olhares cândidos ficara no passado. Agora, as próprias aeronaves frequentemente pareciam mal-cuidados vagões para transporte de bovinos. As aeromoças, na maioria das vezes, eram substituídas por comissários que passavam bruscamente pelos corredores e colocavam os assentos na posição vertical na hora do pouso. Mas, por trás do mal-humorado utilitarismo de um voo, digamos, da United Airlines, havia estatísticas poderosas: àquela altura de minha viagem, fazia dois anos que nenhum jato comercial regular operado por uma companhia aérea americana sofria acidentes. Por trás daqueles comissários de bordo idosos dos quais os executivos americanos viviam reclamando, havia décadas de experiência; homens e mulheres cujo verdadeiro trabalho não consistia em oferecer biscoitinhos ou gentilezas, mas, sim, em garantir a mera segurança dos passageiros, caso algo saísse errado.

Na TAM, a antiga e romântica aura de voar com luxo era evidente; os brasileiros a praticavam com perfeição. As comissárias de bordo, por exemplo, usavam saias azuis bem justas e blusas brancas aderentes, com colares e saltos de 15 centímetros. O Airbus estava impecável e ganhávamos balas antes mesmo da decolagem. Mas, quando avançamos até a pista e o avião se posicionou para arrancar, ninguém passou para verificar se os cintos de segurança estavam atados ou se os assentos encontravam-se na posição correta. Atrás daquela fachada, havia um sistema de tráfego aéreo controlado pelos militares e em completa desordem.

Tinha tudo isso em mente quando, no dia seguinte, embarquei no voo 3058, de Porto Alegre para São Paulo, nove meses depois de o mesmo voo — então chamado de 3054 — ter matado todos os passageiros a bordo. Naquela manhã, como na do meu voo, a rotina fora a mesma. Nada especial. Nenhum rufar de tambor presciente e agourento. Somente um punhado de executivos e executivas em ternos escuros e jeans elegantes, com seus celulares, *smartphones* e pastas de trabalho. Olhei ao redor. Nenhum de nós esperava morrer. As pessoas tinham reuniões marcadas, familiares que os aguardavam. O comandante, em sua camisa branca engomada, com quatro galões nos ombros, estava à porta de embarque e cumprimentava todos. Os desastres aconteciam rapidamente, percebi. Num instante você via *Rambo* na TV, em seguida o ônibus despencava de um penhasco. Afivelei meu cinto de segurança. A mulher a meu lado conversava no celular; e pensei em quantas pessoas naquele fatídico voo tinham falado com amigos, familiares e colegas a partir de seus assentos — pela última vez.

Decolamos. O sol batia em cheio nas janelas. Será que o mesmo voo podia se acidentar duas vezes? Era o que me perguntava. Olhei em volta. No voo trágico, como naquele em que estava, nada parecia fora do habitual. As pessoas folheavam suas revistas de bordo, ajustavam a ventilação acima da cabeça, bebiam Coca-Cola em copos plásticos. Aqueles gestos não significavam coisa alguma. No voo 3054, no entanto, tinham significado tudo, pois os passageiros os faziam pela última vez. Sabia que não morreria; que, desta vez, não haveria uma desgraça. Porém, sem dúvida, foi exatamente assim que se sentiram, nove meses antes, no mesmo trajeto, aqueles que pela última vez desceram sobre os arranha-céus sem fim de São Paulo. Naquele 3054, uma informação era ignorada pelos passageiros, embora não pelo piloto: somente um dos reversos estava funcionando.

Apertei o cinto de segurança e olhei pela janela. Vi o sol e reparei nas nuvens fofas. No dia do acidente do 3054, contudo, o teto estava baixo e chovia torrencialmente — essa, até onde sabia, a única diferença. Estariam os dois reversos do meu avião funcionando? Sua manutenção fora executada corretamente? Não tinha a menor ideia; nenhum de nós tinha. E era esse o problema com aviões como aquele: tudo parecia tão certo. Dentro de um ônibus nos Andes, preparava-me para um acidente; mas, naquela aeronave, aparentemente tão nova e brilhante, com pilotos em camisas brancas e comissárias em vestidos justos, o que poderia sair errado? Sabia o que acontecia na cabine de pilotagem, pois lera a transcrição da conversa gravada entre os pilotos do 3054, e porque era um roteiro rígido que nunca variava.

PILOTO: — Flaps um.
COPILOTO: — Velocidade conferida.
PILOTO: — Condição livre.
COPILOTO: — Condição livre.
TORRE: — TAM 3054, reduza a velocidade para aproximação e entre em contato com a torre na frequência 127.15. Boa tarde.

(Um som rangente — flaps acionados e trem de aterrissagem sendo baixado).

PILOTO: — Boa tarde. (...) Trem de pouso baixado.
COPILOTO: — Trem de pouso baixado.
PILOTO: — Flaps três.
COPILOTO: — Velocidade checada. Flaps três.

Sentado ao lado das asas, olhei pela janela e vi os flaps em posição.

PILOTO: — Flap aberto. Aguardo lista de checagem final.
COPILOTO: — Aguardando.

Os tetos dos edifícios estavam cada vez mais próximos agora. A mulher a meu lado fechou a revista. Observei o homem à minha frente pelo espaço entre os assentos. Olhava para o relógio. Chegaríamos em poucos minutos. Mais um voo concluído.
— Atenção tripulação — disse o piloto pelo sistema de PA —, preparar para aterrissagem. — De volta ao *cockpit*, falou: — Autopropulsão. Velocidade. Pousando sem problemas.

COPILOTO: — Pousando sem problemas.
PILOTO: — Ok.
COPILOTO: — Lista de checagem final completa.
PILOTO: — Pista à vista, pousando. Pergunte a ela [a torre] as condições da chuva, as condições da pista e se a pista está escorregadia.
COPILOTO: — TAM em aproximação final, duas milhas distante. Pode confirmar as condições?
TORRE: — Está molhada e escorregadia. Reportarei três-cinco à esquerda livre, 3054.
PILOTO: — Molhada e escorregadia.
TORRE: — TAM 3054, três-cinco à esquerda, livre para pousar. A pista está molhada e escorregadia, e o vento é de três-três-zero em oito nós.
PILOTO: — Checado. O pouso está liberado?

COPILOTO: — Liberado para pouso.
PILOTO: — Verde para pouso. Voo manual.
COPILOTO: — Checado.

Aterrissamos e os pneus fizeram o contato habitual e reconfortante com o solo. Estamos em segurança, e foi exatamente o que todos no voo 3054 pensaram. Mas ainda nos encontramos a uma velocidade de 250 quilômetros por hora, de modo que o ritual e os movimentos controlados, porém frenéticos, ainda estavam em curso na cabine. O tempo passava. Nossa sorte, a sorte dos 187 passageiros a bordo estava selada. Nós — eles — estamos todos vivos; todos confortavelmente sentados e com os cintos atados, assentos em posição vertical, livros guardados, os relógios funcionando, os corações batendo, os pulmões respirando, todos pensando no amor, no trabalho, no trânsito, se conseguirão achar um táxi rapidamente, e só lhes restavam alguns segundos.

COPILOTO: — Reverso número um apenas em funcionamento. Nada dos *spoilers*.
PILOTO: — Ai! Olha isso...
COPILOTO: — Desacelera! Desacelera!
PILOTO: — Não consigo! Não consigo! Oh, meu Deus, oh, meu Deus!
COPILOTO: — Vai, vai, vai, vira, vira, não, para... vira, vira.

(Som de colisão).

— Oh, não! — gritou um homem.

Uma mulher começa a berrar.

Mais um estrondo; a gravação acaba. Silêncio. O voo 3054 derrapou ao final da pista, virou para a esquerda, passou sobre a rodovia e mergulhou num depósito da própria TAM a uma velocidade de 160 quilômetros por hora. Todos os 187 passageiros morreram, além de 12 pessoas em solo.

Senti-me aturdido à medida que desacelerávamos e taxiávamos em direção ao ponto de desembarque. Alguns segundos de frenagem e desaceleração — tudo o que separava este voo sem ocorrências daquele que matou 199 pessoas. Quanto mais viajava em meios de transporte perigosos e idênticos aos que se acidentavam, mais tênue parecia a linha entre a morte e a vida — uma questão de sorte e tempo, ou do simples destino. É claro: meu voo não se espatifaria, meu barco no rio Madeira não afundaria e meu ônibus no Peru, que atravessava os Andes, não despencaria de um penhasco à noite. Ignorara as preocupações de Carleton sem pensar duas vezes. Mas, tenho certeza, sequer uma pessoa, afinal morta, considerara estar viajando em seu último ônibus, barco ou avião. Tinha passado perto, refleti. Caminhando pelo terminal apinhado de gente, senti vontade de abraçar minha família, de sentir o calor humano, o bem-estar e a vida.

Mas estava sozinho e pensei no que Darryl Greenamyer me disse certa vez. Ele fora piloto de teste e de competição aérea. Comandara o protótipo do SR-71 Blackbird da CIA, vencera disputas radicais em Reno, Nevada, seis vezes, quebrara o recorde de velocidade em aeronaves de dois pistões e de jatos, voando num F-104 Starflight a quase 1.600 quilômetros por hora e a 10 metros do chão, e certa vez planejara decolar de um lago congelado no norte da Groenlândia com um bombardeiro B-29 da Segunda Guerra, que ficara parado por 49 anos. Tinha visto pilotos morrerem e fizera coisas loucas na vida. "Ou sua hora chega, ou não chega", falou-me. "Ou é sua hora ou não. E quando o é, simplesmente não há o que você possa fazer."

PARTE DOIS

ÁFRICA

A polícia queniana informou que 23 pessoas, incluindo dez crianças, foram mortas quando o micro-ônibus em que viajavam derrapou na estrada e mergulhou num rio no sudeste da capital, Nairóbi. O micro-ônibus tinha licença para transportar 23 passageiros, mas no momento carregava 58 pessoas.

— BBC, *16 de agosto de 2001*

QUATRO Agentes de morte e destruição

ENTRE TODOS OS lendários meios de transporte na África, o trem que atravessa os 970 quilômetros de Mombasa, no Quênia, até Kampala, em Uganda, destaca-se. Num período de oitenta anos, a partir da década de 1890, quase 32 mil operários braçais trazidos da Índia, e supervisionados por engenheiros britânicos, trabalharam na construção da ferrovia. Durante a obra, morreram tantos homens — devido a doenças, à exaustão e aos leões famintos — que o trem foi apelidado de "Expresso Lunático". O historiador Elspeth Huxley considerou-a "a mais perigosa estrada de ferro do mundo". Quando de sua conclusão, em 1903, conforme escreveu Charles Smith, "a bandeira inglesa imperava sobre 6 milhões de quilômetros quadrados de terras africanas — um terço da superfície total do continente". Atualmente, o trem vai até Nairóbi apenas duas vezes por semana, um trajeto longo, quente e lento, mas que, pelo menos, ainda funciona; muitos dos trens africanos haviam sido tão dilapidados que acabaram saindo de operação.

Tomei um riquixá motorizado até a estação ferroviária local. Mombasa estava úmida, pegajosa e caótica, mas gostei do lugar. Os árabes tinham cruzado o oceano Índico para a África Oriental há séculos, seguidos pelos indianos a partir do século XIX, e as ruas estavam repletas de mulheres vestidas com uma espécie de burca larga e esvoaçante, chamada *buibui*, e tatuadas com hena nos pés. Havia também as indianas em sáris azuis e os homens com solidéu na cabeça. Mas, quando cheguei à estação, algo me pareceu errado. O velho prédio de tijolos e de apenas um andar ficava atrás de uma cerca e de um muro, num terreno enlameado e pedregoso, e estava deserto. Diga não ao suborno e à corrupção!, lia-se numa placa de metal danificada. Por favor, não ofereça ou receba subornos. Não negocie favores indevidos!

Havia um guarda no portão principal.

— Ora, há muitos problemas — disse-me, engravatado e suando sob duas camisas. — Os trens foram cancelados agora porque nos preocupamos muito com os clientes.

Aquilo me pareceu bastante enigmático, de modo que entrei na estação e fui até o guichê de passagens.

— O serviço foi suspenso por causa dos assassinatos — falou-me uma mulher atrás das grades de ferro. — No momento, os riscos são muito grandes para os seres humanos.

A eleição recente no Quênia desencadeara uma faxina étnica em Nairóbi e na região do Rift Valley, que agora se acalmara. O problema atual eram os Mungiki, organização mafiosa associada à mais numerosa tribo do país, os kikuyu. Eram conhecidos como uma seita e envolvidos em mistério: usando tangas, os Mungiki cheiravam tabaco ao longo dos rios, tomavam banho de sangue misturado com urina e tripas de bode e despiam em público as mulheres, que submetiam à excisão. Na verdade, a maior parte da renda dos Mungiki vinha da indústria de *matatus* de Nairóbi, os micro-ônibus particulares, famosos por circularem lotados e se envolverem em acidentes de trânsitos fatais. A seita alegava ter mais de 2 milhões de membros, inclusive do alto escalão do governo e da polícia. Detido recentemente, o líder da organização tivera a esposa assassinada pouco depois, e a recusa da polícia em deixá-lo assistir ao funeral fora o estopim para os tumultos em curso quando cheguei ao Quênia.

— O trem foi atacado na semana passada pelos Mungiki, que removeram os trilhos para que descarrilasse — disse a mulher no balcão de passagens. — Foi horrível. Os vagões ficaram uns sobre os outros.

— Então não tem trem? — perguntei.

— O de carga está funcionando. É possível embarcar enquanto consertamos os trilhos. Mas nos preocupamos demais com nossos passageiros. Viajar de avião, meu senhor, é muito mais seguro atualmente. Voltaremos a avaliar a situação na segunda-feira.

Pareceu-me que valia a pena esperar; ver o que aconteceria. Então me hospedei no Castle Royal Hotel. Uma longa varanda o circundava, isolada da rua por canteiros com espadas-de-são-jorge e hibiscos. Ventiladores de teto faziam circular a espessa umidade; pequenos grupos de negociantes indianos, com refrescos fluorescentes de laranja e maracujá nas mãos, confidenciavam. Quando o garçom se aproximou, pedi uma cerveja Tusker.

— Tome uma White Cap! — sugeriu o homem da mesa vizinha. — É a única boa cerveja no Quênia. Parece alemã!

Joaquin Fechner era gordinho e pálido, e vestia um colete de pescador cáqui sobre uma camisa rosa. Transpirava profusamente. Nascido na Suíça, vivia na África há 25 anos e, em Mombasa, nos últimos seis.

— Venha. Sente-se comigo — convidou.

Fechner bebia algumas cervejas antes de embarcar num ônibus noturno para Nairóbi, e não se mostrava muito entusiasmado com as viagens de trem.

— É muito perigoso — afirmou. — No momento, não viajaria naquele trem. Os Mungiki são selvagens. Fanáticos. Obsessivos. Sabe o que fazem? — inclinou-se para a frente. Uma gota de suor desprendeu-se de seu queixo e se espatifou sobre a mesa. — Cortam seu pênis. Com um facão! — o ônibus, achava, era menos arriscado. — Os ônibus esperam fora de Nairóbi e entram na cidade em comboio.

Bebemos mais uma rodada e Fechner começou a falar, a fim de relaxar. Costumava levar uma vida rotineira; um pacato cidadão de classe média na Suíça. De repente, contudo, ficou obcecado por livros de negócios. Não conseguia mais largá-los. Uma coisa lhe chamava atenção:

— Os negócios mais bem-sucedidos nunca pagam impostos!

Gostou da ideia. Gostou tanto que foi ver um contador, a quem perguntou: "Como posso ganhar dinheiro e nunca mais pagar impostos?" Este lhe disse para abrir uma companhia de importação num país, uma de exportação em outro e viver num terceiro. Fechner comprou uma motocicleta e a despachou para Durban, na África do Sul, mas acabou em Zanzibar, onde abriu, em 1983, uma loja de equipamentos de mergulho.

Fez uma pausa, engoliu a metade de uma garrafa de White Cap e olhou a varanda.

— Este é o único lugar em que um homem respeitável como eu pode beber em Mombasa. A menos de 20 metros daqui fica o Casablanca, onde estão as piores prostitutas de todo o Quênia!

Em Zanzibar ele enriqueceu.

— Mas depois perdi tudo! Até o último vintém! — riu. — Já fui multimilionário pelo menos duas vezes, mas nunca, jamais, paguei impostos! — era a maior realização de sua vida. Na última década, andara importando processadores de alimento usados da Alemanha para a África, a maioria da marca Hobart. — Pensam que são ingleses e pagam mais por eles do que pagariam por material novo fabricado na Coreia ou no Japão. — Antes de vir para a África, passara quatro anos em Nova York. — Sabe o que aprendi nos Estados Unidos? Quatro palavras que transformaram meus negócios: "É pegar ou largar." Aprendi a dizer essas quatro palavras, que funcionam em todas as negociações, no mundo todo. É preciso fazer suas pesquisas, é preciso saber até que ponto o cliente pode ir, mas depois você tem de saber essas palavras para fechar o negócio.

E prosseguiu.

— Quantas coisas eu poderia contar! — acenando com a cabeça na direção de um africano sentado sozinho, vestido impecavelmente com um terno risca de giz azul e uma pasta aos pés. — Esses homens — disse —, nós os chamamos de "caçadores de cabeças" e "executivos aéreos". Estão à procura de um alvo. Nada possuem, exceto aquela pasta e a roupa do corpo. Você deve tomar cuidado com eles ou o pegam. Sei bem, porque aprendi a lição do modo mais duro. E em Zanzibar. Você sabe quem vive em Zanzibar? Está cheio de gente da máfia americana. Há hotéis lá que nunca têm hóspedes.

O crepúsculo veio e se foi, dando lugar à noite escura, enquanto Fechner desfiava seus casos conradianos. Homens como ele viviam nos recantos mais improváveis do mundo, em zonas de guerra, cidades turbulentas, postos avançados na selva. Tiveram existências formidáveis, com riscos tremendos e aventuras intensas, das quais, depois de experimentá-las, não podiam mais se afastar. E sabiam disso, tinham consciência disso, deleitavam-se desse modo, embora fossem também vidas isoladas e solitárias, e solitárias seriam para sempre. Entendia Fechner porque era um pouco como ele. Atraíam-me também a aventura e mesmo os riscos, e a solidão era apenas um derivado. Em geral, não eram pessoas arrogantes — sujeitos presunçosos não prosperavam nos ambientes conturbados e labirínticos em que evoluíam —, mas, quando encontravam um interlocutor dedicado, suas histórias começavam a irromper com a força de um jorro de petróleo.

Com meia dúzia de White Caps, Fechner me comoveu com sua tristeza.

— Passei três anos em Uganda, antes de vir para o Quênia, e aqueles foram os melhores de minha vida — disse. — Em

Kampala, encontrei uma mulher. Foi a única vez em que me apaixonei. Estava com 35 anos e vinha das montanhas Rwenzori. Não sabia ler ou escrever, mas era uma negociante nata. Tinha o comércio nas veias. E era linda. Uma vez, falou: "Me dê 2 mil dólares." Dei. Ela investiu em carvão e toda noite colocava uma pilha de dinheiro ugandense sobre a mesa.

Na medida em que falava, eu o imaginava, pálido e acima do peso, sob a luz mortiça de um apartamento em Kampala, contemplando as pilhas de cédulas gastas e sujas, e quase pude sentir sua admiração e seu estranho amor por aquela mulher; era um belo conto africano.

— Ela fazia tudo pra mim. Cozinhava, faxinava; eu vivia como um rei. Mas queria ir para o Quênia fazer negócios. Está no meu sangue, como estava no dela. Preciso negociar. Chamei-a para vir comigo. "Não", disse. "Não falo o idioma e não conheço a lei. Além disso, tenho um irmão em Londres." Tinha lhe dado umas ações e, naquela época, possuía quatro mil dólares na conta. Tudo isso negociando carvão vegetal! Comprei-lhe uma passagem para Londres e ela se foi.

Fechner fez uma pausa. Passou um guardanapo úmido nas sobrancelhas, respirou fundo e bebeu um longo gole de cerveja.

— Se fechar os olhos, consigo vê-la — falou, encarando-me. Lembranças, anos, anseios humanos profundos, arrependimentos, tudo isso eu podia ver em sua expressão. Independentemente da desigualdade no relacionamento deles, independentemente de estar sempre viajando, Fechner se concedera um intervalo e amara por algum tempo.

Prosseguiu.

— Estou com ela. Foi tão boa comigo — voltou a se calar. Tomou outro gole e então falou: — Ouvi dizer que se casou com um inglês.

Eram 21 horas; o tempo passara e ele devia tomar seu ônibus às 22. Tinha de partir.

— Mas deixe-me dizer uma coisa — acrescentou, novamente inclinando-se na minha direção. — Em Nairóbi, tenho um velho contêiner enferrujado. Faz dois anos que não o abro. Está num pátio com muitos outros, sob holofotes, cercado de muros, torres e homens armados. Guardo algumas coisas lá dentro. É seguro, mais seguro do que um banco. Na África, é preciso tomar conta de tudo.

Enquanto esperava uma solução para o trem, resolvi procurar uma praia ao norte de Mombasa. Segundo um agente de viagem, a mais próxima chamava-se White Sands. No dia seguinte, enfiei-me no Abutre Faminto, um dos mil micro-ônibus que sacolejam pelas cidades do Quênia e que são os únicos meios de transporte para dois terços da população. Conhecidos como *matatus* — referência à palavra suaíli para as moedas de 3 xelins, preço original da passagem —, estão entre os mais perigosos e lotados coletivos do planeta. O antigo presidente do país, Daniel Arap Moi, certa vez os nomeou "agentes de morte e destruição". As ruas de Mombasa são tão apinhadas desses veículos que é possível andar pela cidade pisando em suas capotas. A taxa de acidentes com os PSV — como são oficialmente denominados, sigla em inglês para Veículos de Serviço de Passageiros — subira tanto (alcançando 3 mil mortes por ano e 11.989 acidentes nos primeiros onze meses de 2004) que o ministro dos transportes, ainda naquele ano, pôs em vigor uma lei exigindo controladores de velocidade e cintos de segurança. No dia anterior à minha chegada, todavia, o setor de seguros cancelara o desconto de 15% no valor das apólices concedido após a imposição da regra. O ministro que criara a lei se fora e o Departamento de Transporte informara ao jornal *Daily Nation* que a maioria dos limitadores de velocidade dos *matatus* havia sido "manipulada" e que "a maior parte dos PSV rodava com velocidade entre 140 e 160 quilômetros por hora, em vez dos 80 estipulados".

"As pessoas viajando pelas estradas do Quênia", afirmou o presidente do Departamento de Transporte ao *Nation*, "estão correndo cada vez mais riscos por conta da loucura dos *matatus*".

Loucos, mas eficientes.

Éramos nove e, logo em seguida, dez, doze e catorze, mais o motorista e seu ajudante.

— Malindi, Malindi, Malindi — berrava este, que era um homem e não um menino, tão rápido que soava como uma só palavra cantarolada. Ele viajava com a cabeça e os ombros para fora da janela, vasculhando as ruas movimentadas. Não cobrava somente, tampouco apenas operava a porta. Estava ativamente vendendo, aliciando e farejando o menor indício de alguém, qualquer um, que procurasse por transporte. Com duas pancadas na lataria, o micro-ônibus deu uma guinada e encostou junto ao meio-fio; a porta se abriu e ele pulou para fora. Uma mulher embarcou, pisando nos meus pés, seus quadris e suas coxas se esfregando nos meus ombros, e se espremeu num assento atrás.

Duas outras batidas rápidas e o *matatu* arrancou. O aliciador de passageiros voltou para o interior e fechou a porta com um tranco, cédulas imundas dobradas entre o dedo mínimo e o anular. Depois, fez um sinal com a mão, sem estabelecer o menor contato visual, e todos lhe pagaram os 40 xelins, cerca de 65 centavos de dólar.

Tivéssemos sido disparados, no espaço, para um planeta distante, representaríamos uma amostra perfeita da humanidade africana, convenientemente contida dentro de uma lata.

Ao meu lado havia uma mulher coberta de preto da cabeça aos pés. Somente seus olhos dardejavam para fora, a mão esquerda tomada por uma delicada e intrincada tatuagem de hena. Atrás de nós, uma negra, com a cabeça quase toda raspada e um bebê nas costas, ostentava longos brincos oscilantes na forma de uma estrela e um colar de contas em torno do pescoço. À minha frente, uma mulher — com os braços cobertos por pulseiras prateadas e um turbante roxo sobre a cabeça — segurava um balde embrulhado num saco plástico; ao lado dela, um rapaz rastafári e outros homens com suas indefectíveis camisetas e sandálias de dedo. E eu. O cheiro da humanidade, tão cru e acre quanto um galinheiro na península de Delmarva.

Duas batidas, uma guinada, porta aberta, porta fechada, duas batidas; freios, acelerador, buzina e guinadas. O motorista nunca tirava os olhos da estrada e o ritmo era ligeiro; uma dança multiplicada por cem, por mil, com os *matatus* em todos os cantos, movendo-se de forma frenética, buzinadas e freadas, aliciadores pulando para dentro e para fora, passando por fileiras de estandes de feira erguidos com varas e tecidos plásticos, lojas de carpinteiros exibindo camas e caixões que se estendiam interminavelmente. No terceiro mundo, tudo é uma questão de margens mínimas de lucro em bilhões de trocas minúsculas; velocidade e capacidade de lotação são essenciais. Os regulamentos, a segurança, o conforto, tudo isso custa dinheiro e não há dinheiro por aqui. Ou melhor, há dinheiro, mas como grãos de areia; não seixos que enchem as mãos.

Mas funcionou: em vinte minutos, estava na praia. Mais impressionante ainda, no caminho de volta, tive de pegar um *matatu* na autoestrada e me perguntei sobre quanto tempo esperaria. Sem problemas. Passaram-se 11 segundos antes de eu ser capturado por um *matatu* e levado até a frente do correio de Mombasa, de onde tomei um riquixá de três rodas até o hotel. Custo total: cerca de um dólar.

Vaguei por Mombasa durante quatro dias, mas o trem continuava parado e a moça do guichê me disse para tentar novamente na semana seguinte. Assim era a África; dias e semanas nada significavam. Então, naquela noite, tomei um ônibus para Nairóbi. Fechner me aconselhara a viajar num expresso com ar-condicionado de uma empresa específica. Em vez disso, comprei assento numa banheira velha sem ar-condicionado e com janelas que não se abriam. Todos os lugares estavam ocupados; o ambiente era sufocante, lacrado, com um cheiro de suor ainda mais forte do que no *matatu*.

— Não precisa se preocupar com os Mungiki — disse-me o sujeito ao lado, um agricultor chamado Joseph, que vivia fora de Nairóbi e vinha vender seus repolhos em Mombasa quinzenalmente. — Sou kikuyu, como eles, que só atacam quando alguém impede que ganhem seu dinheiro. Não se importam com estrangeiros ou pessoas comuns. Os problemas, neste momento, não são políticos, mas internos. Com o homem na prisão, a esposa ficava com tudo na mão. É uma questão de poder; foi por isso que ela morreu.

Nairóbi e Mombasa eram as duas maiores cidades do Quênia, mas a estrada entre ambas não era asfaltada. Fomos sacudidos a noite toda e, à medida que subíamos, afastando-nos do litoral, a temperatura caía. Ainda assim, estava quente e eu sentia falta de ar. Joseph, porém, enfiou um casaco de lã.

— Acho que você está acostumado com o frio — falou. De algum modo, adormeci e só acordei com Joseph me chamando.
— Chegamos. Bem-vindo a Nairóbi. Tome cuidado.

Minha experiência no *matatu* em Mombasa me deixara ávido por mais. Por sorte, encontrei David Wambugo descansando em seu táxi no centro de Nairóbi, os pés esticados para fora da porta aberta. Havia milhares de táxis e todos me assediavam, mas algo me atraiu na direção de Wambugo. Seus *dreadlocks* desciam até os ombros e as órbitas de seus olhos eram vermelhas como se atingidas de perto pelo *flash* de uma câmera. Havia gentileza neles, no entanto. Contratei-o para me levar até a casa em que Karen Blixen, a autora de *A fazenda africana*, morara. No caminho de volta, perguntei-lhe se conhecia algum motorista de *matatu* cujo dia de trabalho eu pudesse acompanhar. Claro, respondeu, e em poucos minutos falava ao celular. Tudo fora providenciado: ele me apanharia no hotel às 5 horas da manhã seguinte.

Ainda estava escuro quando saí, e lá estava Wambugo.

— Venha, venha — disse —, já pegaram o *matatu* e estão a caminho.

As ruas ainda estavam vazias e o ar fresco tinha cheiro de fumaça. Encontraríamos o *matatu* na estação de trem de Nairóbi, mas, alguns quarteirões à frente, o trânsito parou.

— Sempre há problema neste trecho — afirmou. — São muitos *matatus* — depois, pegou uma rua lateral, atravessou o tráfego e tomou um rumo sinuoso, que nos levava ligeiramente para trás. — Fiquei acordado a noite toda, mas estou muito vivo! — prosseguiu, derrapando numa esquina estreita. — Nós, motoristas, comemos *mira* — uma droga conhecida em outros lugares como *qat* e que é mascada em todo o chifre da África e no Oriente Médio —, e isso nos deixa alerta. Não é como cerveja. Você não pode beber cerveja, mas pode usar *mira* e dirigir. É preciso se alimentar primeiro, porque esse negócio não deixa você comer coisa alguma até o dia seguinte. Estou sem comer e dormir há mais de 36 horas.

Wambugo não era o dono do táxi e só podia usá-lo dois ou três dias por semana. Então, mascava *qat* e dirigia sem dormir enquanto fosse possível.

De repente, lá estávamos nós, num semicírculo apinhado de *matatus*. Pareciam mil formigas tentando se enfiar no mesmo buraco, todos buzinando e arrotando pelo escapamento no meio da escuridão. Todos seguiam o mesmo itinerário, a estrada 111 entre Ngong Town e o terminal ferroviário de Nairóbi.

— Está vendo, já começou a concorrência — comentou, abrindo um pedaço de papel e apanhando dois ramos verdes de *qat* para mascar, enquanto fumava um cigarro.

Wambugo identificou um ônibus Mitsubishi verde ligeiramente maior do que uma minivan.

— Ok, lá está meu amigo. Vamos — disse, apresentando-me ao chofer, Joseph Kimani, e a seu aliciador de passageiros, Wakaba Phillip.

Começava a clarear. Centenas de *matatus*, desde minivans de 14 lugares até ônibus de cinquenta, circulavam se espremendo, buzinando, acelerando para avançar num semicírculo onde entravam vazios e saíam cheios. Kimani, de 32 anos, com um bigode ralo e o corpo raquítico, dividia-se entre o volante e as marchas, ao passo que Phillip, de trinta, corria para a frente e para trás agitando os braços, berrando e batendo na carroceria de outros *matatus*, ao mesmo tempo aliciando passageiros e tentando conduzir o motorista no meio daquela confusão. (Não era só isso que Phillip fazia, mas não conseguia enxergar seus outros negócios; tudo era rápido demais, fluido demais, discreto demais, e eu só descobriria do que se tratava à meia-noite, ou seja, 17 horas mais tarde.) A concorrência era cruel. Todo *matatu*, afinal de contas, estava atrás dos mesmos passageiros.

O semicírculo tinha no máximo 150 metros; atravessá-lo levava quase 45 minutos (pense, a propósito, na cena do tanque do filme *Patton, rebelde ou herói*). Os *matatus*, com nomes como "King of the Streetz" e "Homeboyz", subiam no meio-fio e invadiam a calçada; evitavam um ao outro, faziam brincadeiras, bloqueavam mutuamente as portas. Quando conseguimos nos livrar deles, Phillip voltou para dentro do veículo e seguimos pela Ngong Road, uma rodovia de mão dupla e asfalto destruído, e com os Bee Gees (impossível escapar deles, em qualquer lugar do mundo) num volume ensurdecedor.

Kimani me contou que dirigia *matatus* há sete anos, após uma breve carreira de motorista de caminhão. Phillip subia na vida; era vendedor de legumes na rua até dois anos atrás.

— Os negócios estavam difíceis — berrou sobre a música. — Era muito pobre.

Ambos tinham saído da cama às quatro da manhã e pegado o *matatu* em Ngong Town, nas sombras do monte Ngong, perto de onde estivera, na véspera, para visitar a fazenda de café de Karen Bixlen, ou o que restava dela. "Eu tinha uma fazenda na África..." é uma das frases mais famosas no mundo literário. Refere-se, porém a uma África diferente, colonial. Ao chegarmos a Ngong Town, uma hora e meia depois, a cidade revelou-se um miasma de barracos de barro, lixo e papelão. De vez em quando, via-se um guerreiro masai de 2 metros de altura, magro feito um palito, que parecia um coadjuvante de Hollywood, ainda fantasiado, esperando ônibus no ponto. Um deles tinha o lóbulo da orelha tão comprido que o havia dobrado, cobrindo o orifício auricular. O centro da cidade era do tamanho de um campo de futebol. Estava coberto de lama, cascas de banana, palhas de milho, embalagens de cigarro e garrafas de água amassadas, e era cercado de barracas de feira com pouco mais de 1m² cada uma.

Paramos por ali. Kimani e Phillip me chamaram:

— Venha, Mr. Carl, é hora do chá!

Atravessamos o lamaçal, a estrada barrenta, avançamos em meio ao lixo, devoramos roscas fritas e um pastel doce e tomamos chá com leite dentro de um cômodo de cimento. Depois, retornamos ao estacionamento. Foi só então que a complexidade de tudo aquilo me ocorreu: a escala econômica de poucos minutos se estendia como uma rede comprida, e um pequeno exército de aliciadores logo surgiu para encher o ônibus.

— Quarenta, quarenta, quarenta — berravam. — Quarentown, quarentown, quarentown — 40 xelins até Town, que era como chamavam o centro de Nairóbi.

Os aliciadores eram autônomos, um estrato profissional inferior de trabalhadores menos importantes. Phillip lhes pagava entre 40 e 50 xelins. E o nosso não era o único *matatu*. Havia dezenas ali, todos fazendo o mesmo, contratando os mesmos agentes, desbastando o lucro e espalhando-o pelo maior número possível de pessoas.

Passamos o dia indo e voltando de Nairóbi a Ngong. O trânsito se tornava progressivamente denso. Em alguns lugares, levávamos 15 minutos para percorrer dois quarteirões, porta contra porta, para-choque contra para-choque. Os *matatus* buzinavam, piscavam os faróis e tocavam música em alto volume; alguns tinham até telas de TV e transmitiam videoclipes. Todos cuspiam uma nuvem cinzenta contínua e ininterrupta de gás carbônico, e os vapores eram intensos, opressivos. Kimani mantinha o som no limite da capacidade dos tímpanos e, assim como nos ônibus da América do Sul, ia desde Marvin Gaye, passando por ritmos africanos, até Britney Spears. Nos Estados Unidos, as pessoas se revoltavam caso alguém falasse alto demais ao celular; no resto do mundo, havia tanto barulho que a noção de silêncio era desconhecida.

A estrada não possuía demarcação de pistas e contava apenas com um mísero acostamento; quilômetros e quilômetros cruzando barracas de feira improvisadas e homens que rebocavam carroças de duas rodas. Na verdade, Kimani raramente parava o *matatu*. Phillip era como um acrobata: passava sobre os passageiros para cobrar a tarifa, pendurava-se na porta para aliciar outros e para fazer com que se embarcasse e desembarcasse rapidamente, batendo na lateral do veículo e assobiando forte para se comunicar com o motorista.

A engrenagem funcionava assim, num ritmo exaustivo, e era difícil calcular o resultado econômico daquilo tudo. Uma corrida num *matatu* de 14 lugares custava 70 xelins. Em 15 horas diárias, era capaz de efetuar seis ou sete corridas de ida e volta, embolsando entre 6 e 7 mil xelins — cerca de cem dólares. Uma corrida num *matatu* de 51 lugares valia 40 xelins. Nele, só era possível fazer de cinco a seis viagens de ida e volta por dia. Mais lentos, os veículos maiores eram, portanto, mais baratos para os passageiros; eram, também, mais vantajosos para o motorista e o aliciador, pois o volume aumentava o rendimento. De qualquer modo, Kimani e Phillip faziam cerca de 600 xelins por dia (aproximadamente dez dólares), pagos em espécie ao final de cada jornada.

— É um bom trabalho — disse Kimani, olhando-me pelo retrovisor, seus pés e suas mãos em movimento constante. — Mas não é todo mundo que consegue prosperar. É preciso levantar bem cedo e encarar um longo expediente.

A velocidade, as manobras, as buzinadas e o aliciamento de passageiros — via tudo isso, no início, como uma forma de expressão romântica africana. Mas estava enganado. Era simplesmente uma questão econômica: pessoas pobres, desesperadas e famintas, que tentavam espremer mais um passageiro e que enfrentavam mais uma viagem de ida e volta num dia que parecia jamais terminar — um dia em que, literalmente, cada xelim contava. No *matatu* de Mombasa, aquilo me parecera uma dança relaxada, misteriosa e exótica (olhe só aqueles quenianos malucos e seus carros apinhados!). Agora, no entanto, via-os como eram: gente que se esfolava por alguns tostões.

Ao meio-dia, a suspensão dianteira rompeu e Kimani se mandou para a oficina mecânica. Mas não era uma oficina mecânica; antes, um lugar que me deixou perplexo e mexeu com minha imaginação. Algo digno de Dickens: quarteirões e mais quarteirões atravessados por passagens enlameadas, cheios de carros virados, detritos, centelhas de solda e lixo, com cheiro de fumaça, óleo diesel e másquite, cenário em meio ao qual, sobre pilhas de pneus, homens dormiam. A via pela qual transitávamos tinha a largura de uma pista de mão única, mas os veículos circulavam nos dois sentidos. Era quente e ofuscante. Havia fogueiras e braseiros, marteladas e música.

A lama era tão escura, tão negra, tão viscosa, que parecia petróleo. Um dos piores e mais atraentes lugares que conheci.

Nós nos arrastamos pela multidão e entre faíscas e, na frente de um barraco de papelão, vimos alguns rapazes que consertavam uma suspensão e que embarcaram no projeto como se a última chance de redenção. Sequer tinham um guincho mecânico. Enfiavam-se na lama com seus jeans. O chefe, metido num macacão, calçava tênis Puma tão gastos que deixavam os dedos de fora. Kimani e eu nos sentamos no banco de um velho ônibus ao ar livre, em frente à barraca que vendia refrigerantes mornos.

— Estou economizando para comprar um *matatu* — disse. — Talvez em dois ou três anos. Mas, depois da eleição, houve um bocado de problemas e as pessoas começaram a brigar. Ficamos duas semanas sem poder trabalhar. Não fomos pagos e o prejuízo foi grande — acendeu um cigarro e soltou uma longa baforada. — Mr. Carl, você me consegue um trabalho nos Estados Unidos?

—Trabalho é fácil — respondi. — O problema é o visto.

— Você pode me conseguir um visto?

— Não.

Ficou calado, transpirando. Depois, retirou o boné e passou a mão na cabeça. O calor massacrava, os martelos espancavam, os geradores rugiam e as moscas pousavam em nossos braços e rostos. Descalças sobre a lama oleosa, crianças carregavam, à cabeça, bacias cheias de caju e cigarros. Um homem, que transportava revestimentos para volantes, chaves de fenda e vaporizadores na forma de coelhinhas da *Playboy*, parecia uma vitrine ambulante e assediava qualquer um com quem cruzasse. Do outro lado do lamaçal, um cara soldava a traseira de um caminhão. Não usava óculos de proteção ou máscara. Para se proteger da luz elétrica branca e ofuscante, segurava um caco de vidro escuro diante dos olhos. Uma fina camada de mástique flutuou e se instalou nos meus braços suados. A fumaça sobrecarregava o ar, vinda de centenas de fogueiras. Carros quebrados, enferrujados e amassados se empilhavam como livros num sebo. Um par de moleques passou por nós. Tinham mais ou menos 8 anos, vestiam camisas esfarrapadas e catavam pedaços de arame, porcas e parafusos perdidos, que depositavam num saco plástico. Outro estrato da economia: talvez o mais baixo.

— Vamos — disse Kimani —, já devem ter terminado.

Voltamos ao ônibus no momento em que três homens saíam de baixo do veículo, cobertos de suor e fuligem. O serviço levara duas horas, e Kimani estava ansioso para sair dali. O custo: 300 xelins. Algo como 5 dólares, que foram divididos entre os três.

A tarde se arrastou lentamente. Mais calor. Mais trânsito. Mais barulho e poluição, e mais deslocamentos sem rumo. A paciência de Kimani era extraordinária. Para entrar e sair em Nairóbi havia cinco pistas de caos, buzinas sem fim e denso escapamento de fumaça. Fumava um cigarro atrás do outro e manobrava o volante e o câmbio de marchas com seus braços vigorosos, enquanto Phillip saltava, assobiava, batia na carroceria, gesticulava e aliciava passageiros. Em Nairóbi, na estação de trem, nós literalmente subimos no meio-fio e abrimos caminho pela calçada, dispersando os pedestres. Perto de Ngong Town, os céus despejaram uma tempestade, o que engarrafou o trânsito e obrigou os ônibus a enfileirar.

Subitamente, paramos. Kimani agarrou meu braço e descemos, enquanto outro homem entrava no veículo e assumia a direção. Não tenho a menor ideia de como a troca fora combinada, mas Kimani me levou até um açougue coberto de papelão, com o chão imundo e as carcaças sangrentas penduradas nas paredes. Lavamos as mãos numa pia e um sujeito, vestido com um casaco branco manchado de sangue, descarregou uma pilha de carne de carneiro gordurosa sobre o tampo de madeira da mesa diante da qual estávamos. Então, talhou a peça com um cutelo, derramou um bocado de sal e colocou uma única tigela de *ugali* — farinha de milho — ao lado. Comemos com os dedos a carne farta e saborosa, inseparável, porém, de suas nervuras e cartilagens. Esbanjei comprando duas Coca-Colas, que custaram tanto quanto o resto da refeição.

Quatorze horas depois de nosso encontro, 16 após terem começado o dia de trabalho, Kimani e Phillip alcançavam a estação de trem de Nairóbi pela última vez naquela jornada. Pensara então em saltar do *matatu*, mas Phillip disse:

— Por que você não volta para Ngong Town com a gente e passa a noite por lá?

— Onde vou dormir?

— Ora, daremos um jeito — respondeu.

Estava exausto, pegajoso, com suor e fuligem, e faminto, mas me pareceu um convite bom demais para ser rejeitado.

— Ok — respondi. — E banco umas cervejas se houver onde comprar.

Antes de partirmos, David Wambugo apareceu e entrou no *matatu*; ele também morava em Ngong Town, e sua jornada de 48 horas no táxi estava concluída.

— Estou cansado, mas tão cansado — falou, fechando os olhos.

Já passava das 21 horas quando eu e Wambugo saltamos. Descemos no meio da escuridão, depois do temporal, num mundo de lama espessa, encharcado e grudento. Kimani disse que entregaria o *matatu*, pegaria seu carro em casa e voltaria para nos apanhar. Wambugo chapinhou e se arrastou no breu até um muro de concreto coberto por uma telha de estanho corrugado. A cada 3 metros havia uma porta de metal. Bateu numa delas, ouviu-se o som do trinco e a porta se abriu. Era a casa dele: um único cômodo de 3 metros por 3, no qual morava com a esposa, a irmã e os dois filhos. Havia uma TV, um sofá, um fogão de uma boca no chão e, atrás da cortina, uma cama estreita em que as crianças dormiam. Sem banheiro e sem cozinha. Tampouco água encanada ou janelas. Um pôster de Bob Marley decorava a parede. Wambugo me apresentou e, em silêncio, sua esposa me trouxe uma xícara de café doce e fumegante e uma tigela de *sukuma*, uma sopa de couve que devorei enquanto assistia a uma novela nigeriana sobre um homem rico que falira após se recusar a fazer uma doação em dinheiro para a Igreja Católica local. Wambugo nada comeu.

— Não posso comer — disse. — Por causa da *mira*. Esta noite vou dormir bem e amanhã, sim, vou tomar um café da manhã daqueles.

Seu celular tocou; Kimani estava chegando. Enfrentamos de novo o lamaçal e fomos até um prédio de concreto inacabado de seis andares, cercado por mais lama e escuridão. A porta conduzia a uma caverna, literalmente: no lugar de escadas, uma rampa sinuosa cujas paredes e teto, de modo a simularem mesmo uma caverna, eram cobertos com pedras. No andar superior havia um bar — vazio, mas aberto. Eu estava tão cansado. Tinham-se passado 17 horas desde que os encontrara na estação de trem. Finalmente, porém, à meia-noite, 21 horas após terem iniciado o dia, bebendo cerveja morna num bar deserto de Ngong Town, Kimani e Phillip revelaram os segredos da indústria de *matatus*. Eram, na verdade, extorquidos a cada viagem. Todos os motoristas de *matatu* tinham de desembolsar, em cada área de embarque, duzentos xelins para a polícia — o preço pelo "privilégio" de usá-la.

— Tem tanto policial achacando você! — disse. — Na estação de trem, em Ngong Town, nas estradas... Esse é o melhor emprego! Um policial da estação faz pelo menos dez mil xelins por dia. Todos os dias!

— Mas é um absurdo! — exclamei. — Por que não se recusa a pagar?

— Se não pagar, param o *matatu* e levam o motorista para a prisão — afirmou Kimani. — E a multa é de 15 mil xelins. Sai mais barato pagar. E, às vezes, trocam de policial no meio do dia e então é preciso pagar outra vez.

— E os Mungiki estão sempre por aí, e encontram você — Phillip acrescentou. — Se não lhes pagar cem xelins, cortam sua cabeça. Isso mesmo, degolado.

— E se vocês os denunciarem à polícia? — perguntei.

Morreram de rir.

— A polícia está do *lado* dos Mungiki! Não há jeito, temos de pagar!

Inspetores, proprietários de *matatus*, ladrões, todos queriam uma fatia do bolo. Era função de Phillip, sendo o aliciador e o cobrador, lidar com eles. Ao mesmo tempo em que catava passageiros ou contratava outros aliciadores, mantinha os olhos na polícia, nos Mungiki e em quaisquer outros interessados em roubar ou extorquir.

O *matatu* de Kimani fora assaltado, à mão armada, três vezes.

— Eram uns três ou quatro homens dentro do ônibus — relatou, com a expressão séria —, e disseram "saia do volante". Então saí e dirigiram até um lugar afastado, no mato, e roubaram tudo. Na primeira vez, fiquei muito assustado. A arma estava apontada para minha cabeça, e já engatilhada. Mas, agora, não estou nem aí. Vou para onde mandarem e deixo que façam seu trabalho.

Para piorar as coisas, como os ladrões roubam a receita do dia, Kimani e Phillip não recebem seus pagamentos.

O crime obedecia a um ciclo vicioso; uma luta pela sobrevivência aos moldes de Hobbes. Todos eram culpados e ninguém inocente, nem mesmo Kimani e Phillip. As tarifas que cobravam variavam conforme a situação, a arte de cinzelar o preço.

— O preço dobra quando chove — falou Phillip, rindo. — O sol é um problema para o motorista do *matatu*!

O valor aumentava nas horas de pico. Eles faziam com que os aliciadores autônomos oferecessem passagens por 40 xelins.

Depois, porém, sob a alegação de que aqueles não tinham autorização para fixar os preços, cobravam 60 dos incautos.

— Caso se recusem a pagar, não os deixamos sair do *matatu* — advertiu Kimani, rindo, enquanto tomava um gole de sua cerveja Tusker. — Têm de pagar.

Finalmente, a uma hora da manhã, acompanharam-me até um quarto de concreto sem água corrente, atrás de um portão de ferro, no mundo da lama. Delirava de cansaço. Estava moído. Meu pescoço, minhas costas, os joelhos e os ombros doíam; sentia-me ávido por um pouco de solidão, sossego e asseio. Todo aquele barulho estridente e aquela multidão deixaram meus nervos em farrapos. Kimani e Phillip tinham ainda quatro dias de batente antes do fim de semana. Mais umas setenta ou oitenta horas de labuta por 50 dólares. E Wambugo trabalhara, sem dormir nem comer, unicamente à base de *mira*, durante dois dias e duas noites. Assim mesmo, todos se mostravam com excelente humor, rindo e fazendo piadas, ansiosos por mais uma rodada.

Desmaiei. De repente, acordei e senti uma necessidade irresistível de fugir. Vesti rapidamente minhas roupas e saí cambaleando sob uma chuva ligeira. Ainda estava escuro e não sabia exatamente onde me encontrava. Certamente, em algum lugar perto de Ngong Town. Mas para que me preocupar? Parei ao lado da estrada e um par de faróis surgiu piscando na esquina. Ergui a mão. O *matatu* deu uma freada e parou. Embarquei. Lá dentro, Shakira sacudia os quadris na tela de um vídeo. Eram seis horas. A menor nota que tinha era de 100 xelins. O cobrador a apanhou e não me deu o troco;

dessa vez, achei melhor não argumentar. Trinta minutos mais tarde, estávamos presos num engarrafamento, a 800 metros da estação de trem. Notei que começava a adormecer, a cochilar. O *matatu* fedia tanto que mal conseguia respirar. Quadris e ombros me empurravam de todos os lados. O DVD — com o Diddy agora — era ensurdecedor. Estivera no âmago daquilo por 24 horas seguidas, nada além da multidão e de seu cheiro forte, almiscarado, uma barragem constante de ruídos, pessoas, lama e solavancos.

— Deixe-me sair! — gritei para o cobrador e soltei do *matatu* como se voltasse à superfície depois de muito tempo. Nunca fui tão grato a um quarto de hotel turvo e barato. Arranquei minhas roupas e deitei pelado na cama. O cômodo encontrava-se silencioso. Calmo. Limpo. Seguro. Eu estava sozinho. Aquilo era quase um luxo.

Um navio de passageiros naufragou durante uma violenta tempestade no Atlântico, na costa oeste da África, desaparecendo entre as ondas em poucos minutos. Presos a bordo havia centenas de passageiros em pânico e as equipes de resgate disseram, na sexta-feira, que o número de vítimas pode alcançar 760 pessoas. Somente 32 passageiros sobreviveram ao desastre que ocorreu na noite de quinta-feira, alguns se agarrando aos destroços da embarcação.

— Los Angeles Times, *28 de setembro de 2002*

CINCO Aquele trem é muito ruim

UMA DAS PECULIARIDADES da rede de transportes africana é a existência de poucos voos diretos internacionais, razão pela qual, para chegar a Bamako, no Mali, vindo de Nairóbi, tive de voar até Adis Abeba e de lá seguir ao meu destino, que só alcancei 24 horas depois. Ao meu redor, no portão de entrada, deparei-me com a tropa de choque da globalização. Grupos de chineses; a nova classe mercante da África, com sapatos pretos, meias brancas e paletós marrons amorfos, agarrados a pastas Naugahyde; filipinos em sandálias de dedo e camisetas; e dez marinheiros do Sri Lanka a caminho de Dacar, no Senegal, vestidos em camisas polo novinhas e jeans bem passados.

— Vamos à Polônia e depois ao Caribe. Levaremos pelo menos sete meses, talvez até um ano, antes de voltarmos a ver nossas famílias.

— Deve ser duro — disse, pensando em minha própria vida e em minha família, e em como, apesar de todas as minhas viagens, nunca antes ficara ausente por mais de dois meses.

— É duro, sim — respondeu —, mas, lembre-se, nunca sabemos quando vamos morrer. Portanto, devemos ser felizes o tempo todo.

Chegamos a Bamako às duas da madrugada e, mesmo àquela hora, no meio da noite, fazia um calor cruel. Assávamos em uma cidade que parecia ter sido atingida por uma bomba. Um caldeirão, cheio de poeira, iluminação sombria, cheiro de fumaça e lixo, e com corpos adormecidos em todas as calçadas, na frente das lojas, como se, andando na rua, subitamente as pessoas caíssem no sono. Estava ali para pegar um trem: a linha de Bamako a Dacar era lendariamente sofrível. De manhã, no momento em que saía do hotel, fui adotado por Guindo, um dos milhares de guias autorizados da cidade.

— O que você quer? — perguntou. — Quer fazer a trilha para Dogan? Quer comprar máscaras?

— Você pode me ajudar a comprar uma passagem para Dacar? — indaguei.

Por um instante, sua expressão ficou lívida.

— Posso — respondeu. — Talvez seja possível. Mas acho que aquele trem é muito ruim.

Se a cidade parecia abafada e à beira de um colapso à noite, durante o dia era muito pior. Guindo andava rápido e me conduziu entre pilhas de pedra e lixo, fogueiras e carros danificados e cheios de areia. Passamos por mendigos cegos e com as pernas amputadas, num calor de cinquenta graus tão violento que queimava minha pele e minha boca. Seguimos por vias imundas, repletas de homens com sapatos pontudos e mulheres em turbantes de seda. Não havia lugar onde se refugiar do caos e da multidão. Gente, calor, poeira e barulho; as ruas entulhadas por filas de *matatus* sem vidros nas janelas e tomadas pelo cheiro de excremento, suor e fumaça.

O terminal ferroviário estava vazio. Não havia trem e ninguém sabia quando chegaria ou partiria.

— Ninguém sabe de coisa alguma — disse um homem questionado por Guindo. — Não há datas fixas. Talvez parta na segunda-feira, ou na terça, ou na quarta. Quando estiver aqui, você saberá. É preciso verificar todos os dias. Meu amigo, esse trem é muito ruim.

— Acho que você não deveria tomá-lo — aconselhou-me Guindo, quando nos afastamos. — Não é seguro. Que tal um ônibus?

Como eu insistia, ele disse que iria todos os dias à estação. Quando chegasse a hora, compraria minha passagem. Pediu o dinheiro adiantado. Cerca de 30 dólares. Relutante, entreguei-lhe a soma ao voltar para o hotel.

— Não se preocupe, Carl. Aviso-o.

Era segunda-feira; o trem estava oficialmente marcado para sair na quarta, numa viagem de 48 horas, mas imaginava que acabaria partindo depois. Chamei Guindo no final da manhã seguinte. Queria saber como andava a situação.

— Não, Carl. Ninguém sabe ainda — respondeu.

Mas, às 17 horas, meu telefone tocou.

— O trem está quase chegando — disse-me —, e vai sair em breve. Nesta noite. Já comprei sua passagem! Você tem de vir rapidamente; vou passar aí agora.

Apareceu poucos minutos mais tarde num táxi tão sambado que, para manter a porta fechada, era preciso segurá-la. Fazia mais de quarenta graus e eu estava ensopado de suor. Até respirar doía. A estação, barulhenta, estava lotada. O calor impunha-se. Um mar de africanos. Mulheres sentadas sobre mantas vigiavam imensos sacos de batata e manga e cobriam a plataforma com seus vestidos *boubou* em batique, profusamente azuis e amarelos, os lenços sobre as cabeças, brincos dourados pendendo das orelhas e os pés tatuados de hena. Homens, em túnicas verdes reluzentes, com as mangas em forma de sinos, arrastavam caixas cheias do que pareciam ser travessas para salada. O trem não tinha chegado e o sol começava a se pôr. Um odor desagradável de legumes e frutas podres invadia a plataforma e se misturava ao cheiro de suor. Cinco centímetros de lixo cobriam os trilhos. Os vendedores ambulantes apregoavam seus cadeados, leques, lanternas baratas e pequenos rolos de papel higiênico.

De repente, ouvi um som torturante, metálico e estridente.

— É a porra do trem — observou Guindo, batendo em meu ombro. — Boa sorte, Carl — acrescentou, sumindo na noite opaca e populosa, como se fugisse da polícia.

O comboio veio parando lentamente. Parecia milenar. Era como se tivesse caído de um penhasco, recebido umas pancadas, e então sido desmontado e remendado novamente. Estava coberto de lama e tinha cavidades de ferrugem nas laterais. Pedira uma passagem de segunda classe e fui atendido. Os bilhetes indicavam a posição a ser ocupada. Quando consegui transpor todos aqueles corpos ruidosos, as caixas, os engradados e os sacos, descobri que meu lugar, ou meu suposto lugar, não existia. Todos os bancos estavam destruídos. Os encostos ainda resistiam, mas os assentos, não. Olhei ao redor; não havia outros. Um velho desdentado e magro, de expressão seca e com uma camisa infecta, segurou meu braço.

— Siga-me — disse.

Com algum malabarismo, conseguimos sair do vagão. Andamos mais um pouco e chegamos a outro, no qual se lia, em letras desbotadas, PRIMEIRA CLASSE. As condições eram as mesmas, exceto pelas cabines, cada uma com quatro leitos revestidos por uma espuma retangular amarela, esburacada e esmigalhada.

A noite caíra. O breu era total no interior do trem. Fazia muito calor, como se estivéssemos dentro de uma torradeira. As pessoas berravam e embarcavam mercadorias pelas janelas. Os mosquitos me atacavam. No leito inferior, perto de mim, havia um homem negro que voltava para Dacar após comprar uma dúzia de enormes panelas de barro, que pretendia vender na capital. Às 19h30, o trem sacudiu e se moveu. Em seguida, estremeceu e voltou a parar. Inclinei-me na direção da janela que dava para o corredor; tentava respirar melhor. Havia mais gente, mais berros e mais caixas e sacos sendo embarcados. O trem tornou a avançar e desta vez continuou. Estávamos em marcha, andando a uns 15 quilômetros por hora. De súbito, a eletricidade foi acionada e as luminárias mortiças no corredor e em meu compartimento revelaram um mundo de imundices. As paredes estavam borradas de marrom e meu colchão, tão manchado que parecia que um soldado, crivado de balas, morrera sobre ele. A poeira se acumulava no chão Tudo se encontrava quebrado, empenado e retorcido. Um homem magro e barbado, vestido com uma túnica verde ofuscante, surgiu e começou a empilhar caixas de isopor na cabine, além de jarras de água de quatro litros, sacos plásticos de lixo e embrulhos amarrados com barbante.

Precisava muito urinar, mas o banheiro, ao final do corredor, estava cheio de caixotes até o teto. Desesperado, com meus companheiros de cabine conversando no corredor, fechei a porta, apaguei a luz e, empoleirado na extremidade de meu leito, mijei para fora da janela.

Logo em seguida, ouvi uma discussão. Um homem baixo e atarracado, como um buldogue, vinha andando pelo corredor. Com o jeans arregaçado e uma camisa xadrez, arrasava tudo à sua frente, como um jogador de futebol americano. Devia medir cerca de 1,60 metro; pesava uns cem quilos.

— Que bagunça! — gritou, ao entrar na cabine e se deparar comigo. — Você fala inglês? Para onde está indo e onde mora?

— Falo. Vou para Dacar — respondi. — E moro nos Estados Unidos.

— Me chamo Papa-si! — disse, estendendo sua mão enorme, quente e áspera, antes de seguir novamente pelo corredor em busca de seus sacos e caixas.

Sentia-me exausto, sujo e indefeso. Deitei no colchão pensando em malária, percevejos e ladrões, e finalmente apaguei, dormindo ao sabor dos trancos do trem.

Acordei às 6 horas. A noite parecia ter sido sem fim para os passageiros do vagão, que a tinham vencido acordados. A cada 20 minutos, parávamos e um monte de vendedores embarcava e batia nas janelas, como ondas oceânicas de vozes contra a praia. Papa-si arrumara suas caixas durante a madrugada e, sempre que colocava algo no bagageiro da cabine, içava-se agarrado à minha cama. Mas, à medida que o tempo passava, no dia seguinte, adaptei-me ao ritmo estrepitoso dos trilhos e me rendi ao calor e à poeira. O céu era de um azul puríssimo. O campo, ressecado e ocre, estava coberto por uma relva amarelada de meio metro de altura, de onde surgiam esparsos baobás desfolhados e, ao longe, íngremes penhascos com os cumes planos. Um mundo quente e abafado que se assemelhava à bigorna de Lúcifer. O negociante de panelas senegalês preparou um chá espesso e melado, fervendo e servindo a bebida, como num ritual, dentro de duas chávenas sobre um fogareiro que balançava no soalho da cabine. Havia uma espécie de amuleto de pele de animal amarrado a seu bíceps. Cruzamos aldeias de telhados cônicos de barro e cobertos de sapê e paramos brevemente numa pequena aglomeração de casas de tijolo que pareciam ter cem anos de idade.

Num lugar chamado Keyes, estatisticamente o ponto mais quente da África, com uma temperatura média em abril — o mês então corrente — de 42 graus, um homem embarcara no trem e roubara um saco de carvão mineral. Houve gritos e um policial apareceu e o perseguiu, voltando com o fardo enorme sobre a cabeça.

À tarde, sentia-me exausto e inclinei-me à janela, apoiando-me na placa de advertência que dizia — em francês, inglês, alemão e espanhol — NÃO DEBRUCE NA JANELA. Era o mesmo que se projetar sobre uma churrasqueira.

— *Mon ami*! — saudava-me Papa-si toda vez em que olhava para mim, fazendo um sinal com o polegar para cima. De manhã, de tarde e de noite, os homens rezavam sobre tapetes no corredor. Quando o trem fazia uma curva, podia ver centenas de meninos e homens sobre o teto dos vagões. Queria subir para conversar com eles, mas um guarda não me permitiu. Antes de cada estação, desapareciam na mata, às margens da aldeia. Em Colombo, havia tantos que os soldados e os policiais se puseram a caçá-los. Alguns não tiveram sorte e foram capturados. Vi quando um policial deteve um sujeito pela gola da camisa e lhe deu repetidas joelhadas nas costas, levando-o sob o imenso calor.

Ao pôr do sol, descobri, no outro vagão, dois homens que vendiam cervejas geladas. Comprei uma e me instalei no chão, na passagem entre os dois carros, os pés pendendo para fora. Moussa era alto e magro; usava jeans e sandálias. Voltava para Dacar com os vários engradados de manga, que entupiam o banheiro. Fazia aquela viagem, duas vezes por semana, há cinco anos. Praticamente morava no trem, portanto, pois passava, pelo menos, quatro de sete dias sacolejando em meio ao calor e à poeira. Não havia lua no céu escuro. Seguimos balançando a 15 quilômetros por hora, com o brilho do Cruzeiro do Sul no horizonte. Um homem dormia sobre um saco plástico perto de nós; estávamos espremidos, nossas pernas coladas umas às outras. Era infernal e imundo. Mas Moussa estava feliz. Vasculhou um saco de juta e retirou um fogareiro de uma boca, à base de propano, e duas chaleiras de esmalte lascadas, e assim deu início ao ritual do chá do Mali, que fervia e servia, sempre a uma altura de 50 centímetros, e sem, apesar de toda a trepidação, desperdiçar sequer uma gota.

— O primeiro é amargo como a vida — disse, despejando o chá dentro de um coador. — O segundo é suave, como a amizade. E o terceiro... Ah! O terceiro é doce como o amor.

Preparava o chá, duas xícaras de cada vez, e servia em pequenos copos sobre uma bandeja prateada. Oferecia a todos aqueles apinhados ali, no calor e na sujeira de um compartimento crepitante. Sem cobrar, é claro.

Segundo as lendas, aquele era um dos piores trens da África, talvez do mundo. Fazia um calor sufocante, os vagões estavam lotados e tudo era precário. Mas, ao mesmo tempo, parecia começar a ficar agradável; o calor, a lama seca e a multidão deixaram de ser extraordinários e não me incomodavam mais. Ou talvez devesse dizer que, tão logo parei de combatê-los e me rendi, tudo passou a ser indiferente. Aqueles elementos integravam a paisagem. Estava coberto de uma camada de suor e fuligem. E daí? Todos estavam. Fedia. E todos fediam também. Quanto à segurança, o trem africano — abafado, imundo e lotado — sugeria roubos e assaltos. Certificara-me de dormir a primeira noite com meu canivete à mão e aberto, enfiado na cintura. Isso revelava meus medos e preconceitos mais do que qualquer outra coisa, e me fez lembrar de algo que meu pai ensinara. Estávamos em seu carro e atravessávamos um bairro "perigoso" de Washington. Era verão e eu ainda era criança. As janelas encontravam-se abertas. Subitamente, temendo um assalto, pus-me a fechar a minha. "Você não precisa se preocupar", falou. "Essas pessoas não são diferentes de você e de mim. Apenas são pobres. Nada mais." Ele tinha razão, é claro. Agora, estava num trem que mal funcionava e num lugar que parecia com Hades, aquele bairro da minha infância, mas me sentia seguro, cercado por pessoas que conhecera há menos de 24 horas, como Moussa, Papa-si e o cara com o amuleto amarrado ao braço, e que tomavam conta de mim, assim como um do outro. Estava feliz, diluindo-me no trem africano e, mais, na própria paisagem da África. Feliz e faminto: sempre que parávamos, comprava qualquer coisa que estivesse à venda; frango frito, verduras, sacolés vermelhos de suco de hibisco ou um café muito doce, e sequer por um momento me preocupei com a bagagem, na qual, aliás, ninguém mexeu.

Na tarde do segundo dia de viagem, comecei a conversar com Lamine Ly, o quarto passageiro na cabine. O calor intenso dos últimos dias abrandara; estávamos a 200 quilômetros de Dacar e a brisa do oceano Atlântico começara a entrar. Ly, dono de um cavanhaque grisalho, era um cara magro e comprido, e vestia uma túnica verde bem chamativa. Havia nele certa elegância. Era advogado em Dacar, contou-me, dedilhando uma série de contas marrons. Tinha um amigo que trabalhava no trem e que o deixava viajar de graça. Para onde eu ia? O que estava fazendo? Por que estava ali? Tinha muitas perguntas. Em seguida, indagou-me:

— Você acredita em Deus?

Eu o vira rezar no corredor. Lavara com minúcia os pés e as mãos antes de se ajoelhar sobre um tapete para orar. Era, pois, um homem religioso. Ainda assim, encarei-o e respondi honestamente:

— Não. Não acredito.

Sacudiu a cabeça e continuou dedilhando seu colar de contas, enquanto me olhava com seus olhos cinzentos.

— É verdade que nos Estados Unidos os homossexuais vivem juntos?

— É verdade — falei. — Alguns moram juntos.

— E alguns deles chegam até a adotar crianças?

— É verdade — disse, preparando-me para um longo discurso e supondo que qualquer maliano com uma túnica e um colar na mão seria alguém energicamente conservador. Mas ele apenas acenou com a cabeça, ocupado com suas contas e seus pensamentos. Depois, comentou:

— As pessoas devem viver do jeito que desejarem. Os Estados Unidos devem ser um ótimo país. Gostaria de conhecer Nova York. Meu filho vem me buscar na estação em Dacar; queria levá-lo até Nova York.

Quando o crepúsculo caiu, ainda estávamos no corredor, debruçados na janela. O trem então penetrava ruidosamente em Dacar, um mundo povoado de areia, casas e pardieiros de cimento, fumaça, fogueiras e roupas nos varais. Entrávamos na cidade a uma velocidade de 8 quilômetros por hora, e isso levou duas horas. A noite se impôs. Só se viam velas, lampiões a querosene e estandes de vendedores, esses, tão próximos que praticamente roçavam nos vagões. Curiosamente, senti-me triste; triste com o fim de uma jornada suja e desconfortável. Acostumara-me, habituara-me a tudo, fizera amigos, interagira. Em última análise, atravessar parte da África fora uma experiência agradável que relutava em deixar para trás. Não havia jeito, porém. Ainda cruzávamos os subúrbios quando Ly saltou. Pediu-me para lhe passar sua bagagem através da janela e me apresentou a seu filho. Meia hora depois, paramos. Não havia estação; apenas areia, fogueiras, fumaça e a brisa fresca do Atlântico, além de milhares de pessoas sombrias que tentavam sair do trem. Peguei um táxi e, no instante em que lhe fechei a porta, fui engolido pelo silêncio e pela calma. Pensei em todos os homens e mulheres ali fora, que jamais se livrariam daquela sina. Alguns minutos mais tarde, no hotel, abri o chuveiro na temperatura mais quente possível e fiquei sob a água, enquanto me ensaboava sem parar e via escorrer de meu corpo um líquido preto que sumia pelo ralo. Era um hotel barato — 30 dólares —, mas parecia a experiência mais luxuosa que se pode ter. No entanto, imaginei Ly em sua casa — barulhenta, cheia de irmãos, irmãs, filhos, tios e tias — e me perguntei sobre quem seria mais feliz.

Tomara o trem em Bamako não apenas pela péssima fama, mas porque me conduziria a Dacar, local de onde, seis anos antes, um navio chamado *MV Le Joola* zarpara — viagem que resultaria no segundo pior desastre marítimo da história. O *Aline Sitoe Diatta*, seu substituto, partiria no dia seguinte, às 14 horas. Tratando-se de terceiro mundo, era surpreendente que a situação tivesse de fato mudado desde o naufrágio do *Joola*. Não era possível matar 1.800 pessoas sem ser notado, mesmo no Senegal. No porto de Dacar, comprei uma passagem de terceira classe. O aroma do oceano misturado ao do amendoim assado das carrocinhas chegava a rajadas, carregado pela brisa fresca. As recordações do *Joola* estavam em toda parte. Era impossível não perceber: os demais passageiros e eu fomos mantidos em segurança dentro do salão de embarque, depois transportados, num ônibus e em grupos de vinte, ao cais defronte ao *Diatta* e finalmente escoltados até o navio. Não era exatamente novo, mas parecia limpo. Os navios, todos os navios, lutam diariamente contra a ferrugem e a corrosão, mas este não tinha o menor vestígio de desgaste em seus bordos, corrimãos e conveses. O caos do *Joola*, sobre o qual lera, simplesmente não estava aparente ali.

Encontrei meu lugar, uma poltrona reclinável como as dos aviões. Ficava no terceiro convés inferior, ao qual se chegava por escadas sinuosas e atapetadas, controladas por comissários em camisas brancas e engravatados. O ar-condicionado deixava o ambiente gelado. Uma tela plana de TV transmitia "Al Hamdoulilaha" — que todas as orações sejam para Deus — incessantemente, com imagens recorrentes de águias no céu, montanhas nevadas, icebergs e a Golden Gate ao amanhecer. Homens com barretes *kufi* e túnicas esvoaçantes e mulheres em turbantes se instalavam e se esparramavam, na esperança de conquistar mais de um assento. Dois conveses acima, na popa, descobri um bar, com bancos brancos de plástico, de onde se avistava o porto, um dos mais movimentados do mundo. Dezenas de milhares de sacos de arroz formavam uma pilha de 15 metros de altura no cais, e os caminhões traziam ainda mais. Um exército de homens descalços descarregava as carretas e aumentava o volume. Com o pôr do sol, afastamo-nos da terra e ganhamos o mar; e, como todos fazem num navio, inclinei-me sobre a amurada e observei a esteira de espuma que se desenhava no Atlântico à medida que avançávamos.

— Você sabe, este navio — disse um sujeito ao meu lado — é o substituto daquele que afundou. Tinha viajado nele várias vezes.

Chamava-se Zaid Zopol. Era um menestrel errante, um músico de rua que passava seis meses por ano em Barcelona e os restantes na África, e, embora fosse originariamente da Patagônia, no Chile, poderia ser de qualquer lugar. Trazia os cabelos longos e pretos atados num rabo de cavalo e usava um boné no alto do crânio. Cultivava uma barba curta sob os olhos vagamente asiáticos. Sua camiseta laranja estava coberta de colares feitos de contas, sementes, pedaços de madeira e conchas coloridas. Suas calças de algodão eram largas e amarelas. Não soltava a mão da namorada, uma belíssima senegalesa de 1,80 metro chamada Animata.

— Ela está assustada — confidenciou-me. — Não sabe nadar e ainda se lembra do *Joola*.

Zopol falava espanhol, inglês, português, francês, árabe, italiano, alemão e polonês. Durante dois anos, fora jornalista no Chile.

— Mas sou um homem livre e em meu país não se podia dizer o que queríamos. Então, parti. Fui para a Índia, onde renasci. Toda minha bagagem foi roubada. Não me restou coisa alguma. Nada mesmo. Estava na miséria. E a Índia está ainda mais fodida do que a África.

Passara cinco anos vagando entre o Cairo e a Cidade do Cabo, e tentara viajar do sul do Sudão até Uganda para ver o Nilo Azul.

— Mas os guardas na fronteira nunca tinham ouvido falar no Chile. Disseram que não existia e me mantiveram preso num quarto por três dias. Em Dacar, conheceu Animata. — Estava com 18 anos, uma criança. Conversamos meses a fio. Só conversávamos. Por anos, não lhe toquei. Eu era devagar, muito devagar. Mas a amava tanto e tão profundamente!

Agora, dividiam o tempo entre Barcelona e Dacar. Ambos tomariam o navio para Ziguinchor e, em seguida, percorreriam as praias ao longo do litoral.

— Aquele navio, o *Joola*, era horrível — prosseguiu. — Estava sempre muito lotado. Olhe como está assustada; é muito teimosa, não quer me escutar. Este aqui é bom, seguro, mas ela mal consegue respirar!

Era uma sensação estranha a de viajar, novamente, no substituto de uma embarcação que sofrera um desastre. Aquelas ondas suaves e escuras do Atlântico, as luzes do navio e as estrelas no céu, assim como o ar fresco e úmido, eram os mesmos que os passageiros do *Joola* sentiram, viram e respiraram seis anos antes. Muito pouco nos separava. Embora conhecesse a história geral da tragédia, ignorava os detalhes. Tinha o nome e o número de telefone do responsável pela organização dos sobreviventes em Ziguinchor e perguntei a Zopol se poderia me ajudar a encontrá-lo e servir de intérprete. Meu francês era apenas razoável e insuficiente para perceber certas nuances.

— Se você me ajudar — disse-lhe —, pagarei um jantar.

— Combinado — concordou, estendendo-me a mão.

A sala de jantar do *Diatta* — por onde circulavam garçons de gravata — era revestida de tapete vermelho e as mesas tinham toalhas brancas, sobre as quais havia taças de vinho. Animata, contudo, não queria comer. Sentou-se segurando a mão do namorado e, de tempos em tempos, saía para vomitar. A embarcação mal se movia, mas ela estava enjoada e com medo. Estranhamente, meu celular funcionava. Zopol então ligou para Moosa Sissako, que imediatamente atendeu. Conversaram em francês e, em seguida, meu intérprete passou-me o telefone.

— Diga-lhe outra vez quem você é e o que deseja. Eu lhe expliquei, mas não acredita em mim. Pensa que você se encontra nos Estados Unidos e quer ter certeza de que está aqui ao meu lado. Talvez fale um pouco de inglês.

Peguei o aparelho e lhe falei que esperava poder conversar com um sobrevivente do *Joola*. Perguntei se conhecia alguém, se podia achar um com quem pudesse falar.

— Claro — respondeu. — Posso encontrar um deles. Telefone para mim amanhã à tarde.

Revirei-me a noite toda, congelado e espremido em meu assento, sentindo que estaria muito melhor e mais seguro se não estivesse num convés tão baixo. Os bancos no nível superior, porém, estavam completamente encharcados. Então, aguentei firme. De manhã, navegamos em zigue-zague por um canal estreito que dava acesso ao rio Casamansa, passamos pela ilha Karabane e chegamos a Ziguinchor por volta de meio-dia. Fazia um calor opressivo e havia muita poeira. Um jardim fora construído no litoral em memória às vítimas do *Joola*, mas seu portão, sob um arco verde, encontrava-se trancado, provavelmente há bastante tempo, pois o mato crescia de modo desordenado e cobria o caminho de cimento.

Zopol telefonou para Moosa e nós seguimos suas instruções. Caminhamos pela lama até a periferia da cidade, cruzamos, em meio a pilhas de terra e lixo, com carroças puxadas por burros e finalmente chegamos a um prédio de concreto que caía aos pedaços. Algumas das janelas não tinham vidro; as dobradiças das portas estavam quebradas; e o reboco do teto, em mal estado e infestado de manchas de mofo.

— Espere aqui — disse um homem. Logo em seguida apareceu outro, alto. Vestia uma camisa rosa e calças jeans e trazia um bloco de notas na mão.

— Sou Moussa — apresentou-se. — Venha, entre.

Em seu escritório havia pilhas de papéis e pastas de arquivo; o ar-condicionado zumbia e outro homem folheava um monte de recibos, digitando números numa máquina de calcular. Bateram à porta e um sobrevivente do *Joola* chamado Pierre Colly surgiu. Tinha 24 anos, a pele bem negra, a cabeça oval, e usava uma camisa polo listrada. Pedi que me contasse sobre a fatídica viagem.

Baixou os olhos. Nada disse. Enfim, olhou-nos; e depois a Moussa, que assentiu. Só então Colly se pôs a falar.

Seis anos antes, a 26 de setembro de 2002, ele andava por Ziguinchor. Fazia um calor cruel e úmido. Galinhas ciscavam o lixo. Cabras estavam amarradas a estacas enfiadas no entulho. Sob um céu nebuloso e um sol inclemente, a cidade parecia um fim de mundo esquecido, com ruas de terra e palmeiras cobertas de poeira. Prédios de dois andares aos pedaços, com tetos de telhas e estreitas varandas debruçadas sobre a fornalha do chão — legado dos colonizadores portugueses. Burros letárgicos puxavam carroças de madeira com duas rodas e ignoravam o chicote do cocheiro; os açoites pareciam mais um hábito do que um comando insistente. Colly tinha então 19 anos e sentia-se feliz e privilegiado por se encontrar, com seu irmão mais velho, a caminho de Dacar para mais um ano de estudo. Melhor ainda, naquela ocasião tomariam um navio até o litoral e assim não teriam de enfrentar a impiedosa viagem de quinze horas por terra, enlatados num táxi Peugeot. O trajeto podia ser angustiante: os carros, sufocantes, eram velhos e circulavam lotados, e as estradas, jamais pavimentadas, estavam em péssimo estado. Além disso, o motorista exigia que atravessassem o pequeno país de Gâmbia, uma espécie de corredor polonês de guardas de fronteira, policiais e soldados corruptos, que armavam barreiras e rotineiramente extorquiam e subornavam. Todos preferiam o navio. Colly enfrentara filas durante três dias para conseguir as passagens e finalmente as comprara: dois assentos de terceira classe no *Joola*.

Ele e o irmão andaram pelas ruas sujas na direção do cais, no rio Casamansa, e cruzaram as barracas de feira que transbordavam de calças jeans, camisetas, CDs, cadeados e tigelas esmaltadas. O cheiro dos peixes sobre o gelo resplandecendo ao sol misturava-se ao aroma de fumaça e frutas passadas. Depois do portão do terminal de embarque, avistaram o *Joola*, atracado. Construído na Alemanha, tinha estrutura de aço, proa imponente e linhas modernas. Com 80 metros de comprimento, era, aos 12 anos, jovem para os padrões africanos. A bordo, contudo, Colly e seu irmão encontraram o caos. O navio poderia transportar até 580 passageiros, mas havia milhares de pessoas apinhadas no píer de concreto tentando embarcar; entre as quais, cerca de quatrocentos estudantes que voltavam à capital para o reinício do ano escolar.

Colly e o irmão compraram sanduíches e instalaram-se na popa. Pelo convés, espalhavam-se rumores de que um pescador batera com sua piroga na proa do *Joola*, caíra dentro d'água e se afogara. As mortes súbitas são tidas como mau presságio na África, e Colly foi tomado por uma sensação estranha. Nunca estivera num grande navio antes e, assim que aquele se afastou do cais e se lançou pela enseada, inclinou-se sobre a amurada e experimentou o estremecer monótono dos motores sob os pés, o que o deixou excitado e nervoso.

Por duas horas e na direção do Atlântico, o *Joola* navegou lentamente o rio, cada vez mais largo, e deslizou diante das tradicionais aldeias de pescadores do grupo étnico diola, com seus barracos cobertos de palha dispostos ao redor de uma grande cabana de forma cilíndrica. Golfinhos brincavam na esteira branca e espumante legada pelo navio, mergulhando e saltando sobre as ondas. A menos de 2 quilômetros do oceano encontra-se a ilha Karabane, que não estava entre as escalas oficiais, mas na qual a embarcação sempre parava. Quando o *Joola* chegou perto da margem, Colly viu as pirogas se aproximarem, carregadas de mangas e cocos para o mercado de Dacar, e notou que centenas de pessoas — muitas escalavam as amuradas do porto — lutavam para embarcar. Então, o navio se inclinou de tal modo para estibordo que as portas inferiores não puderam ser abertas. Quando o sol se pôs, o

Joola saiu em zigue-zague por entre bancos de areia e canais, gingando em direção ao norte, precisamente à costa atlântica do Senegal. Transportava, oficialmente, 1.046 pessoas. Cálculos posteriores mostrariam que pelo menos outros 717 haviam subornado os soldados ou subido clandestinamente.

Às 22 horas, o barco mandou uma mensagem pelo rádio a seu escritório em Dacar. O mar estava calmo; tudo normal. Um músico senegalês tocava e cantava. Os passageiros bebiam e dançavam no bar do convés superior. Colly e o irmão também estavam lá. Num navio as pessoas se sentem longe — suspensas — do mundo. O tempo para como nunca ocorre em terra. Relaxa-se; não há aonde ir. Um clima de liberdade se instala. Mas havia tanta gente, e o bar estava tão lotado, que Colly sentiu-se oprimido. Ele e o irmão compraram mais sanduíches na lanchonete, saíram e foram apreciar o rastro de espuma na escuridão. "Isso me lembra a história do *Titanic*", brincou. "Imagina se acontecer conosco." Riram e sacudiram a cabeça. Colly mencionara o *Titanic* porque, lá no fundo, tinha aquele travo de tensão que todos sentimos em qualquer viagem de navio ou de avião. Quem nunca entrou num avião e pensou que talvez fosse o último voo? Quem nunca embarcou num navio e lembrou do *Titanic*?

Começou a chover. Então, voltaram ao bar apinhado. Colly se encostou a uma janela de pouco mais de 1m², seu irmão ficou à direita e uma moça que viriam a conhecer, à esquerda. Os ritmos da África Ocidental davam o tom do ambiente, cujos lugares estavam todos tomados. Colly abriu a janela. Chovia ainda mais forte e uma rajada penetrou pela abertura, o que o levou a fechá-la novamente. Ao redor, as pessoas tocavam suas vidas: músicas, bebidas, risadas e paqueras. Tudo bem normal, no que se incluíam também o vento e a chuva.

De repente, porém, tudo mudou.

Colly ouviu um barulho. Um estrondo. CRACK! Um tranco. Todos o ouviram e sentiram. "*Qu'est qui s'est passé?* O que aconteceu?" As luzes se apagaram, e o salão, abafado e lotado, mergulhou no breu total.

Gritos.

As luzes voltaram. "O que está acontecendo? O que está acontecendo?", mil vozes berraram. "Vamos morrer?", uma mulher ao lado perguntou.

O *Joola* adernou violentamente a bombordo. Colly se agarrou à janela, à cortina, a um assento aparafusado ao chão. Por instinto, abriu a janela enquanto via as pessoas, as bagagens e as latas de cerveja Castel rolarem pelo solo. As luzes se apagaram novamente. Nos conveses abaixo, carros e caminhões se soltaram das correntes e houve uma mudança impressionante de inclinação. Quando os veículos desamarrados projetaram-se para bombordo, o *Joola* navegava mais rápido e já ultrapassara o ponto de retorno. Colly então ouviu um barulho, um som de que jamais se esquecerá: o do impacto de milhares de toneladas sobre a água. Naquele momento, ele só sabia que a água o alcançara e o levara através da janela. A noite estava escura e chovia. Estendendo a mão, sentiu algo sólido, no que se agarrou; e pensou: "Melhor ficar por aqui até acabar". Então se deu conta de que tudo já acabara: o *MV Le Joola* estava emborcado no meio das trevas.

De repente, viu algo branco, uma luz, na direção da qual nadou. Gritava o nome do irmão. Chamou-o várias vezes. Depois de nadar por 15 minutos, encontrou uma armadilha de pesca flutuante. Sete pessoas estavam agarradas a ela e já começavam a afundar; então, seguiu para outra, onde também havia gente. "Estou com sorte", pensou. "Melhor continuar lutando." A chuva ainda caía. Seus companheiros começavam a perder força. "Não desistam", disse. Mas, um a um, foram desaparecendo. Colly falava sozinho. E continuou agarrado, falando e pedindo a si mesmo, várias vezes, para não se entregar.

Ao amanhecer, seis horas mais tarde, um pescador, num pequeno barco à vela, apareceu. Ficou assustado. "O que você está fazendo aí?", perguntou.

"Não tenha medo", respondeu Colly. "Estávamos no *Joola*, mas o barco afundou."

"Isso é impossível!", retrucou o outro para, em seguida, observar que havia um sinalizador preso à armadilha flutuante. Colly o alcançou e o pescador o acionou.

Aqui, os detalhes deixam de fazer sentido. Colly não consegue se lembrar. Outras embarcações surgiram e — recorda-se — um outro pescador negou-se a ajudá-lo. Depois, já estava dentro de uma piroga com oito sobreviventes; nada mais. Sua vida se dissolvera no destino sinistro: dos 1.863 passageiros confirmados a bordo, Colly e apenas outros 64 sobreviveram, entre os quais uma única mulher. O *Joola* registrou trezentos óbitos a mais do que o *Titanic*, e praticamente todos os mortos eram da cidade de Ziguinchor — entre eles, os estudantes mais brilhantes. Colly escapou para se transformar em algo que não queria: um *rescapé*.

Um sobrevivente.

Escrevi e ouvi ao longo de quase duas horas. Em alguns momentos, a narrativa jorrava; em outros, truncava. Colly parava de falar, ficava quieto, com os olhos fixos por segundos. Esta era — é — a história toda, mas nenhum jornalista ou investigador lhe pedira o testemunho até então. Escapara do naufrágio e ficara só.

— Tive sorte — disse. — Foi Deus que me puxou pela janela. Mas a tristeza volta sempre. Estou sozinho e penso em meu irmão. E o que aconteceu foi algo imenso para o povo de Ziguinchor. As pessoas olham para mim e me acham estranho. Falam: "Como foi que tantos morreram e você sobreviveu? Isso não é normal! Você se salvou e os outros morreram!", e assim tornam minha vida difícil. Chamam-me de *rescapé*, o sobrevivente.

Colly abandonou os estudos e não voltou mais à escola.

— Não conseguia mais pensar, e meu irmão mais velho cuidava da família. Então, tomei o lugar dele.

Agora era motorista de táxi, e precisava retornar ao trabalho. Zopol, por sua vez, queria encontrar a namorada, que nos esperava no porto. Embarcamos no carro de Colly e seguimos pelas ruas numa nuvem de poeira.

— No meu aniversário, quero sair daqui. Quero fugir, escapar, achar um emprego e começar uma nova vida em outro lugar.

Um muezim chamava os fiéis para rezar. Seus cantos atravessavam o ar abafado. Colly estacionou ao lado da entrada do porto. Estava calado. Olhava para um ponto fixo à frente. Nada tinha a dizer.

— Você voltou a embarcar em algum navio? — perguntei, enquanto pagava a corrida.

— Ainda não. Mas, se for preciso, voltarei. Se tiver de morrer num navio, que assim seja.

PARTE TRÊS

ÁSIA

Uma embarcação transportando cerca de 850 passageiros afundou durante uma tempestade ao largo de Java, a principal ilha da Indonésia. Horas mais tarde, apenas doze sobreviventes haviam sido encontrados, informou uma autoridade militar no sábado. A causa do acidente é ignorada. Acidentes marítimos são comuns na Indonésia, a maior nação-arquipélago do mundo, onde os principais deslocamentos entre as diversas ilhas se fazem por mar. As medidas de segurança são com frequência aplicadas de modo ineficaz e muitos barcos não têm equipamentos de segurança suficientes.

— The New York Times, *30 de dezembro de 2006*

SEIS *Jalan, jalan!*

O CALOR ERA TANTO que parecia palpável. O suor escorria de minha testa e eu não conseguia afastar as moscas. A fumaça de centenas de cigarros pairava no ar como cortinas desbotadas e amareladas. Estava três andares abaixo do convés principal, na classe *ekonomi* — perto do leme — do *Bukit Siguntang*, embarcação de 150 metros operada pela Pelni, a companhia de navegação estatal da Indonésia. Oficialmente, o navio transportava 2.003 almas, todas, exceto trezentas pessoas, na terceira classe; mas parecia que a população de Jacarta inteira subira a bordo. Não havia camas ou leitos — apenas dois conveses abertos, revestidos de uma espessa camada de linóleo, sobre a qual devíamos nos deitar como salsichas enfileiradas numa grelha. As anteparas da embarcação e seu teto eram marrons, e o linóleo sobre o convés estava coberto de queimaduras de cor ocre, causadas pelos cigarros. Era um estábulo em dimensões industriais, com escotilhas ocasionais do tamanho de uma bola de basquete — que não podiam ser abertas.

— *Nasi, nasi, nasi*! — berravam os vendedores. Bebês choravam. Água, batatas fritas, buzinas, arroz embrulhado em cones de papel marrom, balões; parecia um circo.

— *Air, air, air* — que significa "água" em bahasa, a língua oficial do país.

Ainda não tínhamos zarpado. Queria subir ao convés, mas temia por minha bagagem. Era o único estrangeiro, faminto e nervoso por me encontrar tão totalmente submerso naquele universo a que não pertencia. A Indonésia era um mundo de ilhas, cerca de 17 mil, espalhadas ao longo de 5 mil quilômetros. Sem as embarcações, portanto, a nação nunca teria se mantido unida. Eram, portanto, seu sangue vital, e transportavam não apenas pessoas, mas carros, geladeiras e qualquer coisa grande ou cara demais para se enviar de avião. A rota do *Siguntang* era épica: nove dias de Jacarta a Sorong, na Papua indonésia, passando por Surabaya, Makassar, Bau Bau, Ambon, Bandaneira e Fak Fak. Eu tinha uma passagem até Ambon, nas ilhas Molucas, cinco longos dias na terceira classe, sem descanso, sem leito, sem ter como impedir que mãos espertas se metessem na minha bagagem e, logo ficou evidente, sem meios de me safar rapidamente, caso encontrássemos um mar violento pela frente. E as chances de enfrentarmos algo assim eram grandes. Em 2002 e 2003, duas embarcações naufragaram, cada uma matando mais de quinhentas pessoas. Em 2006, o *Senopi Nusantara* afundara num mar revolto ao largo de Java, a caminho da ilha de Bornéu, com mais de oitocentos mortos. Como o *Joola*, essas tampouco eram velhas banheiras enferrujadas. O *Nusantara*, por exemplo, fora construído em 1990 e pertencia ao governo, assim como o *Siguntang*. E estamos falando apenas de navios grandes. Milhares de embarcações menores, decrépitas balsas de madeira, navegavam percursos mais curtos e iam a pique com a mesma frequência que brinquedos de criança numa banheira. Dois meses após minha viagem no *Siguntang*, outro navio afundaria, e a revista on-line *Slate* publicaria uma matéria pressupondo que a perda de tantos indonésios em desastres marítimos se devia ao fato de os passageiros não saberem nadar. Bastava uma olhada no *Siguntang* para verificar, contudo, que a hipótese era ridícula. Estava apenas lotado demais, e as distâncias oceânicas que cruzava eram imensas e indômitas. A insegurança era uma companheira de viagem; ninguém o dizia e jamais o diria, mas o risco era apenas mais um fator econômico num país com 240 milhões de pessoas, uma massa monumental, com renda equivalente a somente algumas centenas de dólares por ano, que morava em aldeias ou favelas urbanas. Todos simplesmente tentavam ganhar um pouco mais. Os políticos ganhavam muito; os comandantes dos navios e os humildes marinheiros, pouco.

— Por que você não tomou um avião? — perguntou um homem que cuidava para que toda sua enorme família se instalasse à minha frente.

Era uma questão retórica; não esperava realmente uma resposta. Voar na Indonésia, entretanto, não seria muito melhor. Após uma série de acidentes aéreos — incluído o do voo KI-574, que, em janeiro de 2007, durante o trajeto de Java a Manado, simplesmente desaparecera do radar com 102 pessoas a bordo —, todas as companhias do país, entre as quais a empresa nacional Garuda, foram proibidas de voar para os Estados Unidos e para a Europa. Encolhi os ombros e disse que preferia viajar de navio.

— Você deve ter cuidado — disse ele. — Às vezes, as pessoas pegam as coisas. E os piratas...

Carregadores de camisa amarela empilhavam caixas amarradas por cordas, cada vez mais, amontoando-as nas passagens e contra os anteparos. Não se tratava de uma viagem trivial de fim de semana. Famílias inteiras estavam de mudança, armadas com todos seus pertences, preparadas para dormir em qualquer lugar e com arroz suficiente para sobreviver numa ilha deserta durante semanas.

— Oi — falou uma voz aguda.

Virei-me e vi uma adolescente. Usava jeans apertados e uma camiseta do Mickey Mouse na qual se lia, escrito em lantejoulas, PIRATE GIRL.

— Sou a sra. Nova — apresentou-se. — Qual é a sua religião?

Mais adiante, duas mulheres com lenços na cabeça me olhavam. A moça a meu lado segurava o Alcorão. Estava cercado, prisioneiro. Hesitei antes de responder. "Ateu" parecia provocador. Por sorte a sra. Nova, que seguramente não era uma senhora, não esperou que respondesse.

— Cristão?

Sacudi a cabeça, sem dizer sim ou não.

— Meus passatempos são o canto e o bilhar — contou-me num inglês quase perfeito, como se lesse um livro de conversação. — Sr. Carl — prosseguiu, falando de si na terceira pessoa —, a sra. Nova gosta de Linkin Park e Britney Spears. A sra. Nova tem 17 anos e vive em Makassar.

Aquilo quebrou o gelo; de repente, a família à minha frente se intrometeu. Florinda falava um pouco de inglês e usava uma echarpe rosa. Estava ali com a irmã e um dos filhos, Kahar. Tinham feito uma viagem de três dias, de Makassar a Jacarta, para comparecer a um casamento, e agora regressavam. Treze dias, seis dos quais em trânsito. Um vendedor de miojo apareceu e o chamei. A sra. Nova quase o atacou, vociferando em indonésio. Ficou de pé, vasculhou a bolsa e retirou um recipiente cheio de miojo.

— Para dois! — pediu. — Para a sra. Nova e para o sr. Carl.

Outro vendedor, que apregoava seus revestimentos de algodão para colchões, abriu caminho com seus músculos. Fiz-lhe sinal; cinco dias deitado num linóleo não seriam fáceis. Dessa vez foi a moça com o Alcorão que vociferou, mirou-me, sacudiu a cabeça e fez não com o dedo. Em seguida, simulou que arrancava coisas minúsculas de seus tornozelos e tapou o nariz. O recado foi claro. O vendedor fechou a cara e saiu enfezado.

Havia outra mensagem, porém: novamente, quanto mais me entregava ao mundo, quanto mais me tornava vulnerável e me colocava de todo à disposição de gente e de situações sobre as quais não tinha controle, mais as pessoas cuidavam e tomavam conta de mim. De início, achei que fosse por pena. Nos dias e semanas que se seguiram, todavia, comecei a entender algo para além, algo que se aprofundava há meses. O fato de ser um americano branco me conferia um status automático. Eu representava o poder. A fartura. Uma vasta parte do mundo era pobre, assistia a filmes e canais de TV americanos, ouvia música americana; porém, não tinha verdadeiro contato com os ocidentais, e, quando o tinha, era sempre com camareiras de hotel, motoristas de táxi, garçons — e nenhum deles jamais sentou-se em suas casas humildes e comeu sua comida. A pergunta feita pelo irmão de Florinda — por que não tomei um avião? — era bem sugestiva. Escutei-a diversas vezes. Por que não viajava de primeira classe? Por que não peguei o ônibus especial? Por que estava ali? Meus companheiros de jornada tinham razão: poderia ter ido de avião; poderia estar na primeira classe, num camarote com ar-condicionado, num colchão macio e servido por comissários de bordo, no silêncio e no sossego. O fato de não agir assim era-lhes como um presente; um presente misterioso que não conseguiam decifrar totalmente, mas que apreciavam de um modo que jamais imaginara. E quanto mais abria mão de minhas reservas, fobias e ascos americanos, mais me aceitavam. Nas semanas que vinham adiante, aceleraria algo que começara, gradualmente, quilômetros antes. Procederia exatamente como meus parceiros de viagens e anfitriões. Se bebessem água da torneira em Mumbai, Kolkata e Bangladesh, também o faria. Se comprassem chá num ambulante da esquina, também o faria. Se comessem com os dedos, e mesmo que me fornecessem utensílios, comeria com os dedos. Ao agir dessa maneira, encorajava um derramamento de generosidade e curiosidade que nunca parou de me surpreender. Isso me abria portas e fazia com que me acolhessem. Partilhar da comida, do desconforto e dos riscos deles os fascinava e lhes dava uma poderosa confiança. Observando Lena afugentar o vendedor de colchões e a sra. Nova insistir na divisão de sua refeição comigo, dei-me conta de que estava em boas mãos, cercado por mulheres com olhos de águia. Podia relaxar; assassinato e roubo eram as últimas coisas com que precisava me preocupar.

O que era ótimo, já que precisava ir ao banheiro. Levantei-me da prancha e avancei em meio ao calor da multidão. Centenas de olhares me fitavam. Ao final de uma sala comprida, que se estendia por toda embarcação, de um bordo a outro, encontrei o banheiro. O cheiro rapidamente me atingiu, como litros de urina cozidos num fogão durante semanas, fervendo até só deixarem uma essência concentrada. Onde antes havia três mictórios presos à parede, viam-se apenas três canos abertos. O ralo da pia não tinha tubulação e a água caía direto no chão, que já estava uns 5 centímetros inundado. Um homem no canto urinava num escoadouro. Atrás de duas portas encontravam-se os vasos sanitários ao estilo asiático, fedendo a excreção. Arregacei as calças e, nas pontas dos pés, avancei com minhas sandálias. Tentei acertar o alvo — não que isso fosse importante. Então notei o que pareciam ser grandes manchas pretas. Para enxergar melhor, acendi meu celular a fim de iluminar um pouco o local: baratas imensas e velozes corriam pelo assoalho.

Num dado momento, afastamo-nos do cais e ganhamos o mar. Encontrava-me deitado sobre a prancha — Lena estava 15 centímetros à minha esquerda, a sra. Nova, 15 à direita — e tentei dormir. As lâmpadas fluorescentes zumbiam sobre nossas cabeças. As pessoas tossiam. Bebês choramingavam e berravam. Um menino próximo girava uma matraca que emitia som igual ao de pedras esmagadas dentro de um tambor. O ar estava estagnado, úmido e opressivo. Ouviam-se rádios e, estirado ali, olhando para o teto e para as paredes, vi mais baratas. Com uns 2 centímetros de comprimento, moviam-se ao meu lado e sobre minha cabeça. Como é mesmo aquele ditado? Para cada barata que você vê existem milhares que não vê. Ou, para cada uma que enxerga, existem 10 mil que não enxerga. De um jeito ou de outro, seriam milhares, centenas de milhares de baratas a bordo do *Siguntang*. Estavam em todos os cantos, e me convenci de que uma ou duas acabariam se soltando e caindo em cima de mim. Entretanto, ninguém mais parecia notá-las: eram presenças constantes em suas vidas e não perdiam tempo com isso.

Coloquei uma camiseta sobre os olhos e tentei me instalar confortavelmente. Era meia-noite e, por causa da rigidez da prancha, já sentia dores nos quadris, nos joelhos e nos calcanhares. Não sei a que horas finalmente adormeci, mas às 4h30 o sistema de som começou a berrar o canto do muezim. Era a oração da alvorada. Tentei esperar que acabasse e que se calasse. Ao meu redor, porém, as pessoas começaram a se mexer. Lena colocou um vestido branco sobre sua roupa, envolveu a cabeça com um lenço de renda e se ajoelhou, inclinando-se várias vezes para o chão enquanto murmurava.

Levantei tenso e subi dois lances de escada até o convés. As primeiras claridades começavam a iluminar o horizonte oriental. O convés, com 3 metros de largura, circundava o *Siguntang*, e havia uma lanchonete na popa, sob uma cobertura de fibra de vidro verde. O ar parecia aromático e fresco; nada existia senão o mar azul, escuro e calmo, e o céu, que clareava. Às 6 horas, quando a lanchonete abriu, tomei um café quente servido num copo de plástico. Meu traseiro doía e não havia lugar macio para sentar naquele navio. Fiquei passeando por ali, observando o mar, e depois voltei para minha prancha.

— Sr. Carl — disse a sra. Nova —, você precisa tomar seu café da manhã!

Descobri então que, com meu bilhete de viagem, tinha direito a três refeições diárias. Fiquei numa longa fila, que se estendia pelo barco. Cada passageiro recebeu uma garrafa de água e uma caixa de isopor. Abri a minha: arroz branco, rabo de peixe e um pacotinho de sambal — um molho apimentado. Havia um bocado de espinhas. A sra. Nova cantarolava sozinha e logo alguém apareceu com um violão. Ela o pegou e continuou cantando. Lena se aproximou. Era melodioso, lindo, e eu deitei em meio ao calor; apaguei.

Naquela tarde, sentado na amurada que dava para um dos botes salva-vidas, conheci Daud Genti, um homem baixo, cerca de 12 centímetros menor do que eu, e que vestia jeans e uma camiseta na qual se lia ILLINOIS STATE. Falava inglês bem, pois integrava o exército de operários, baratos, semiqualificados e dispersos pelo mundo, que sustenta seus pais e suas aldeias ancestrais. Voltava de Celebes para casa depois de cinco anos. Nos seis últimos meses, trabalhara como marinheiro em Dubai. O *Siguntang*, logo descobri, estava cheio de pessoas como ele.

— Preciso descansar — disse. — Tenho trabalhado 12 horas por dia, sete dias por semana e durante seis meses, direto, e me demiti porque não nos pagavam o suficiente. Deveríamos ter um dia de folga por semana, mas não tínhamos.

Havia trabalhado numa balsa de dragagem para a construção de The World, um mundo em miniatura, composto de ilhas na forma de um mapa-múndi, no qual se erguia um complexo turístico para as férias de gente rica. Os operários eram iranianos e filipinos.

— Em Dubai, nunca vi um árabe — prosseguiu. — Só indianos, bengalis, filipinos e indonésios.

Correra o mundo, estivera a bordo de plataformas de petróleo ao largo das ilhas de Kalimantan e passara por Cingapura e Brunei. Era um toraja — linhagem de impetuosos homens do mar, que viviam em casas de madeira estilizadas, com telhados de pontas voltadas para cima, e que realizavam elaborados rituais fúnebres e enterravam seus mortos dentro de cavernas.

— Toda minha família está dentro de uma caverna — afirmou. — Mas começa a faltar espaço. Faz cinco anos que não vejo minha gente — pegou seu celular e verificou se havia sinal. — Estou preocupado, mas não entusiasmado. Minha aldeia é muito tradicional e vou precisar de oito horas de ônibus, desde Makassar, para alcançá-la. Não tem eletricidade. Não tem televisão. Nem serviço de celular. Tenho de ir à cidade mais próxima, uma hora de motocicleta, para ver se há mensagens para mim. O que vou fazer? Talvez, quando ficar velho, como você, volte a morar lá; mas por enquanto, não.

Acostumara-se às vastas dimensões do mundo; queria preservá-las e não sabia por quanto tempo ficaria em casa.

Algumas horas mais tarde, conheci Arthur, outro operário que voltava para casa. Seu rosto era estreito, vivaz, cheio de entusiasmo.

— Tem muito trabalho — disse. — Trabalho demais para poder ser livre.

Contava apenas 24 anos e regressava a Ambon depois de sete, ao longo dos quais labutara seis dias por semana. Seu último emprego fora o de mecânico-eletricista para a Shell/Petrobras em Brunei.

— Meu chefe me adora porque trabalho sem parar!

Sua viagem também era épica em termos de distâncias, e percorrera diferentes mundos. Levara dois dias de Brunei a Pontiniak, na Indonésia; depois, tomara um barco para Jacarta e, em seguida, enfrentara mais cinco dias até Ambon. Nove dias no total, de um universo de poços de petróleo, tecnologia e língua inglesa para uma aldeia onde reencontraria seus pais tanto tempo depois. Difícil imaginar. Para mim, era complicado ficar duas semanas fora de casa. Como seria ausentar-se durante sete anos? E não apenas ausentar-me, mas o fazer lançando-me a um mundo diferente e em que se falava um idioma distinto?

Alcançamos Surabaya naquela tarde e a sra. Nova anunciou que partia para *jalan, jalan* — expressão indonésia equivalente a "dar um passeio". Escovou os cabelos, pôs um boné sobre a cabeça, um par de óculos grandes demais e saiu na frente, de mãos dadas com um menino de cinco anos. Um rapaz que não sabia falar inglês seguia atrás.

— Minha família está em Jacarta e também em Makassar. É uma família ENORME! — exclamou, enquanto descíamos a prancha do navio num cais cheio de lixo.

Nunca encontrara uma pessoa tão cheia de entusiasmo e tão confiante.

— Uau! Surabaya! — berrava, à medida que passávamos em meio à multidão e às pilhas de dejeto e de pedaços de concreto. — Uau! Tão lindo! *Jalan, jalan*! Estou faminta. Está com fome, sr. Carl? Uma foto! *Bakso*!

Entramos numa ruela ao longo da qual se dispunha uma fileira de carretas de madeira idênticas, cada uma com seu banco para duas pessoas e uma variedade de potes que pareciam conter vermes verdes e brancos. Subimos e descemos várias vezes aquela viela. A sra. Nova examinava cada carreta, sacudindo a cabeça e fazendo perguntas aos cozinheiros.

— Este aqui! — disse, e nós nos sentamos no banco. Segundos depois apareceram quatro tigelas cheias de talharim, almôndegas e pimenta forte. — *Bakso*! Você gosta de *bakso*?

Caí dentro. O que quer que fosse era delicioso, e o engolimos com prazer. Atendendo a um sinal discreto, o homem silencioso pagou a conta, muito embora tivesse puxado meu dinheiro do bolso. Isso voltaria a acontecer inúmeras vezes: pessoas bem mais pobres do que eu insistindo em pagar tudo.

Quando voltamos, o navio parecia atacado por formigas. Umas mil pessoas se acotovelavam para embarcar. Homens trepavam nos cabos de amarração como ratos humanos — um atropelo frenético e oscilante de membros que escalavam o equivalente a cinco andares até desaparecerem misturados à turba de passageiros. Se o *Siguntang* já parecia lotado antes, agora estava abarrotado. Todos os passadiços e as escadas encontravam-se tomados por cobertores, toalhas e pedaços de jornal. Os conveses internos, os externos, todos ocupados em cada centímetro quadrado. Crianças, velhos e velhas deitados sobre o chão duro. As pessoas do lado de fora ficavam melhor, conquanto o bom tempo perdurasse. Para descer a escada até a *ekonomi* era preciso enfrentar uma muralha de calor, umidade e fumaça de cigarro. Dava para tocá-la, senti-la nas mãos e no rosto. Quase caí para trás. Tive vontade de fugir. Não é bonito ver uma massa de seres humanos apertada em locais exíguos. Transpiram e tossem. Roncam e arrotam. Produzem uma quantidade incontável de lixos e detritos, desde pontas de cigarros até cascas de ovo e rabos de peixe, e não havia onde jogar aquilo tudo fora. Não se podia esconder os restos e, gradualmente, tudo restava empilhado nos conveses. E estávamos com sorte. O céu continuava azul e o mar, calmo. Era difícil supor como teria sido a bordo do *Nusantara*, que, antes de afundar, enfrentara, durante dez horas, ondas de 5 metros. Enjoo. Pânico. Lixo, fezes, urina, e as pessoas balançando desequilibradas numa montanha russa sobrecarregada e mortífera.

Escapei até a lanchonete, também apinhada, onde um grupo de indonésios, em alto volume, esganiçava-se junto a uma máquina de karaokê. O *Siguntang*, percebi com o passar dos dias, era um mundo entre dois mundos. Como os universos de Arthur e de Daud, que cavalgavam em ambos e os conectavam. Éramos 3 mil muçulmanos, cristãos e animistas. Alguns vinham de cidades enormes como Jacarta; outros, de aldeias sem eletricidade. Num momento, Lena estaria em suas calças jeans de cintura baixa aplicando sombra nos olhos; depois, sob sua mortalha, ajoelhada e agarrada ao Alcorão, baixando e levantando a cabeça. Já viajara duas vezes à Indonésia, estivera em Bali e Java, em Kalimantan e Irian Jaya, mas nunca vira isso antes; não como de fato era: um mundo comprido e sequenciado de oceano e ilhas, de antigos reinos e culturas improvavelmente unidos num Estado moderno e conectados por navios. Ficar, durante as escalas, ao lado da amurada significava se fartar com todo tipo de embarcação, cargueiros itinerantes e escunas de madeira de Makassar — milhares de barcos flutuando sobre o mar azul.

Acabamos por estabelecer um ritmo, sempre rumo ao Oriente, rumo ao sol nascente, após longas noites abafadas e dolorosas, em meio a tosses, fumaças, dias de ócio, sono e conversas sobre as condições, que pioravam. Assim que fiquei conhecido e me acostumei ao ambiente, uma série infinda de estranhos passou a se aproximar, a me chamar, a acenar para mim, a me trazer café ou chá. No espaço sobre minha prancha, eu era como um velho membro da família. Florinda me alimentava com fatias de *tempeh* de peixe. A sra. Nova assegurava minha hidratação. Lena, suspeitava, rezava pela minha alma. Para trocar de camisa, precisava fazê-lo à frente de todos.

— Sexy! — exclamava Florinda, uma mulher de meia-idade, conservadoramente envolvida em suas túnicas e lenços, apesar do calor sufocante. Os banheiros eram horrendos; resistia à ideia de tomar uma ducha. Mas a ironia me pegou: os indonésios mergulhavam diariamente no fétido compartimento e saíam luzindo e brilhando, com cheiro de xampu e pasta de dente, ao passo que eu fedia cada vez mais. Então me decidi a ir também. Entrei na fila e me pus debaixo do chuveiro; lavei os cabelos na água fresca, escovei os dentes com água morna e urinei no ralo que havia no canto. Os homens no banheiro assentiam com a cabeça, arrumavam espaço para mim, davam-me a vez sob a ducha.

Com o passar dos dias, porém, as condições pioraram. Mais lixo. Mais guimbas de cigarros. Caixinhas de miojo vazias e latas de refrigerantes, tudo despejado na popa, lançado da amurada — uma esteira de detritos pontilhada no rastro do *Siguntang*. E o calor e a umidade sem fim. Não havia lugar para onde escapar, espaço para a solidão ou para o silêncio. Mal havia canto onde sentar, ficar em pé ou deitar sem que outro corpo entrasse em contato com o seu. Certa noite, ao voltar do convés superior, esgueirando-me e pisando com cuidado entre sarongues no chão, mãos e cabeças, encontrei nove homens da cor do ébano reunidos a algumas pranchas de distância da minha, três dos quais empunhavam violas toscas e artesanais de quatro cordas, feitas de madeira e ligeiramente caiadas. Nuvens de fumaça de cigarro pairavam sobre o grupo. O suor parecia brotar de suas cabeças. Fazia uns quarenta graus pelo menos, sem a menor brisa de ar fresco. Durante duas horas, contudo, cantaram — numa harmonia áspera, profunda e furiosa — músicas que falavam de Papua e do trabalho, e entoaram canções folclóricas indonésias, enquanto os outros faziam percussão com garrafas de água vazias e as baratas subiam pelo teto, pelas paredes e deslizavam sob nossos pés. Vinham de cinco meses de trabalho num poço de petróleo em Brunei e iam para casa, em Sorong — um percurso de doze dias.

— Sente-se! Sente-se! — falou Jacobus. — Queremos uísque! Para onde você vai?

Respondi que seguia para Ambon e começaram a entoar um refrão que dizia "o homem de Ambon" em inglês. Seu canto era orgânico. Espontâneo. A energia bruta de leões rugindo na planície; o melhor da beleza humana no meio da pior fossa do mundo. Duas horas mais tarde, esgotaram-se. Os dedos de Jacobus sangravam após terem tocado por tanto tempo e com tanta vontade. Deitei-me — meu corpo dolorido contra a prancha — para dormir. As luzes ainda brilhavam. Alguns minutos mais tarde, o inevitável: uma barata caiu no meu rosto. Quase não me mexi; estendi a mão, peguei-a, depois a lancei para longe. Era surpreendentemente macia e sedosa.

PELA MANHÃ, encontrei Daud, que apreciava o mar. Um cardume de golfinhos fatiava as ondas do oceano azul-marinho, saltava sobre a esteira espumante do navio, precipitava-se contra o casco e se desviava subitamente. Peixes-voadores surgiam na superfície, singravam o ar por uns 50 metros e submergiam novamente.

— Ontem à noite, uma mulher perto de mim foi hipnotizada por um homem — relatou-me. — Conversou com ela por um bom tempo e trocaram envelopes. Quando o sujeito se foi, ela ficou com um envelope vazio. Perdeu 10 milhões de rupias (cerca de mil dólares).

Sacudi a cabeça e soltei um suspiro. Silenciosamente, continuamos a observar o mar.

Naquela noite, no breve crepúsculo dos trópicos, aproximamo-nos de Makassar. Uma longa linha de montanhas verdes brotava no horizonte azul. O sistema de sonorização fez um ruído horrível e voltei para minha prancha, onde encontrei a sra. Nova, Florinda e o resto da família. Preparavam as bagagens. Havia também oito rapazes musculosos, com pinta de valentes, sentados no meu lugar. Empurrando, abri caminho, mas sequer se moveram. Então, dei-me conta de como fora bem protegido nos últimos três dias. Por volta de 19h30, atracamos e os passageiros começaram a se agitar, levantando-se e erguendo seus pertences; depois, dispersaram. A sra. Nova pegou meu bloco de notas e escreveu seu endereço e número de telefone sob a inscrição "Biodata". Insistia para que fosse visitar sua família. Florinda e os seus se foram, substituídos pelo grupo de rapazes fortes que me encarava e ria. A tripulação do navio atacou o lixo, empilhado e espalhado, como Woodstock no dia seguinte. Enxaguaram, varreram o convés e despejaram, pelo bordo, a maior parte dos detritos. Felizmente, Lena ainda estava à minha esquerda e, segurando a mão de uma menina que parecia pertencer a todos, fez um sinal para que a seguisse. Logo estávamos em terra e tomávamos uma sopa saborosa e marrom, feita de intestinos, uma especialidade local em Makassar.

No final da tarde do quinto dia, enquanto as baleias esguichavam diante do barco e esbofeteavam a água com suas enormes caudas, pudemos avistar as colinas verdejantes de Ambon. Aproximava-me de meus limites; fisicamente, aquela fora minha viagem mais difícil até então. A fumaça incessante de cigarros sem filtro me deixara com uma tosse seca; minha garganta parecia duas lixas se esfregando a cada vez que engolia; e estava sempre com fome: o arroz, os rabos de peixe e o miojo não me saciavam mais. Ansiava pelos luxos da vida: um longo banho quente, uma cerveja gelada e o silêncio. E um travesseiro. Ante a total ausência de qualquer tipo de almofada, sentia os ossos pressionando a pele em toda posição que me sentava. Sempre acordava no meio da noite e encontrava uma perna ou um braço em cima de mim, e o homem à minha direita, que ficara no lugar da sra. Nova, travava uma guerra silenciosa comigo. Seu joelho invariavelmente caía sobre minha perna; sua mão, sobre meu peito. Eu a pegava e a retirava. Aquele lugar era meu, repetia para mim mesmo; era tudo o que tinha, e o sujeito insistia em invadi-lo. Naquela manhã, no banheiro, a gentileza evaporara; havia sempre alguém tentando passar na minha frente. A multidão era tão espessa no cais que policiais recorreram a bastões de bambu para manter a ordem e impor, na base do açoite, uma fila. Lena e Florinda, sra. Nova e Daud, todos partiram. Perdera meus amigos e minhas conversas com as pessoas recém-embarcadas pareciam repetições daquelas que já tivera. E, de qualquer maneira, conversava-se menos; as pessoas estavam mais fechadas em si mesmas. Ou talvez fosse apenas eu. Talvez simplesmente me isolasse, extenuado pelos esforços de interagir com quem não poderia de fato conhecer.

Como sempre, ao final desses dias, invadia-me um sentimento confuso de perda. À medida que via a capital das famosas ilhas Molucas aproximando-se, cada vez maior, sentia uma necessidade desesperada de desembarcar e ficar só. Mas aquela viagem chegava ao fim, e ainda havia coisas para conhecer. Não me aprofundara no mundo de meus companheiros de bordo. Por mais gentis que fossem, por mais que me permitissem passar tempo com eles, ainda assim não os conhecia e sabia que nunca poderia realmente conhecê-los. Contudo, como de hábito, um novo lugar surgiu para me acolher.

Duas vezes na década passada, em 2000 e em 2004, Ambon fora atormentada pela violência sectária e odiosa entre cristãos e muçulmanos — com milhares de mortos por resultado —, e muitos de meus companheiros de viagem diziam que eu não deveria ir para lá. Navegamos lentamente até entrar numa baía extensa, de águas verdes e calmas, em que botos brilhantes, de cor cinza prateada, saltavam em meio à enorme esteira flutuante composta de recipientes de miojo, embalagens plásticas, garrafas d'água e redes de barcos pesqueiros. Ao fundo, um tapete enrugado de colinas, pontilhado por telhados vermelhos. Sob calor e umidade impressionantes, atracamos em Kota Ambon, uma confusão de construções agarradas ao morro, deterioradas, de um ou dois andares e com tetos de zinco enferrujado. No cais, por sua vez, cargueiros itinerantes ainda mais enferrujados e velhas escunas de madeira. O fim chegava sempre cedo demais; nunca havia uma transição. Coloquei minha bagagem nos ombros, lancei-me à densa multidão pela prancha de desembarque e desapareci, dentro de um táxi, na rua estrangeira.

Na porta de meu hotel, por acaso, encontrei Aristotle Mosse, um indonésio magro e cabeludo que se ofereceu para me mostrar a cidade. A Indonésia é a maior nação muçulmana do mundo, e as ilhas Molucas, antiga colônia portuguesa cuja capital é Ambon, um dos únicos lugares no país em que havia equilíbrio populacional entre muçulmanos e cristãos. Conhecia os fatos essenciais da história e sabia, por exemplo, da série de conflitos que eclodira certa tarde, com saques, homicídios e incêndios que continuaram por meses. Mas queria ouvir como aquilo acontecera e descobrir o que alguém como Aristotle — um cristão — pensara e sentira ao ver os vizinhos, de repente furiosos, matando-se. Para mim, à primeira vista, Ambon em nada se diferenciava de qualquer outra cidade do terceiro mundo. Era alvoroçada, dinâmica, com ruas e calçadas apinhadas de gente, esgotos a céu aberto em todos os cantos, mas também lotada de bicicletas, riquixás, restaurantes grelhando frango, porco e peixe, lojas de utensílios atulhadas de fogões e geladeiras, e vendedores ambulantes anunciando café e sopas de carne conhecidas como *bakso*. Aristotle, de sua parte, observava-a de outra maneira: uma cidade nitidamente dividida.

— Este é o setor muçulmano — disse, ao entrarmos numa área que não me parecia distinta das demais e cruzarmos, portanto, uma barreira que teria ficado invisível para mim, embora ali tremulasse uma bandeira vermelha.

Todas as cidades da Indonésia são repletas de construções inacabadas, mas Aristotle me chamou a atenção para uma cujo concreto estava enegrecido por causa do fogo e crivado de perfurações de bala.

— Encontrava-me em casa — relatou-me — e meu vizinho chegou e disse que as pessoas estavam se revoltando. Saí para a rua e vi muçulmanos pegando pedras e atirando nos cristãos e esses revidando. Eram centenas. A polícia apareceu e o povo começou a correr. Aquele prédio — prosseguiu, apontando para uma estrutura de quatro andares vazia — era uma residência de cristãos que foi incendiada. Tive medo.

Passamos por outra carcaça de edifício, completamente abandonada, outrora lugar de uma escola de informática e de apartamentos.

— As pessoas entraram no prédio e subiram as escadas para escapar. Mas os muçulmanos atearam fogo e provocaram um incêndio — a escalada de violência continuou durante semanas. — Nenhum navio atracava em Ambon. Era difícil conseguir arroz ou querosene para cozinhar. Ninguém podia trabalhar. As pessoas estavam se matando e eu morava a 60 metros da zona de conflito. Eles atacavam e nós reagíamos; tínhamos de ficar sempre vigiando. A gente precisava de querosene. Então, um dia, atravessei a montanha para conseguir um pouco. Atiraram em nós. Todo mundo estava armado. Finalmente, consegui fugir para a ilha em que nasci, Babar, onde fiquei por seis meses.

Mas por que aquilo ocorrera? Como acontecera? O que levara as pessoas a incendiar e apedrejar vizinhos?

— Foram os provocadores — respondeu Aristotle. — Vindos de Jacarta. Pagavam o povo para queimar igrejas e mesquitas. Não sabíamos quem eram; só Deus sabia o nome deles.

Isso era parcialmente verdade. Os molucanos tinham uma longa história de luta pela independência, e era fato que, no ano 2000, os líderes do movimento radical conhecido como RMS — Republic of the South Moluccas — pretenderam tirar vantagem da instabilidade política na Indonésia para expulsar os muçulmanos de Ambon e ali estabelecer um Estado independente. Ainda assim, aquilo não era uma explicação. Poderiam me oferecer todo o dinheiro do mundo e não seria capaz de incendiar as casas de meus vizinhos. Será que o faria se fosse pobre? — perguntei-me. O ódio e a animosidade já deviam existir. Afinal, para se acender o primeiro fogo seria preciso, antes, algum combustível. Disse isso para Aristotle; queria que articulasse aquela raiva, que a explicasse. Mas ele se esquivava da questão ou não conseguia entendê-la.

— Nós não queríamos aquele conflito — falou. — Foi por causa daquelas pessoas distribuindo armas e dinheiro.

Seguimos. Logo, deparamo-nos com outra igreja que fora incendiada. Uma mesquita também. Casas queimadas.

— Antes da guerra éramos unidos — prosseguiu. — Não nos dividíamos. Agora vivemos separadamente; eles ficam nas comunidades deles e nós, nas nossas.

Enquanto andávamos pelo cais, tentava imaginar tudo aquilo; aqueles sentimentos de ódio tão facilmente desencadeados entre vizinhos. Então notei algo que não percebera quando o *Siguntang* atracou: uma frota de dezenas de embarcações de madeira envelhecidas e bem menores do que o navio.

— Para onde vão? — questionei.

— Vamos perguntar — respondeu, encolhendo os ombros.

Caminhamos por um píer de concreto. Fiquei fascinado. Eram estruturas de 10, 15, 20 metros, feitas de ripas de madeira e metal corroído. No cais, ao lado de um barco chamado *Amboina Star*, encontramos, vestido em shorts manchados de óleo e com uma camiseta cinza em farrapos, o chefe de máquinas da embarcação, que me olhava de um modo estranho enquanto eu, utilizando Aristotle como intérprete, falava-lhe. Iria para a ilha Buru na tarde seguinte e faria escala em duas aldeias, Lambrule e Leksula — viagem que levaria 18 horas. Era bem-vindo a bordo, se quisesse acompanhá-los. Precisaria apenas apresentar-me ali, no dia seguinte, às 17 horas. Buru? Olhei em meu guia. Havia apenas um parágrafo a propósito, que não dizia grande coisa: Buru fora o local de uma famosa prisão política da Indonésia. Não havia menção a Lambrule ou Leksula. Hotéis? Acomodação? Falava-se inglês? Mistério absoluto. Na tarde seguinte, preparei minha bagagem, pulei na traseira de um moto-táxi e fui até o barco.

O ar estava úmido, nauseante e denso. Sentia-se o cheiro de fumaça e peixe. Do céu, coberto por nuvens baixas, raios de sol caíam sobre um mar da cor de estanho. Galos cantavam do convés de outro navio. Via-se um desfile de homens, que puxavam carretas de duas rodas e carregavam o barco de vergalhões, cantoneiras, canos, placas de compensado, sacos de cimento e de arroz e caixas de óleo de cozinha. Em fila, no estilo de uma brigada de incêndio, embarcavam todo o material sobre uma prancha de madeira inclinada; depois, levavam-no ao porão, localizado sob duas longas pranchas que serviam como plataforma para as pessoas se deitarem e que cobriam toda a extensão do *Star*. Joppy, o chefe de máquinas com quem conversáramos no dia anterior, conduziu-me ao convés superior, onde portas minúsculas davam para exíguos camarotes de madeira. Sacudi a cabeça e apontei para a plataforma principal, lá embaixo. Ele me olhou e disse:

— Vai ficar cheio de gente lá embaixo, e com muita fumaça de cigarro.

Fiquei surpreso; seu inglês era perfeito. Compreendi então por que me encarara de forma tão peculiar enquanto conversávamos, na véspera, tendo Aristotle como suposto intérprete.

— Tudo bem — garanti. — Não me importo.

Joppy apanhou uma de minhas bagagens e desceu. Depois de achar um lugar para mim, emitiu um recibo: 13 dólares.

— Não vamos zarpar antes das 20 ou 21 horas — afirmou.

Perguntei-lhe onde tinha aprendido inglês.

— Fui, durante dois anos, chefe de máquinas numa traineira no Alasca — contou-me.

Lançara-se ao mar com 27 anos e passara um ano integrado à economia global, como Arthur e Daud no *Siguntang*. Estivera na China, no Panamá, em todo o Caribe, nos Estados Unidos e na Coreia.

— Dezesseis países — contou-me para, em seguida, finalmente revelar que seu inglês fora uma cortesia do governo americano. — Certa vez, fui preso num bar no Alasca. Passei seis meses em cana. Bebia muito uísque, havia muitas moças por lá e agarrei uma delas. Mas não me lembro bem. Não houve testemunhas. Não agi direito; a menina tinha 16 anos e a polícia chegou. Passei um mês na prisão em Palmer e, depois, cinco meses em Seward; e lá... Pronto! Não formalizaram qualquer acusação contra mim. Só me embarcaram num avião e me mandaram para Jacarta. Aliás, vou contar uma coisa engraçada: na Indonésia você entra em cana quando está por cima e, quando sai, fica por baixo; nos Estados Unidos, porém, o sujeito vai preso porque está por baixo, mas deixa a cadeia se sentindo por cima! Não falta comida e não há o que fazer, senão esportes... Voleibol! Ouça — concluiu —, se precisar de qualquer coisa, fale comigo.

No convés superior, perto da popa, o navio era descoberto e havia um monte de paletas de madeira empilhadas, alguns poucos colchões velhos de vinil e cadeiras de plástico quebradas. Deitei-me pesadamente e me senti feliz naquele pequeno navio, diante de um destino incógnito. Fiquei admirando a baía, repleta de cargueiros e velas de escunas sob as montanhas verdes, enquanto as horas passavam e os passageiros aos poucos afluíam a bordo. Havia um cheiro de diesel na leve brisa, os galos cantavam e o som de vozes estrangeiras viajava sobre as águas e sob o céu crepuscular.

— Para onde você vai? — perguntou Dempe, um jovem estudante de direito de Ambon.

— Para Buru — disse.

— Mas para qual cidade?

— Não sei — respondi, dando com os ombros.

Naquele momento, mal conseguia me lembrar dos nomes de nossos dois destinos, tampouco para qual deles falara a Joppy que me dirigia. Da mesma forma como pulara dentro do carro para cruzar o Amazonas a partir de Puerto Maldonado, não tinha a menor ideia de aonde iria, do que encontraria quando chegasse lá ou de como e quando conseguiria voltar para Ambon. Abria mão do mapa e deixava tudo na mão do destino. Não levava comida alguma comigo. Nem mesmo uma garrafa de água. Era estranho como me sentia bem naquela situação: uma espécie de libertação num sentido profundo, que me fortalecia. Nada temia. Joppy fora um feliz capricho do destino. Estava em segurança.

— Você está viajando sozinho? — perguntou Dempe, franzindo as sobrancelhas.

— Estou, sim.

Ele me encarou. As pessoas ficavam fascinadas com o fato de eu viajar só, sem família. Era-lhes algo inconcebível. Afinal, conviviam com várias gerações, dormiam amontoados em camas e no chão de pequenos apartamentos ou casas, e assim seria para sempre. Toda noite era-lhes como aquelas a bordo do *Siguntang* ou do *Star*, uma aglomeração de gente, um emaranhado de braços e pernas, o calor incessante do corpo humano ao lado. Invejava aquilo, ainda que me causasse repulsa — e aquela questão representava um conflito central em minha vida. Tinha uma família, ora, e nós cinco moráramos numa casa com banheiro e três quartos. De algum modo, todavia, sempre acabava em meu próprio pequeno apartamento. Achava as multidões atraentes; gostava de me sentir parte de alguma coisa; então, por que estava sempre fugindo?

Às 21h30 soou o apito. Os cabos de atracação foram soltos e deslizamos pelas águas escuras. O navio estava lotado, mas havia janelas grandes e abertas ao longo da embarcação, além de uma passagem de 2,50 metros num ponto do convés, apenas 60 centímetros acima da linha d'água, por onde soprava uma tépida brisa e ao lado da qual, espremido entre dois sujeitos, sentei-me. Ali, por mais ou menos uma hora, com os olhos cobertos, ao som do motor e ao balanço das ondas, adormeci.

Movimento. Contato físico. Vozes. O choro de um bebê. O vento sobre mim. Eram 4h30, ainda estava escuro, e me arrastei para sair de minha concha. Joppy então, em um copo plástico fino como papel, ofereceu-me um café fumegante e adocicado. Com o nascer do sol sobre o oceano, percebi que navegávamos ao largo de uma selva verdejante e íngreme, com montanhas que se erguiam ao fundo. Pensava que seguíamos rumo a duas cidades. O *Star*, entretanto, avançava alinhavando todas as aldeias ao longo da costa e, em quatro horas, paramos a cada 10 ou 15 minutos, flutuando a uns 100 metros da praia, enquanto mercadorias e pessoas chegavam e partiam por meio do velho bote salva-vidas do *Star*.

Eram localidades muito afastadas das estradas de terra batida; muito distantes desse mundo. Compunham apenas um ajuntamento de barracos de zinco sobre a areia branca, com o brilho da cúpula de uma mesquita ou do campanário de uma igreja — nunca ambos — brotando entre os casebres. De resto, a mata verde sem fim, e o oceano azul e o céu sem nuvens que se estendiam até o horizonte. Grupos de dez ou vinte crianças brincavam na praia, jogando bola, pulando e berrando à nossa passagem. Os cães latiam.

— Existem aldeias como essas nos Estados Unidos? — perguntou um homem que usava boné da petrolífera Pertamina e vestia um macacão azul.

Tinha sobrancelhas negras e espessas, um bigode cinza sobre um par de dentes tortos, e falava formalmente, com o que me pareceu um sotaque holandês, como ocorria a muitos indonésios fluentes em inglês e que foram à escola na época em que o país era colônia holandesa. Seu nome era Santoso. Olhei para aldeia na praia e sacudi a cabeça.

— Não — respondi. — Nada parecido.

— E uma paisagem assim?

Essa já era uma questão mais difícil de responder. Afinal, existe uma parte dos Estados Unidos que fica nos trópicos. Mas não, realmente não. Não como aquela, foi o que afirmei.

Santoso parecia confuso. Ficamos observando o mar, os barracos e as crianças.

— Mas os Estados Unidos são um país imenso, não?

Aquela era-lhe uma ideia estranha: que uma nação imensa pudesse não ter pequenas aldeias aninhadas nas praias de uma vasta selva. Ele usava um anel de ouro com uma pedra laranja grande como um ovo de codorna, do qual, disse-lhe, gostava.

— Vocês não têm pedras assim nos Estados Unidos?

A aldeia seguinte chamava-se Wayalikut.

— Você anotou em seu caderno de exercício alguma coisa sobre a bela paisagem deste lugar?

O dia passava. Quilômetros e quilômetros de costa verde e deserta, espessamente arborizada, com palmeiras sobre as praias de areia escura, em certos trechos branca, e de repente um conjunto de não mais que cinquenta cabanas de sapé e ferrugem. A tripulação cozinhava e me alimentava: arroz, repolho e sardinhas fritas cheias de espinha, servidos com uma massa fresca e picante feita de pimentas moídas num pilão de pedra. Falara a Joppy que iria a Lambrule, o primeiro de nossos destinos. Diversas vezes, perguntaram-me o que faria lá, e entendi o motivo quando finalmente chegamos. Aquela aldeia não era diferente das demais, exceto por possuir um longo cais de concreto, algumas ruas com casas de cimento inacabadas e uma igreja jamais concluída. Não havia restaurantes ou hotéis, tampouco lojas. Apenas a umidade abafada e opressora.

— *Panas*! — todos me diziam — Quente!

— Acho que continuarei até Leksula — falei a Joppy, que me apresentou a um policial de bermuda chamado Deddy.

— Quando chegarmos, ele poderá lhe mostrar o lugar — indicou Joppy. — Mas não demore.

Alcançamos Leksula — aldeia minúscula numa ilha oceânica — ao final da tarde. Deddy me escoltou sob o sol inclemente. Não falava inglês e, assim, caminhamos em silêncio. Nada parecia se mexer, De repente, porém, ainda no cais, Hendro surgiu. Tinha 21 anos, usava shorts, uma camiseta camuflada sem mangas, sandálias de dedo e, porquanto fosse o único a falar inglês ali, fora convocado imediatamente.

— Vou apresentar tudo para você! — comprometeu-se, sorridente e entusiasmado.

À medida que seguíamos pelo longo píer de concreto, com alguns trechos aos pedaços e ladeado por uma ou outra velha embarcação encalhada, as nuvens cerraram-se e logo despejaram uma chuva cálida. A rua principal, enlameada e empoçada, estendia-se paralela à praia. Andamos por entre casas de concreto e tetos de zinco, em cujas portas a população local se amontoava para me ver sob o temporal. Nada absorvi do lugar no começo. Somente o sossego pesado. Hendro bateu em meu ombro e apontou para um homem em pé numa soleira.

— Tem alguém ali tentando cumprimentá-lo — explicou-me. Acenei. O homem retribuiu. — Por que não dorme na aldeia? — perguntou Hendro. — Poderá aproveitar a vida daqui. É bem melhor assim, e você não ficará balançando para cima e para baixo, como dentro do navio.

— Há um restaurante ou algum lugar onde possa tomar um café? — questionei.

— Está fechado — contou-me. — Mas podemos ir à casa de minha tia.

Paramos defronte a uma construção térrea de cimento, cercada de lama e galinhas. A porta estava aberta. Tiramos nossas sandálias e entramos. No primeiro cômodo havia um sofá de madeira revestido de motivos florais e duas cadeiras parecidas, com encostos cobertos por uma capa protetora. No centro, uma mesa de madeira. Retratos de militares com olhares severos nos observavam das paredes. Hendro sumiu em outra dependência e, minutos depois, uma mulher de meia-idade apareceu. Trazia biscoitos e duas xícaras de café. Estávamos ensopados. Aos poucos, um bando de crianças se reuniu à porta, espiando-me. Riam e gritavam:

— *Hello, mister*!

— Quando terminei a escola primária — disse Hendro —, resolvi estudar numa escola de música. Adoro música. Quero ir para Jacarta, mas não posso. Não tenho dinheiro. Agora só pratico minha música na igreja; é um símbolo de Deus —

calou-se por um instante e depois comentou. — Nova York é a maior cidade do mundo, não é?

— Não — respondi. — Nem chega perto. Jacarta é maior do que Nova York!

— Ah... Mas é a cidade mais linda do mundo!

— Não! — neguei outra vez. — Existem muitas outras cidades que são mais lindas. Paris. Roma. Em Nova York há muita gente.

Ele deu um gole e pensou.

— *Mister* Carl, por que você não é um ator em Hollywood?

— Nunca quis ser ator — falei, e então lhe perguntei se tinha namorada.

— Não, mas gostaria. Não tenho emprego, de modo que não posso ter uma namorada.

Ao fim do café, a chuva já parara. Voltamos a sair e, dessa vez, encontramos ruas abarrotadas. Olhavam-me, acenavam-me e diziam-me *hello*. Estavam todos, sempre, em grupos. Homens andavam de mãos dadas ou abraçados. Outros ficavam sentados de cócoras no chão, ou sobre os muros. Uma partida de futebol teve início num campo de barro. O tempo todo, em todos os lugares, as pessoas estavam juntas. E era por isso que o fato de estar só era-lhes de compreensão tão difícil. Àquela altura, a cidade inteira já sabia de minha presença. Sentia-me como o esquimó que o almirante Robert Peary trouxera de sua expedição polar, e fui tomado por uma necessidade urgente de privacidade. Queria ficar sozinho. Então, Hendro me levou de volta ao navio. No cais, crianças mergulhavam do píer; outras, na praia, rolavam pela areia e brincavam com uma alegria e um abandono que há muito não existia nos campos de futebol e nos parquinhos das cidades americanas. Uma multidão nos seguira. Jovens. Velhos. Crianças. Homens. Devia haver uns vinte ou trinta, e subiram a bordo atrás de mim. Literalmente ao meu redor, observavam-me. Eu acenava, eles retribuíam.

Joppy entendeu a situação e me ofereceu um camarote. Disse que deveria dormir lá naquela noite. Era minúsculo, com cabina de 1,20 metro de largura e beliche com menos de 1,80 de comprimento. Imediatamente, apareceram dez rostos na janela. Olhavam para mim. Sentia-me mal em fazer aquilo, mas o fiz assim mesmo: apanhei meu sarongue e lhes tapei a visão. O camarote ficou sombrio. Como uma sauna. O ar parado. E, ainda assim, pareceu-me o melhor refúgio sobre a terra. Eu era uma aberração — algo inconcebível, pivô de uma situação impossível — numa aldeia tão no fim do mundo. Sem telefone celular. Sem internet. Sem estradas. Apenas um povoado — terra em que viviam "homens sem religião", segundo me dissera um sujeito a bordo — cercado pela enorme massa de selva que brotava inclemente. Era difícil entender minhas próprias reações e meus sentimentos. Queria abraçar aquele lugar; conseguir uma casinha, viver ali e conhecer tudo. Ao mesmo tempo, desejava fugir da aldeia o mais rápido possível. Uma parte da contradição era de simples leitura: crescera num ambiente tão diferente e me acostumara a ter muito espaço pessoal e privacidade. Não conseguia deixar de pensar, contudo, em que havia algo além; algo mais profundo e que apenas começava a perceber.

À medida que avançava naquele mundo, sozinho e rodeado pela diversidade, em meio a gente tão profundamente unida, percebi também que queria aquilo. O mesmo abismo entre mim e as pessoas que me olhavam fazia-me sentir muito mais só e ávido por uma união genuína — união que não alcançava naquele movimento constante pelo mundo.

Naquela noite, Joppy levou-me para jantar na cidade. Comemos dentro de um cômodo de cimento iluminado por uma única ampola. Havia arroz e peixe, além de um ensopado de repolho e pimenta.

— A primeira vez em que fui preso — disse —, a Pastoral do Marinheiro pagou um advogado e várias pessoas da igreja vieram me ver. Mas, depois, sumiram e fiquei sozinho. Quando fui solto e voltei para Jacarta, prometi que nunca mais beberia novamente. Isso não dá certo.

A ideia de solidão me tomava outra vez. Joppy voltara para Buru e se casara. Agora, tinha uma família ali.

Após comermos, demos um passeio pela rua. A escuridão, profunda e impenetrável, sequer era ameaçada pelas lâmpadas nuas das lojas que vendiam sapatos, camisetas, sarongues, arroz e mangas. Estrelas brilhavam — milhões delas. Moças caminhavam de braços dados. Os rapazes davam-se as mãos. Subitamente, senti-me outra vez desarmado, e não era porque me olhavam. A noite me cobrira com um manto de anonimato. Até que chegassem bem perto, as pessoas não conseguiam distinguir o exótico *mister*. Era difícil me imaginar crescendo fora de uma cidade importante, e, àquela altura, mesmo uma fazenda americana — conectada à internet e servida de telefone e rodovias — dificilmente poderia ser considerada um local remoto. O acesso instantâneo à informação e as facilidades de locomoção conformavam o modo como pensava e definia o mundo. Existiam, porém, milhões — provavelmente centenas de milhões — de pessoas que viviam em lugares minúsculos e remotos como Leksula. Nada além do sol, do mar, da areia e da selva. Nada além de terem um ao outro. E eu não passava de um átomo desgarrado, ricocheteando planeta afora. Lembrei-me então de que, enquanto passeava com Hendro, ele naturalmente me apontara:

— Aquele é meu irmão. Minha tia. Meu primo. Minha irmã.

Aquele era seu universo, ali mesmo. Aquelas lojas. Aquela areia. Aquele porto. Aquela gente. E Leksula era grande; tinha um píer de concreto! As aldeias de Buru eram pequeninos mundos subjacentes, tão distantes do Facebook e da crise mundial quanto de Mercúrio e Plutão. O fato de nos encontrarmos todos ali, simultaneamente, parecia-me inacreditável. Eu mesmo já papagueara o clichê segundo o qual o mundo ficava menor a cada dia. Caminhando pela escuridão de Leksula, contudo, não era essa a minha impressão. O mundo era imenso. Incomensurável. E eu estava muito longe de casa.

Hendro acordou-me às seis horas, batendo na janela do camarote, com um olho espreitando por uma brecha que o sarongue não conseguira cobrir.

— Minha tia quer convidá-lo para tomar o café da manhã, *mister* Carl!

Lavei a cabeça e o corpo num balde e partimos. Crianças com saias vermelhas e blusas brancas se dirigiam à escola. Estava tudo tão calmo, nada além do som de suas vozes e as risadas. Atravessamos a cidade e chegamos a uma casa bem cuidada e grande. Santoso, o homem do navio que usava anel e boné da Pertamina, bebia café na varanda, mas veio rapidamente em minha direção.

— Você precisa conhecer meu irmão. É o diretor da escola.

Hendro e eu sentamos à mesa, coberta com uma toalha plástica amarela, e bebemos café com o irmão e a irmã de Santoso. Foi então que este segurou minha mão. Senti certo desconforto. Não estava habituado ao contato prolongado com mãos de homens. Meu instinto norte-americano queria, pois, afastá-lo. Aquilo era contra tudo o que conhecia. Mas era também agradável. Cálido. Acolhedor. Era, simplesmente, a mais elementar conexão humana, destituída de qualquer expectativa, como um abraço, e ninguém sequer percebeu. Nós nos despedimos, e segui Hendro pela cidade. Os pássaros gorjeavam. O som de vozes viajava na brisa, já que não havia trânsito ou qualquer som mecânico, e logo chegamos a uma construção comprida de um só andar, com persianas nas janelas e jardins. Era a escola do ensino médio. Fui levado ao escritório do diretor. O professor de inglês do estabelecimento apareceu e nos instalamos num sofá. Em parceria com Hendro, cuidava das traduções.

— Como estou contente que tenha vindo a Leksula — disse o diretor, colocando uma das mãos em meu joelho. — O que o traz aqui?

Era uma situação de formalidade. Éramos dois chefes de Estado que se encontravam numa visita oficial; dois representantes de mundos muito distantes.

— Sou jornalista e quero conhecer o mundo — falei. — Não só os lugares aonde todos vão, mas os mais afastados.

— E o que está achando?

— É lindo e calmo — respondi. — E dá para sentir que estou muito longe de casa, embora sua escola se pareça muito com uma norte-americana — esse detalhe era parcialmente mentiroso, mas, no final das contas, todos os colégios se assemelham um pouco. — Além disso — prossegui —, tenho sido acolhido com a mais delicada hospitalidade.

Ele sorriu e assentiu com a cabeça.

Em seguida, levaram-me a um passeio. Visitamos pequenas salas de aula, com alunos sentados em fileiras de carteiras, e passamos por dois meninos em pé, ao lado de um mastro no pátio, cada um equilibrando-se numa única perna.

— Estão de castigo — contou Hendro. — Sempre atrasados.

Soou um apito. O *Star* anunciava sua partida. Precisava ir embora. Novamente.

O professor e o diretor apertaram minha mão e me agradeceram profusamente por ter ido à escola de ensino médio de Leksula. Hendro me acompanhou em meio àquele calor e ao sossego tropicais. Sentia-me embaraçado por minha celebridade e, ainda mais, pela generosidade e curiosidade de Hendro, de Santoso e do diretor. A meu ver, era tão pouco que lhes trazia; nada lhes oferecera. Por que me mostraram a escola? Por que perderam um tempo do dia para falar comigo? Por que seguraram minha mão? Por que eram tão gentis comigo? Não lhes trazia presente algum. Nada havia que pudesse lhes dar. Mas Hendro falava inglês bem. E aquela era a língua do poder e do mundo, da oportunidade e do futuro — e eu era seu representante, que passara somente uma tarde ali, proveniente de um lugar qualquer a bordo do *Amboina Star*. Era difícil me imaginar tão entusiasmado, caso visse um indonésio chegando numa cidade dos Estados Unidos. Não era como se estudássemos o idioma indonésio há anos, mas sem nunca ter visto um verdadeiro indonésio. Não era como se sonhássemos em ir para Jacarta, na Indonésia, a mais linda e maior cidade do mundo! Hendro vivia numa pequena aldeia, numa ilha remota, e idealizava tudo o que não fosse aldeia e ilha, e eu era um emissário daquele ideal. Todo aquele conceito fazia com que me sentisse humilhado.

— Você precisa voltar um dia e ficar mais tempo — disse Hendro sorrindo, a bordo do *Star*, cercado por vinte outros passageiros. — Quando retornar, posso achar uma casa na aldeia para você.

Logo estávamos de novo ao mar, nada além do mar, do céu e de um navio lotado — que parava em todas as aldeias. Dessa vez, grandes ondas desciam em direção à praia. O *Star* balançou um bocado. Uma criança vomitava sem parar sobre as pernas do pai, um homem cujos dentes, de tanto mascar noz-de-areca, eram negros. Ao redor, apenas a indiferença, talvez a náusea, de meus companheiros de bordo. Acima de nós, algumas fragatas voavam em bando, circulando o navio. Abaixo, peixes-voadores planavam sobre as ondas.

— Lá no topo — disse Alex, o assistente do chefe de máquinas, apontando para as verdejantes montanhas de Buru — existem canibais. Eles comem você — afirmou, enquanto segurava o próprio braço de modo sugestivo.

Com a chegada do crepúsculo, enormes nuvens cinzentas cobriram o céu, e deixamos Buru rumo ao mar aberto, sacudindo e balançando na escuridão desprovida de estrelas: uma partícula de madeira e aço num vasto oceano. Era em condições como aquela, em noites assim, que os navios de passageiros afundavam e desapareciam, perdidos para sempre nos vasos capilares de um planeta ainda mais imenso.

Mumbai: o trem de terceira classe da cidade transformou num mistério o futuro de uma brilhante aluna de 16 anos. Raushan Jawwad, que acertou 92% em seu exame disciplinar meses atrás, perdeu as duas pernas após ser empurrada para fora de um vagão lotado, perto de Andheri, na terça-feira.

— Times of India, *17 de outubro de 2008*

SETE A 290ª Vítima

— Tudo neste livro é verdade — disse Nasirbhai.

Fazia quase 40 graus, a umidade da baía de Bengala era opressora e ele usava uma túnica branca sobre uma camiseta sem manga, calças largas com vincos e sapatos pretos sem salto. Pequenas cicatrizes estavam gravadas em torno de seus olhos castanhos, que me examinavam a partir de um rosto largo e impenetrável. Uma enorme pedra de lápis-lazúli enfeitava um de seus dedos e um bracelete de prata sacudia em seu pulso. Tinha o peito inchado. Suas mãos ficavam caídas, disponíveis, como se aguardassem — nunca as colocava nos bolsos. Parecia imóvel, como um pitbull, como um personagem de outro tempo e lugar, e de certo modo o era. O livro em questão era *Shantaram*, romance de sucesso escrito pelo australiano Gregory David Roberts, que escapara da prisão de Oz e viera, há duas décadas, para Mumbai, onde se envolveria intensamente com gangues criminosas e com Nasir, cujo nome sempre vem acompanhado por *bhai*, "tio".

— Nós nos conhecemos nos anos 1980 — contou Nasirbhai.

Estávamos parados numa esquina de Colaba, um dos bairros mais antigos de Mumbai e seu epicentro turístico. Vendedores negociavam tabaco, sandálias, jornais e pulseiras ao longo das ruas, e os pedestres nas calçadas formavam uma massa espessa semelhante à de uma multidão num concerto de rock. Roberts agora era famoso, uma lenda local, e, a partir do amigo de um amigo, colocara-me em contato com Nasirbhai, que concordou em me levar às profundezas dos trens suburbanos da cidade mais populosa da terra, nos quais um simples deslocamento para o trabalho era uma questão de vida e morte.

— Viajar nesses trens é muito arriscado porque estão sempre lotados — observou Nasirbhai. — Mas as pessoas precisam chegar ao trabalho. Se houver atraso, o patrão as demite. Elas precisam chegar a seu destino. Por isso, se penduram nas portas, se agarram nas janelas e sobem no teto do trem. Arriscam suas vidas todos os dias para ir trabalhar.

Em termos populacionais, aquela cidade — com apenas 30 quilômetros quadrados de área, mas com 19 milhões de habitantes — era maior do que 173 países. A densidade populacional dos Estados Unidos era de 31 pessoas por quilômetro quadrado; a de Cingapura, de 2.535 pessoas; e a da ilha de Bombaim, de 17.550. Algumas áreas residenciais de Mumbai, no entanto, tinham quase um milhão de pessoas por quilômetro quadrado. Um fluxo incessante de indianos migrava para a cidade, que começava a inchar e a gemer, sem capacidade para manter esse ritmo. Em 1990, em média, 3.408

pessoas se espremiam num trem de nove vagões; dez anos mais tarde, esse número ultrapassaria os 4.500. Diariamente, 7 milhões recorriam a esse meio de transporte — 14 vezes toda a população de Washington. O mais chocante, contudo, era a taxa de mortalidade. Nasirbhai não era um alarmista exagerado. Em abril de 2008, a companhia ferroviária Central e Ocidental de Mumbai divulgou os números oficiais: nos cinco anos precedentes, 20.706 habitantes morreram em acidentes ferroviários. Aquele era o meio de transporte mais perigoso do mundo.

À medida que nos esgueirávamos pelas calçadas e ruas abarrotadas na direção do Chhatrapati Terminus, ainda conhecido principalmente por seu antigo nome britânico, Victoria Terminus (ou, abreviando, VT), Nasirbhai falava sobre sua vida e seu encontro com Roberts.

— Na época, eu era um homem importante — disse. — Ia à luta diariamente. Meu negócio eram as drogas. Negociava haxixe e heroína.

Em geral, quando vendia droga para estrangeiros, Nasirbhai fazia o negócio e a transação estava concluída; traficante e usuário seguiam cada qual seu caminho. Por alguma razão, todavia, ele e Roberts fumaram juntos.

— Não sei por quê. Destino, talvez. Gostei dele. Depois, começou a usar heroína e passei a odiá-lo.

O cheiro poderoso de lixo e fezes inundava o ar saturado, e Nasirbhai me guiava como a uma criança, entre filas de carros e ônibus desequilibrados.

— Se não for como eu, você não pode viver nesta cidade. Tem de ser valente.

Roberts, como tantos estrangeiros, eventualmente desapareceria. Nasirbhai não teria notícias dele durante 15 anos. Continuou nas ruas, traficando. Então, um dia, foi preso. Uma armação.

— Eu vendia um bocado de drogas para as estrelas de Bollywood. Cresci entre superstars, como Fardeen Khan — filho do falecido e lendário diretor Feroze Khan.

Para fazer seus negócios, servia-se de um chofer de táxi em quem confiava. Este, alguns dias antes, fora detido por vender heroína e, pressionado, concordara em colaborar com a polícia. Quando Nasirbhai se encontrou com Fardeen, no dia 4 de maio de 2001, a polícia da Divisão de Narcóticos já o espreitava.

— Fazíamos justamente a transação — carregava 9 gramas de cocaína — no instante em que surgiu um carro na frente e outro atrás. Os homens saltaram armados. Fardeen fechou a tranca interna da porta e perguntou: "O que vamos fazer?" Respondi: "Nada, não há o que fazer. Estão armados."

O astro de Bollywood foi solto seis dias depois.

— O pai conseguiu libertá-lo — disse Nasirbhai, que passou 11 meses na famosa Arthur Road Prison, em Mumbai.

Alguns anos mais tarde, de repente, Roberts reapareceu. Era um fantasma que voltava, mas já sem problemas com a lei. Parara de fumar haxixe e de injetar heroína nas veias. Estava livre, rico e famoso.

— Foi o destino; não sei o que fiz para merecer isso. Disse-me para que parasse de vender drogas e me reinventasse. Pagou minha casa, o casamento de minha filha, a escola de meus garotos e agora me remunera para trabalhar somente para ele. É um homem de palavra e me salvou. Primeiro, tornou-se meu amigo. Depois, irmão. Em seguida, patrão e padrinho.

A VT era um enorme funil, que sugava e canalizava hordas de passageiros. Dezesseis guichês se alinhavam na estação, cada um com uma fila de 15 metros; toda a Índia estava ali, deitada no chão, caminhando, correndo, vendendo, comprando. A fila avançava rapidamente.

Nasirbhai vociferou algumas palavras e então nos deram duas passagens por 15 rupias cada uma — cerca de 25 centavos de dólar. Atravessamos a multidão aos trancos, passamos pelos detectores de metal inativos e entramos no vasto saguão de embarque, cujo teto, abaulado e ondulado, era sustentado por pilares de ferro. Construída pelo rajá britânico entre 1878 e 1888, lembrava a londrina Victoria Station.

— Vou mostrar meu estilo de viajar — prometeu Nasirbhai.
— Mas, primeiro, *chai*. Era um ritual constante. Durante os três dias que se seguiriam, em cada esquina, em cada estação de trem, pararíamos para tomar um chá adocicado, com leite, servido em xícaras de barro que tinham a forma da mão e que eram atiradas violentamente ao chão quando vazias.

— Ouça — alertou-me, enquanto bebíamos o chá e uma maré humana passava por nós. — É muito difícil entrar no trem, e, uma vez lá dentro, é mais difícil ainda sair. Às vezes, é preciso desembarcar três ou quatro estações antes, porque será impossível descer no destino pretendido.

Muitos habitantes de Mumbai levavam duas ou três horas para chegar ao trabalho, e o mesmo tempo para voltar aos subúrbios. Como se tratava de um longo período para se ficar em pé, alguns costumavam, primeiro, tomar o trem no sentido oposto; assim, conseguiam pegá-lo no início da linha, ainda com assentos vazios.

— Às vezes, porém, a rota é mudada! E essas pessoas acabam presas no trem errado e têm de começar tudo de novo. Às vezes, também, o interior do vagão nos deixa tão sujos que sentimos até vergonha. O espaço pode ficar tão lotado a ponto de precisarmos nos pendurar do lado de fora, e há uma distância muito estreita entre o trem e os postes. Se alguém acertar um, está fodido. Mas o que podemos fazer? É preciso chegar ao trabalho, homem. Essa porra é terrível.

Terminamos nosso chá, jogamos as xícaras no chão e seguimos pela plataforma. Havia seis para a Linha Central e uma para a Linha Harbor; em algumas, os trens esperavam. Os olhos de Nasirbhai se moviam alertas, como se perscrutassem a presença de minas ao lado da estrada.

— Siga-me — disse, apressado, de súbito entrando num trem parado e saindo do lado oposto do vagão, já em outra linha. — É preciso estar atento o tempo todo. Há o lugar errado e o certo para ficar. Você pode ser surpreendido com as mãos no alto e então levam tudo o que tiver nos bolsos. Essa gente tem muita prática. Você tem alguma coisa nos bolsos? Câmera? Carteira?

Não tinha. Uma de minhas regras primordiais de viagem era jamais levar algo nos bolsos traseiros. Dividia algum dinheiro entre os dois bolsos da frente. Meu passaporte, os cartões de crédito e a maior parte do dinheiro ficavam presos na perna por uma fita adesiva.

— Tome cuidado. Fique perto de mim. Eles vão olhar para você bem nos olhos. Vou virar e dizer: "Vai se foder, cara." Faça como eu, ok? — e me explicou que, algumas vezes, quando realmente lotado, pulava para o vagão reservado aos passageiros com deficiências físicas. — E lá também fica abarrotado, entalado. Falam: "Você parece em boa saúde, homem. Mostre seu cartão de deficiente." Respondo: "Primeiro me mostre o seu." Às vezes, sai briga. As pessoas morrem por causa de seus assentos.

Com base nos anos de rua, Nasirbhai via o mundo com olhos hostis, um lugar cheio de oportunistas, ladrões e riscos. Era como um boxeador levado às cordas — os braços em guarda continuamente. A multidão, ali, era como a parede de uma barragem: uma corrente que se acumulava sobre a plataforma.

— Com esse volume de gente, os batedores de carteira não perdem tempo — afirmou Nasirbhai. — Trabalham no meio do povo. Mas, ouça: não fazem mágica! Não podem ficar afastados e fazer sua carteira ou telefone ir até eles. É preciso um contato físico. Então, nunca deixe alguém encostar em você, em lugar nenhum no mundo. Os mendigos são treinados. "*Hello, hello*", dizem, e logo apalpam seus bolsos. Esbarram uma, duas vezes, e você, achando que foi um acidente, não reage. Eles observam sua atitude; estão atentos. Na terceira vez, levam sua carteira ou seu celular.

No meio da multidão, segurando-se nas correias do trem, advertiu-me que os oportunistas poderiam tentar me bloquear com os cotovelos. Eram espertos, sim, mas nunca pegavam Nasirbhai.

— Com meus olhos e meu cérebro, é assim que ganho dinheiro. Sei dizer quando se trata de um cafetão, de um ladrão etc. Sou capaz de discernir.

Aproximamo-nos da beira da plataforma. A massa humana encorpava. Eu esperava ansiosamente. Um trem surgiu. O povo — uma entidade única — agitou-se. Viramo-nos à direita; depois, à esquerda. Onde parará a porta de embarque? E, antes que abrisse, subitamente o caos, como uma disputa de bola no futebol americano — expressões famintas, desesperadas. Integrantes de um organismo pleno de partes individuais, éramos mexidos e empurrados, e eu imediatamente tratei de agarrar a alça da porta e entrar no vagão.

— E está adiantado, rapaz! — disse Nasirbhai, rindo, referindo-se ao trem. — Venha.

O espaço era amplo e comprido. Espremido entre corpos e assentos, segui-o pelos corredores. Os vagões tinham concepção industrial, sem qualquer consideração com o conforto: chão de metal, paredes de metal, bancos de metal frente a frente, em grupos de dois, barras nas janelas e centenas de alças de apoio penduradas do teto. Nasirbhai me puxou até que ficasse entre duas janelas. Ali era seu ponto: em pé, com o traseiro contra o rosto de uma pessoa e minha barriga, no de outra. Encostado lateralmente à parede, ninguém poderia meter a mão no meu bolso, e o ar fresco ainda soprava pela janela. Ele parecia triunfante.

O trem disparou por Mumbai, rumo ao norte, na direção dos subúrbios. Parava o tempo todo, e uma turba enlouquecida perseguia as portas de embarque. Um bando de pedintes passou pelo vagão, incluindo uma mulher exótica de traços pronunciados, pele da cor de mogno, longos cabelos pretos trançados com cravos e um ponto bindi vermelho que ocupava um quarto de sua testa. Vestia um sári dourado bem justo. Uma argola da mesma cor pendia de seu nariz. Nasirbhai deu-lhe uma moeda; fiz o mesmo. Ela nos abençoou, tocando em nossas frontes. Havia algo de estranho e belo nela.

— É um homem — disse Nasirbhai.

Outro homem e uma menina se esgueiraram e pararam ali, em pé, ao final do banco. Nasirbhai tocou no ombro do passageiro sentado na extremidade. Foi ignorado. Bateu outra vez, com mais força, e sinalizou para que saísse. Tinha aquele olhar que deixava claro que não deviam provocá-lo. O sujeito levantou-se, a mulher que estava ao lado se moveu, todo o organismo se espremeu e então se abriram 15 centímetros de espaço para a menina sentar.

Próximos à estação de Dadar, começamos a nos dirigir à saída. Nasirbhai me empurrava contra as paredes; estávamos densamente comprimidos, as portas abertas, muita gente pendurada do lado de fora.

— Fique preparado — alertou-me.

Quando o trem reduziu a velocidade, as pessoas que aguardavam na estação correram para as portas, agarrando-se às alças e tentando embarcar. Mas não havia como. Estávamos amassados e tentávamos sair. Antes de pararmos completamente, os que estavam na beira, dependurados, pularam, e nós nos lançamos sobre a plataforma de concreto.

— Tinha um amigo — contou Nasirbhai, enquanto nos dirigíamos a um estande de chá — que mascava tabaco. Ele precisava cuspir o tempo todo e, um dia, ao inclinar a cabeça para fora da janela do trem, bateu num pilar. Foi sua última cusparada.

Por uma ponte em que todos se acotovelavam, seguimos até outra plataforma. Algumas vezes, relatou Nasirbhai, os homens sobem e descem seguidamente apenas para se esfregar nas mulheres.

— Vão e vêm dez vezes. Não entendo. As mulheres estão ferradas. Na Índia, se não houvesse prostíbulos, elas não sobreviveriam.

Embarcamos novamente. Desta vez, ficamos perto da porta aberta. NÃO DEBRUCE QUANDO O TREM ESTIVER EM MOVIMENTO. É PERIGOSO E PODE SER FATAL — advertia um cartaz. Aquilo equivalia a pedir ao mar para que não vazasse dentro de um navio de madeira. Inclinei-me levemente para fora, e então senti uma pressão ininterrupta nas costas, uma carga para que me projetasse mais — uma parede a me empurrar. Era preciso resistir. Postes de eletricidade passavam a 15 centímetros de distância. Atravessamos favelas e prédios que caíam aos pedaços, enegrecidos pelo mofo e com o encanamento exposto; barracos improvisados com lonas, cordas e pneus velhos a apenas 30 centímetros do trem. Homens e mulheres dormiam sobre *charpoys*, camas rústicas feitas de corda e madeira, e cozinhavam em braseiros descobertos a menos de 1 metro de nós.

Em Thane, percebi duas macas de alumínio, em péssimo estado, apoiadas contra a parede externa de uma cabine da administração.

— Temos uma média de dez mortes por ano nos 7 quilômetros sob nossos cuidados — disse Miland Salke, representante do chefe da estação de Kandivali, ao lado de um cartaz escrito à mão: Lista de hospitais e unidades de emergência nas proximidades. Ele encolheu os ombros e sacudiu a cabeça. — Hoje — continuou, sem emoção ou espanto algum na voz — houve três acidentes.

Pouco antes, um homem cruzara os trilhos e então, no momento exato em que passava um trem, colocara a cabeça sobre o aço quente. Morte instantânea. Suicídio. Mais cedo, à 1h da madrugada, o último comboio noturno da Linha Ocidental, chegando à estação de Kandivali, decepara a mão de um sujeito de 55 anos que tentava atravessar. Para concluir o dia, algumas horas depois de nossa parada em Thane, um trem da Linha Central — a mesma em que viajáramos — teria um passageiro acidentalmente expelido porta afora pela multidão comprimida. Pude sentir aquilo: a iminência da morte. Acabara de experimentar aquela sensação de risco latente, como um caroço de melancia espremido entre os dedos.

Estava na hora do rush e, após outra rodada de *chai*, preparamo-nos para a nova batalha. Os passageiros aguardavam, centenas, apinhados numa plataforma de não mais que 100 metros. Em grupo próprio, as mulheres — um tumulto de tecidos esvoaçantes roxos, azuis e dourados, de tranças negras e braceletes de ouro, de pulseiras e argolas no nariz — destinavam-se aos vagões femininos. Um trem chegou — e chegavam rapidamente. Cheio, abarrotado. Não havia centímetro ali. A massa, entretanto, novamente uma coisa só, avançou. Para a direita; para a esquerda. De início, lentamente. Afinal, não se sabia onde a porta pararia.

Então, bruscamente, a explosão, a desordem, uma erupção vulcânica — uma batalha no limite entre a vida e a morte.

A composição desacelerava. As pessoas, contudo, já saltavam das portas e mergulhavam numa multidão que, por sua vez, movia-se na direção das mesmas. A luta foi breve e violenta. Empurrávamos e éramos empurrados. Meu corpo sofria uma pressão esmagadora; uma vaga poderosa que me atingia às costas. Não era possível parar sequer por um momento. Ao mesmo tempo, não havia meios de mover os pés, não de modo suficientemente rápido. As pessoas se arrastavam para a frente e tentavam manter o equilíbrio, ainda que precário. A única esperança seria alcançar a porta — um apoio em que segurar. Qualquer coisa. Trancos, cotovelos nos meus rins. Estava quase lá; quase embarcado. Ou não. Impossível saber. Distância não era algo objetivo. Não ali; não naquele momento.

O sujeito à minha frente tomba — seu corpo é empurrado, mas seus pés não acompanham o ritmo. Ele flutua, afunda. Os passageiros amontoam-se nos acessos e, como podem, invadem o vagão. Um senhor cai de costas — e era assim que as pessoas acabavam mortalmente pisoteadas. Agarro a alça da porta para me recompor; resisto ao peso crescente, um muro contra meu dorso; tento me esgueirar num lugar onde simplesmente não há espaço. Aqueles homens serão esmagados. A multidão é um músculo impetuoso. Um dos que caíram grita. De alguma maneira, mãos se estendem para baixo e o erguem. Um sapato é deixado para trás; nunca mais será recuperado.

E, finalmente, estávamos no interior do trem. Apertados dos quadris aos ombros. Não podia me mexer, embora precisasse. Entráramos, mas ainda não bastava. Ficar ali, ao lado da porta, era um risco mortal, porque logo chegaríamos a outra estação e uma nova onda humana, brutal, viria.

— Daqui a dez anos — disse Nasirbhai —, será necessário usar capacetes e coletes de proteção para pegar um trem e ir trabalhar — estava escuro, pois já passavam das oito da noite. — Venha. Preciso falar com uns amigos. Todos uns pilantras, mas são minha família.

Saltamos no bairro muçulmano de Mumbra, tomamos um riquixá e navegamos num redemoinho fantasmagórico de humanidade. Cabras. Burros. Mendigos de pernas cruzadas nas esquinas e veículos frenéticos que lhes passavam a centímetros. Mulheres vestidas em burcas pretas. Peixes que ardiam nas grelhas entre carcaças penduradas, poeira e barulho.

— Uma década atrás, não havia coisa alguma aqui; isto era uma aldeia — Nasirbhai explicou. — Existia um único carro de boi e era preciso reservá-lo caso se quisesse ir a algum lugar.

Agora, 1,5 milhão de pessoas viviam em 4km².

Saltamos do riquixá ao lado de um prédio de apartamentos e segui Nasirbhai por uma passagem de cascalho no meio da escuridão. Não havia eletricidade. Enfiamo-nos por corredores estreitos e subimos uma escada de concreto, chegando a um apartamento de um só cômodo, cheio de sombras e luzes oscilantes de vela. Havia uma cadeira, uma televisão, um colchão encostado na parede e um pôster de Meca. Três homens estavam sentados no chão. Um deles, idoso, tinha um único dente e um barrete na cabeça. Chamava-se Nima — avô, disse Nasirbhai. Fui apresentado ao seu cunhado e aos filhos deste. Enquanto conversavam em híndi, alguém trouxe um *chillum* — um cachimbo — e uma bola de haxixe úmido da Caxemira, que Nasirbhai enrolou e misturou com tabaco.

— Parei de fumar e de beber desde a morte de minha mãe. Fico muito mau, procurando briga.

Pegou um trapo de musselina branca, umedeceu-o, apertou-o e umedeceu-o novamente, amassando-o ainda mais, e cobriu o bocal do cachimbo. Depois, com exceção de Nasirbhai, fumamos, passando de um a outro, e então uma menina surgiu — a bisneta do velho — e se instalou em seu colo. De repente, e com naturalidade, duas gerações da família tiravam onda juntas. O haxixe era gostoso e adocicado, a conversa e as palavras fluíam, e eu me perguntava onde estava e como exatamente chegara ali, e o mundo me parecia tão variado e rico, tão além de minha compreensão. Fumamos mais duas bolas e, quando voltamos para o trem que se dirigia à cidade, estava quase vazio, apenas um enorme cilindro de aço rangendo e estalando, por cujas portas o vento quente e enfumaçado entrava. Algumas fogueiras sobre os trilhos iluminavam as silhuetas obscuras de centenas de pessoas que perambulavam e se preparavam para passar a noite.

NA MANHÃ SEGUINTE, às 6h30, Nasirbhai bateu em minha porta. Tínhamos de pegar o trem no rush matinal.

— Vamos — disse. — Estou de pé desde as cinco e ainda precisamos tomar um chá e comer alguma coisa.

Entramos num bar repleto de mesas com pernas de madeira e tampos pesados de mármore. As paredes eram cobertas de espelhos, e todos os garçons vestiam trajes e toucas típicas. Todos barbados.

— Este lugar é muito antigo — contou Nasirbhai, enquanto bebericava seu chá. — Existe desde que eu era menino e continua o mesmo.

Passamos a manhã enfrentando a multidão na linha Churchgate e, perto de meio-dia, ele me levou ao hospital St. George, que ficava na esquina do Victoria Terminus.

— Vamos procurar alguns corpos — comunicou-me. — Algumas vítimas dos trens. Você verá com seus próprios olhos.

Aquilo me pareceu estranho e impossível, mas ele insistiu, e disse que tinha um amigo ali que poderia ajudar. O hospital era uma imensa construção de pedra, erguida pelo rajá em 1908, com janelas em arco abertas para a poeira e o calor. Ficamos num saguão amplo e calmo. Os ventiladores de teto fatiavam o ar úmido e o gorjeio dos pássaros chegava-nos em lufadas. Havia um homem numa cadeira de rodas, a cabeça enfaixada como um personagem de cinema; outro estava deitado numa maca. Nasirbhai falava com as pessoas, vigiava os corredores, mas seu amigo não estava lá: ferira-se no trem! Parecia piada. Ele, porém, não reconheceu a ironia.

— Não se preocupe — tranquilizou-me. — Sou conhecido e, quando me virem, virão falar comigo.

O que, de fato, aconteceu. As pessoas se aproximavam e lhe cochichavam ao ouvido, até o momento em que gritou:

— Venha!

Saímos pela porta da frente. Descemos os degraus e circundamos o hospital por uma passagem de pedras que dava para uma fileira abarrotada de barracos e casas. Corvos enormes e pretos saltavam e gralhavam. Refastelados ao sol, alternavam-se cães sarnentos cobertos de cicatrizes e cadelas com tetas pendentes. Fumaça. O cheiro forte do lixo. Gansos e galos ciscavam os montes de detritos. Chegamos a uma parede de 2,5 metros de altura, manchada de mofo e fuligem. Um portão de ferro, com uma dobradiça quebrada, estava semiaberto. O pátio de cimento de um pequeno prédio de concreto encontrava-se coberto de cadeiras quebradas, troncos de árvore e alguns pneus. Viam-se corvos enormes por todo lado. Observando, esperando, gralhando. Estávamos no necrotério.

Nasirbhai caminhou até dois homens e lhes falou rapidamente em híndi.

— Sente-se, Carl — pediu-me, em seguida apresentando-me a Santosh R. Siddu e a seu filho, Sanjay.

Santosh, de 55 anos, tinha um rosto comprido e moreno. Seu nariz era proeminente, quase romano, e sublinhado por um fino bigode. Vestia shorts xadrez desfiados, velhas sandálias de dedo e um boné da Nike sobre o cabelo cinza-alaranjado. Aos 25 anos, seu filho ostentava um moderno par de óculos sem aro. Nasirbhai enfiou a mão no bolso e puxou um *chillum* e uma bolota de haxixe. Os Siddu fumaram no calor do sol, ao som do sinistro gralhar dos corvos. Quando terminamos, Nasirbhai falou:

— Eles fazem as autópsias para o hospital e podem explicar tudo para você; pode perguntar o que quiser, e mostrarão tudo o que desejar.

Segui Santosh pelo interior do necrotério: o cômodo tinha uns 7m², e as paredes de concreto não eram pintadas, de modo que o mofo as escurecia. No centro, havia duas mesas de mármore; jarras de plástico se espalhavam casualmente sobre uma delas e nas prateleiras.

— Baço — disse Santosh, apontando para uma que parecia conter uma espuma encharcada de sangue. — Intestinos. Coração. Todas contêm partes do corpo.

Sobre uma bandeja esmaltada, viam-se um martelo, um cinzel de aço inoxidável e uma tesoura. Todos os instrumentos apresentavam manchas escuras e pedaços de alguma coisa. A impressão era de terror; fazia frio e calor ao mesmo tempo.

— Recebemos dos trens, no mínimo, dois ou três corpos por dia — afirmou Santosh. — Talvez 75% sejam desconhecidos. Não raro vêm tão destruídos que nem dá para saber. Algumas vezes é suicídio; outras, gente que bebeu demais. Há também os idosos, que, entalados na multidão, sofrem ataques cardíacos.

Morte, a morte crua e banal pairava no ar. Tanta cerimônia a envolvia, dava-lhe significado e fomentava tristeza e glória — e em lugar nenhum aquilo era mais verdadeiro do que na Índia. Havia ainda a impressão de que assistia a um episódio de *Lost*. Num instante, viaja-se de trem para o trabalho, ou a fim de visitar a família; em seguida, é-se cortado sobre uma laje de mármore, numa sala de concreto suja e quente. Morto. Sem glória. Sem futuro. Um pedaço de carne. Santosh mexeu numa pilha de papéis e apanhou um livro de registro.

— Hoje, Balkishan Kakoram, 47 anos. Hindu. Estava viajando e caiu. É a necropsia de número 290 da ferrovia.

Ou seja, a 290ª vítima da combinação plataforma-trem-trilhos só naquele ano e apenas no limite de 8 ou 10 quilômetros a partir da estação. Morrera uma hora e meia antes de nossa visita.

— Os varredores da estação apanham o corpo e a polícia ferroviária o traz para cá.

Nas últimas 24 horas, quatro pessoas haviam morrido. Uma delas perdera o braço e duas outras, a cabeça.

Santosh levou-me a uma antecâmara minúscula onde havia uma porta de aço corroída com um puxador de geladeira. Abriu-a. O cheiro da morte, então, deu-me náusea. Quase vomitei. Um ambiente escuro. Corpos deitados em prateleiras. Uma figura enrugada, curvada e retorcida estendia-se numa poça sobre o chão. Carne. Carne humana capturada pelas rodas ensandecidas do triturador cotidiano. Um trem suburbano que o mastiga e depois o cospe; uma linha de montagem de movimento humano tão imensa, e avançando com tanta velocidade, que nem todo mundo consegue acompanhar.

Os corvos gralhavam, sempre, sem parar. Santosh encolheu os ombros.

— Um deles, um homem, teve todo seu lado direito decepado; o fígado sumiu.

Ele recebeu uma chamada; um médico vinha do hospital para assistir ao trabalho de necropsia no cadáver de Balkishan Kakoram. Vestiu um avental de plástico e um par de luvas de borracha, antes de sairmos. Acabou bem rápido. Quinze minutos mais tarde, reapareceu. Sentamo-nos na ruela, bebendo chá, enquanto pai e filho fumavam outro cachimbo de haxixe. Três garotinhos jogavam críquete com um bastão lascado defronte ao muro do necrotério.

— Saiu para trabalhar e não chegou ao emprego. O trem entrou na estação de VT às 9h30, e ele pulou para fora, mas na direção errada, e seu tornozelo ficou preso e quebrou, fazendo com que caísse de cabeça.

Pai e filho estavam próximos e se inclinavam um sobre o outro. Os corpos se tocavam e eles se davam as mãos e se abraçavam. Moravam ao lado daquele lugar horrível.

— Este caiu feio; seu cérebro estava cheio de sangue.

Sanjay sucederia o pai, que exercia essa profissão sinistra há 28 anos.

— Consigo fazer dez por dia — disse o filho, tirando um trago profundo. — Mas alguns corpos já chegam em decomposição, cheios de vermes e gangrena, e aí fica para meu pai. Não consigo. Fedem tanto que desmaio.

Mais uma rodada de cachimbo. Nasirbhai sabia como agir; sabia como fazer as pessoas falarem.

— Mas é duro, difícil de aguentar — contou Santosh. — Qualquer pessoa normal desmaia em poucos minutos.

— Nós bebemos juntos — acrescentou Sanjay.

— Preciso comer depois de uma necropsia — continuou Santosh. — Carne, um bocado de carne, e beber muito! — e então se empurraram e se puseram a rir bem forte, embora, estava claro, aquilo não passasse de um disfarce. — Sem beber, não dá para fazer esse tipo de trabalho.

— Quando viajo de trem — afirmou Sanjay, tragando intensamente a fumaça — tomo muito cuidado.

Era hora de partir de Mumbai; queria ver multidões maiores e resolvi ir até Bangladesh, passando de trem por

Kolkata. Nasirbhai disse que compraria minha passagem e, à tarde, montei na traseira de uma moto e atravessamos as ruas de Colaba. Em todas as esquinas viam-se grupos de homens e rapazes à toa, sentados sobre os carros, sobre motocicletas e no meio-fio, e Nasirbhai ia de uma calçada à outra, parava, conversava e me apresentava às pessoas. Havia ali um exército, acomodado, esperando e observando. Em instantes, Nasirbhai fez com que um me conseguisse um bilhete. Paguei adiantado e ele me disse que a passagem me seria entregue no hotel, ainda naquela noite.

— Não se preocupe — assegurou-me. — Você receberá seu bilhete. Eles não ousariam me deixar na mão.

Estava certo. Às 5 horas do dia seguinte, saí costurando filas de corpos deitados na calçada, embrulhados em cobertores e lençóis, e segui até a VT. A sala de espera era uma confusão disforme e maciça de cores e gentes dormindo — centenas de pessoas, todas aninhadas no canto, os corpos em contato. Desde a Indonésia, crescia em mim essa imagem do mundo como um lugar com um número inacreditável de humanos amontoados, esfregando-se, continuamente em contato físico. Ninguém parecia se importar. Era o que esperavam. Sentiam-se confortáveis assim, e até o desejavam. Pedira um bilhete de quarta classe, mas minha passagem era de terceira, tecnicamente conhecida como "terceira categoria sem ar-condicionado"; na prática, um espaço aberto com beliches para oito passageiros. O trem estava em mau estado, amassado, arranhado, com barras nas janelas, mas muito limpo, como tudo mais na Índia. Mostrei minha passagem a algumas pessoas, que me indicaram um ponto à frente. Achara, enfim, meu lugar, um canto que logo ficaria abarrotado, pois o deveria dividir com cinco passageiros, que chegaram e imediatamente acorrentaram suas bagagens nas argolas de aço sob os bancos inferiores. O trem saiu às seis em ponto e, 15 minutos depois, alcançamos outra estação. Mais gente embarcou, inclusive três mulheres com sáris amarelos e roxos. Carregavam uma garotinha descalça, que ficou espremida no banco a meu lado. Um homem pediu para ver meu bilhete. Subitamente, pôs-se a berrar com um sujeito mais novo que estava sentado no banco com as pernas estendidas. Este retribuiu os gritos e uma discussão explodiu. O primeiro pegou a mochila do outro e a atirou no chão; depois, segurou-o pela gola da camisa e o sacudiu com violência. Em seguida, sentaram-se, irritados, e o mais jovem me disse em inglês:

— Isso é ridículo!

Atravessamos plantações onde se viam as pessoas fazendo suas necessidades — alguns dos 600 milhões de indianos que não dispunham de banheiros. Os campos cobertos de espigas de tifas. O céu esbranquiçado. Arrozais entre valas de irrigação. Um vento quente e empoeirado soprando pela janela.

Alguém sacudiu meu ombro. Acordei num sobressalto, aturdido por instantes, sem saber onde estava. O fiscal vestia um blazer azul e calças brancas.

— Ticket — disse. Mostrei-lhe minha passagem, que examinou com atenção. — Esta passagem não está certa! — olhou para o homem que tivera um acesso de raiva pouco antes e disse: — Vou verificar isso e já retorno.

Quinze minutos depois, estava de volta.

— Sua passagem está certa — confirmou —, mas o lugar não é este. Você precisa sair daí.

Apanhei minha bagagem sob o banco. As pessoas me olhavam fixamente, enquanto me esgueirava pelos corredores lotados dos seis vagões.

— Você é o Washington? — perguntou um homem de bigode grisalho, óculos e calças cinza listradas. Seus pés descalços balançavam no ar. Minha passagem dizia, em vez de meu nome, de onde eu era. — Você está atrasado, mas é bem-vindo!

Espremi-me lá dentro. Bem à minha frente havia um jovem casal. Ela vestia um sári vaporoso cor de açafrão e tinha uma argola dourada pendurada no nariz; um xale lhe cobria os cabelos. Ele usava uma barba curta, mas espessa, e tinha os lábios grossos. Miraram-me de modo suspeito. Quatro olhos castanhos que me inspecionavam. O trem sacudia ruidosamente. O vento invadia os vagões, não raro denso de fumaça de lixo incinerado ou de campos queimados. Cabras pastavam. Algodoais e carros de boi sob o céu, agora, azul; plantações sem fim e aldeias de barro passavam de hora em hora. Um bando de pedintes apareceu sorrateiramente, arrastando os pés. Um homem sem pernas; um menino sem dedos, cujo pé consistia numa bola arredondada e deformada; um senhor sem olhos, num *dhoti* imundo guiado por uma mulher mirrada que cantava uma melodia angustiante. Quando o homem de bigode deu-lhe uma moeda, fiz o mesmo. E passavam vendedores de chá, de jornais e de revistas. Em pouco tempo, fiquei coberto de poeira e de fuligem. Ao meio-dia, apareceu um sujeito de uniforme que se pôs a falar rapidamente, em híndi.

— Você quer almoçar — perguntou-me o Bigode.

— Quero — respondi.

Ele retornou minutos depois com pratos de papel que continham um caldo de *dahl*, pão *naan* e legumes ao curry. Não havia, porém, o bastante para nós. Bigode insistiu para que ficasse com o dele. Tentei recusar, mas estava determinado. Mergulhei na leitura de *Adeus, minha adorada*, de Raymond Chandler, muito embora ler em trens ou ônibus seja irritante. Os livros arrebatam-nos, capturam-nos e carregam-nos para longe. Acompanhei a dura sina do corajoso Philip Marlowe pela Los Angeles dos anos 1930 e, de repente, parei, olhei para cima e me senti totalmente perdido. Não estava na Los Angeles dos anos 1930, tampouco na minha sala de estar ou na varanda de casa. Encontrava-me num trem que cruzava a Índia em alta velocidade. Subitamente, senti a poeira, o calor e o vento, e também uma solidão intensa entre aqueles estranhos. Uma coisa era estar ali constantemente, concentrado e presente, outra era esquecer-me disso e de mim mesmo por alguns instantes e então, bruscamente, tomar consciência de onde estava de fato — as poças no chão do banheiro, todos aqueles olhares sobre mim, completamente só, sacudindo num trem indiano. Aquilo me saturou de sentimentos de alienação e de ruptura; uma sensação que crescia lentamente a cada quilômetro, desde a Indonésia. Estava desesperado para conversar com alguém; para tocar e sentir amor e calor humano — esse era o outro lado da moeda das minhas viagens. Não importava com quem falasse em meu percurso — com Moussa, a bordo do trem no Mali, ou Fechnor, em Mombasa, ou Daud, a bordo do *Siguntang*—, era impossível enganar a mim mesmo. Aquelas eram relações fugazes, rasas e temporárias, e em nada substituíam as verdadeiras. Enquanto o trem rugia e balançava, um homem, com uma das pernas torcidas num ângulo impossível, mancava, apoiado em suas muletas de madeira, perguntava-me sobre o que eu fazia ali. Pela primeira vez, indaguei-me se não estaria simplesmente fugindo dos laços humanos. Se não seria por essa razão que me sentia feliz em estradas enlameadas e sujas nos confins da floresta amazônica — não para escapar das contas e dos compromissos, dos detalhes mundanos do dia a dia, mas dos tentáculos emocionais da intimidade humana. Aqui, bem longe, podia sentir saudade de minha família, dos malucos dos meus pais e de meus amigos. Podia fantasiar que era uma pessoa inteira, que apenas viajava a trabalho. Devia haver uma explicação, precisava admitir, para o fato de não conseguir ficar em casa, de estar sempre em busca de outra aventura; para que a ideia de passar cinco meses longe, nos piores meios de transportes do mundo, fizesse com que me sentisse bem; uma razão para que a fuga fizesse parte de minha vida. Foi uma tomada de consciência difícil, e que me acertou em cheio. Abateu-se sobre mim. Engoliu-me. Escrevi em meu bloco de notas: queria ser conhecido, mas não somente durante alguns dias e por estranhos com quem cruzava num meio de transporte. Temia que, se as pessoas realmente me conhecessem, fugissem de mim. A verdade é que não me sentira conhecido ou compreendido por qualquer um durante muito tempo, pois me escondera das pessoas e as mantivera afastadas. Olhei à minha volta. Coitado do pobre Fechnor, na África, ainda triste por conta da vendedora de carvão que possuía o comércio nas veias. Eu e ele nos escondíamos em lugares onde jamais alguém nos poderia conhecer de fato.

Naquela noite, por volta das 21 horas, sentia-me desnorteado. Permanecia sentado em posição ereta há mais de 15 horas, num banco duro e ao lado da janela aberta. Todos os músculos e ossos doíam. Estava faminto. A mulher à minha frente tremia e esfregava a mão sobre a barriga, angustiada. De tempos em tempos, enfiava um dedo no nariz. Seu marido cuspia pela janela, algumas gotículas me atingiam o rosto — e ele, no entanto, sorria para a esposa. Eu sentia frio, coberto por uma camada de poeira negra, com meus cabelos endurecidos pela sujeira.

Pensei em quando Santoso segurara minha mão em Buru e em como fora agradável. Talvez a vida fosse mais dura em lugares como a Índia, a Indonésia ou a África, onde a família era tudo, onde não existia espaço pessoal, onde não havia o estar sozinho, onde todos se sentiam profundamente ligados a seus lares. Conseguiria eu restabelecer essa conexão?

Os casais raramente se beijam em público na Índia; não havia beijos públicos nem mesmo nos filmes de Bollywood. Aquele à minha frente, com seus olhares fixos, sentado tão próximo, não fugia à regra. Não lhes faltava, porém, o sentido de acolhimento, de cumplicidade e de segurança — e isto ficara muito evidente ali quando, por exemplo, a mulher apoiou a cabeça no ombro do marido e, em meio ao desconforto do trem, caiu no sono.

Bigode descascou uma laranja, cortou-a em dois pedaços e me ofereceu metade.

Equipes de socorro percorreram hoje um rio turbulento em busca de mais de quinhentos passageiros desaparecidos e talvez mortos, após o naufrágio de um navio superlotado no sul de Bangladesh. As fortes correntes dificultaram a busca pela embarcação de três conveses, que afundou na noite de terça-feira com cerca de 750 pessoas a bordo, na confluência de três rios — o Padma, o Meghna e o Dakatia. O navio naufragou ao se aproximar de um porto em Chandpur, a 65 quilômetros ao sul da capital, Daca.

— The New York Times, *10 de julho de 2003*

OITO Só me resta chorar

— Oh, meu Deus! Este avião é muito antigo!
— Tem cheiro de suor!
— Tenho um pouco de perfume aqui.

O avião era um Fokker F-28 da Biman Airways, que partia de Kolkata para Daca, em Bangladesh, e eu estava a bordo, acompanhado pelo time de futebol feminino da Chennai American International School — um grupo de moças saudáveis, com cerca de 17 anos, vestidas em agasalhos esportivos —, que se dirigia a um torneio naquela cidade. O avião não parecia tão ruim, pensei. O tapete estava gasto, minha poltrona não reclinava, o revestimento era de uma cor laranja horrenda com flores verdes, mas parecia aeronavegável como qualquer outro. Sentado a meu lado estava um jovem de Bangladesh com sapatos pontudos e pretensiosos, longas costeletas e uma camisa bordada com botões brancos. Trabalhava para a Iran Air em Dubai e voltava para casa a fim de visitar a família. Sua esposa, aliás, trabalhava para a companhia em que voaríamos.

Perguntei-lhe sobre quantos aviões a Biman possuía. Ele precisou pensar.

— Funcionando? Atualmente são seis. Há muitos outros. O problema é a corrupção. Mas esses Fokkers são bons.

— São seguros?

Ergueu as mãos, inclinando a cabeça para o céu.

— Só Deus sabe!

Não posso dizer que desejasse muito ir a Bangladesh. Seus barcos, porém, eram lendários. Havia muitos deles, e afundavam. O tempo todo. As estatísticas assustavam. Cerca de 20 mil embarcações cobriam 24 mil quilômetros de extensão fluvial. Apenas 8 mil, contudo, eram registradas, entre as quais apenas 20% estavam oficialmente "autorizadas a operar". O número de mortes náuticas em Bangladesh era superior ao de qualquer outro lugar no mundo — cerca de mil por ano (entre 1904 e 2003, por exemplo, não houve sequer uma única vítima fatal nesse tipo de embarcação nos Estados Unidos). Entre 1995 e 2005, houve praticamente um naufrágio por mês, a grande maioria por conta de excesso de passageiros e de colisões. No dia 20 de abril de 1986, duzentas pessoas morreram quando o *Atlas Star* afundou no rio Sitalakya. Alguns meses depois, o *Samia* virou no rio Meghna e seiscentas pessoas se afogaram. A lista sinistra é infindável. Com frequência, o número verdadeiro de vítimas jamais é conhecido, uma vez que nunca se sabe ao certo quantas pessoas estariam a bordo. Quinhentas mortes aqui, quatrocentas acolá. Mudava apenas o nome do barco, assim como se alternava o rio da tragédia. A situação era tão ruim que o ministro de transportes navegáveis desesperou-se: "Em última análise, cabe ao passageiro resolver se deve viajar em embarcações superlotadas."

Uma coisa era ler sobre Bangladesh e seus barcos, outra era ver e experimentar aquilo diretamente. Depois de me hospedar num hotel, convenci o mensageiro de plantão, chamado Taz, a ir até o porto comigo — eu não tinha um guia de Bangladesh, tampouco mapa, e a única ideia que fazia do lugar provinha de números macabros. Daca era o equivalente humano daqueles programas da National Geographic nos quais uma câmera é inserida num ninho de cupins ou numa colmeia para revelar o mar fervilhante de corpos, tantos que não cabem em nossa imaginação. Nunca vi tanta gente — 154 milhões de pessoas num território do tamanho do Iowa, uma densidade populacional de mil pessoas por quilômetro quadrado. Estávamos a 15 quilômetros do porto de Sadar Ghat, mas levamos uma hora e meia de táxi para chegar.

— Em poucos anos — disse Taz —, só poderemos andar a pé; existem carros demais — Durante 15 minutos, o trânsito não se moveu. — Aquele prédio — apontava para uma estrutura de concreto demolida — antes tinha 24 andares. Estava, contudo, em situação ilegal, por se encontrar perto demais da rua. O governo disse que devia ser posto abaixo. O construtor, porém, era um homem famoso, e o primeiro-ministro disse: "Se você me der um dinheiro, pode ficar como está." É assim que as coisas funcionam aqui. Mas ele não quis pagar; não sei por quê. Então, o exército veio e começou a destruir tudo. Quinze pessoas morreram na demolição.

Nós nos enfiávamos pelas ruas da Daca antiga. Um sujeito, completamente nu, caminhava pela calçada. Carrocinhas de madeira pintadas à mão equilibravam pilhas de 6 metros de tonéis, caixas e tubos de PVC. Dez mil riquixás a pedal, cada um deles uma obra de arte popular, ilustrados com pavões elaborados, foguetes disparando para o espaço e estrelas de Bollywood com enormes corações palpitantes e olhos imensos, e cobertos com CDs velhos e pedaços de espelho. Os ônibus pareciam saídos de uma lavadora automática que usava marretas, garras de aço e lama no lugar de escovas e água. Velhas carroças de madeira passavam, puxadas por dois cavalos mirrados e apinhadas de gente.

Mas então apareceu o rio. O Burganga satisfez minha imagem de um romântico porto oriental como nunca vira antes. Quase dava para atravessá-lo apenas pisando sobre as milhares de pinaças de madeira movidas a remo. Os barcos são forma e função, e representam — se não maculados pela fibra de vidro, como não o eram — a perfeição dos projetos resultantes do conhecimento que os nativos têm do mar. Cargueiros de granel de 20 metros, com proa larga e meia-nau quase à altura da linha d'água, desfilavam resfolegantes com a mesma graciosidade que os pequenos táxi-boats de madeira, que conduziam mulheres em sáris azuis, dourados e vermelhos. Barracos que caíam aos pedaços se acotovelavam opressivamente contra as margens; 500 mil almas, contou nosso barqueiro, na área mais próxima. Quantidades inconcebíveis. As ruas encontravam-se sufocadas, obstruídas e causticadas com o escapamento dos motores. O rio, por sua vez, estava fluido de vida, aberto, com uma brisa que afagava as águas de um marrom prateado. E, é claro, lá estavam os grandes navios brancos de passageiros, transportadores de seres humanos de fato, centenas deles ali atracados. Deteriorados e amassados, no entanto carregavam milhares de pessoas. Os menores, 3 mil; os maiores, 5 mil. Cobriam curtas distâncias, e eu queria ir o mais longe possível. Taz e o barqueiro, então, conduziram-me até o rio, e dei de cara com a embarcação mais fantástica que jamais vira.

O *PS Ostrich* tinha um apelido esquisito — o Foguete. Seu comprimento era de 72 metros, por nove de largura; possuía roda de duas pás, e pesava 638 toneladas. Fora construído pelo rajá britânico em 1929, e ora consistia em dois andares de ferrugem e aço retorcido, com vestígios de estopa, e capacidade de carga oficial de 150 toneladas e novecentas pessoas — que habitualmente chegavam a 3 mil. Um bengalês alto, que vestia um sarongue de algodão xadrez e uma camiseta branca, mostrou-nos o navio. Comprido e de bordo baixo, tinha camarotes de primeira classe, uma elegante área de refeições com painéis de madeira esculpida e um saguão; a segunda classe ficava na popa, cada camarote com pia pequena e dois leitos. O resto dos passageiros dormia em um amplo convés coberto. Seguimos por um labirinto de escadas e passadiços, e alcançamos uma sala bem guarnecida na qual cinco homens, de expressão séria e com dentes manchados, discutiram minha viagem até Khulna, 28 horas rio abaixo.

— Que tipo de comida você come?

— Qualquer uma — respondi. — A comida de Bangladesh é boa.

Eles concordaram.

— Você precisa de um camarote especial, ou pode dividir um com um bengalês?

— Posso dividir. Sem problema.

— Ok — disseram —, seja bem-vindo a bordo. Certa vez tivemos um estrangeiro aqui que precisava de um tipo especial de alimentação e de um lugar especial para dormir. Isso é um problema.

O *Ostrich* estava programado para zarpar às 17h45 do dia seguinte. Então, tirei duas horas e fui explorar Sadar Ghat. Ao retornar, porém, um quarteirão antes de chegarmos ao rio propriamente dito, de súbito o táxi parou, totalmente cercado de carros e riquixás, pedestres e cavalos, mulas e motocicletas.

— Não dá para chegar mais perto, chefe — conformou-se o motorista.

Apanhei minhas coisas e saltei, imediatamente atacado por uma dúzia de carregadores ensandecidos que queriam transportar minha bagagem. Escolhi um e lhe entreguei minha mochila. Dois outros se lançaram sobre ele, de modo a retirá-la de seus ombros, mas nós reagimos e sumimos na multidão. Passando por uma série de escadas enlameadas e cheias de lixo, em cujas laterais fogueiras queimavam, e seguindo por um píer flutuante de ferro, alcançamos o local onde os navios ficavam atracados de popa — uma fila deles, que se estendia por 200 metros. Depois de cruzar a prancha de embarque de madeira, pisei novamente no *Ostrich*, que se transformara numa cidade fervilhante, entupida de gente. Fiz caminho em meio a todas aquelas pessoas e subi uma escada estreita de madeira perto da popa — meu camarote de segunda classe. Não sei ao certo o motivo, mas resolvi viajar numa cama. Um momento de fraqueza, pois já dormira um bocado no chão e fora espremido e amassado durante meses. De resto, já não tinha mais meus 20 anos. Ou, pelo menos, tentei me convencer disso. Olhando o chão de aço, acabei pagando por um leito. O homem que me guiara pelo navio na véspera reapareceu; agora vestia um casaco vermelho e calças pretas.

— Meu nome é Ashisha — apresentou-se formalmente. Sou comissário da primeira classe. Você é bem-vindo para fazer suas refeições conosco, se assim o desejar. E se precisar de alguma coisa, qualquer coisa, é só falar comigo.

Sob uma lua cheia e redonda, quase diáfana na noite tropical, o *Ostrich* estremeceu e saiu roncando, deslizando, levado pela corrente a favor. Havia barcos em toda parte do rio, iluminados com lampiões oscilantes. Curvei-me sobre a amurada e alguns rapazes me cercaram. Milhares de insetos zumbiam em torno da lâmpada nua sobre o convés.

— Você tem um agente aqui? — perguntou um deles, que se apresentou como Nipu Hossain.

— Um agente? Para quê?

— Para excursões, hotéis, passagens. Posso conseguir tudo isso em instantes. E se vir algo interessante, algo que o agrade, um pedaço de tecido, por exemplo, posso lhe enviar. Eu e você, nós dois podemos fazer bons negócios. Você precisa de um parceiro nos negócios.

— Não, obrigado — respondi, explicando que estava só viajando.

— Podemos fazer ótimos negócios!

— Lamento, mas não estou interessado em negócio algum.

— Mas é muito simples, e os lucros podem ser ótimos.

Olhei-o nos olhos e declarei:

— Não farei negócio algum com você.

— Entendo — falou Nipu —, mas os lucros podem ser ótimos. Você só precisa ficar com meu cartão e, digamos, se tiver um amigo que queira alguma coisa, e caso ele entre em contato comigo, dou-lhe uma porcentagem. Como um presente!

Navegamos por 1,5 quilômetro ao longo de estaleiros, enquanto raios de calor relampejavam no negror azulado do céu. Cascos de aço se sucediam sem cessar e surgiam como sombras escuras na praia, e centelhas voavam dos maçaricos dos soldadores. Nipu e Sunam Roy, de 25 anos, ensinaram-me um pouco de bengali. *Ami cha chai*: gostaria de um pouco de chá. *Dhonno baad*: obrigado. *Dam koto*: quanto custa?

— Nós somos muito pobres — disse Roy, que morava em Chandpur com três famílias num único aposento. — Tudo o que temos é cultura.

Sugeri que tomássemos um chá e fomos até a meia-nau, que se encontrava cheia de gente amontoada no chão. Num canto havia um balcão com pilhas de pacotes de biscoitos, batatas fritas, nozes, refrigerantes e uma chaleira fervendo. Um senhor, sentado defronte a um cofre de madeira, cuidava daquele comércio. Pedi uma xícara de chá e as pessoas logo se moveram para que tivéssemos espaço no banco diante do balcão.

— Estrangeiro — ouvi comentarem.

Estávamos apertados, os quadris e os ombros colados uns aos outros sobre o assento, encostados uns nos outros, sempre encostados, em qualquer lugar — aquela que era a constante de minha viagem. Perguntei por que tantos navios afundavam e mencionei a estatística de mil naufrágios por ano.

— Não são tantos assim — reagiu Roy. — E a maioria das pessoas fica com medo e perde o juízo. Você está sozinho?

— Estou.

— Por quê? Onde está sua família?

Tentei explicar que viajava sozinho, a trabalho, mas isso também os deixou confusos. Comecei a me sentir um pouco impaciente. Era difícil me manter receptivo às pessoas e às mesmas questões o tempo todo.

— Você não está com frio? — perguntaram. A noite estava perfumada e cálida, mas eles tremiam. — É o inverno — decretaram.

As horas passavam e, pois, mais gente se amontoava. Eu me encontrava sempre cercado, as mesmas questões sendo feitas e refeitas: de onde vinha?; estava sozinho?; o que achava de Obama? Finalmente, consegui escapar para minha cama.

À meia-noite, acordei com galos cantando. Às cinco horas, o celular de meu companheiro de camarote começou a tocar. Às seis, saí para o convés e me deparei com um horizonte rosa e com moitas de aguapés flutuando nas águas pardas. Tomamos outro rio às oito e desvendamos vastas extensões de terra alagada na qual búfalos passeavam. Entre arrozais e cabanas de palha, surgiam homens, mulheres e crianças para nos observar sobre o velho vapor que silvava em sua lenta marcha.

O caixa da lanchonete nunca deixava o posto. Ficava o tempo todo sentado em frente ao cofre, dia e noite, e — sabe-se lá por quê — sempre me dava algum desconto. Não muito longe, um sujeito ficara em pé e começara a falar no microfone, sua voz ribombando distorcida. O convés estava tão cheio que mal podíamos nos mover. Duas moças cobertas de preto, com apenas os olhos de fora, sentaram no banco. Observavam tudo, inclusive eu, com olhares fixos, e cutucavam-se mutuamente para cochichar.

Por volta da hora do almoço, Ashisha apareceu, convidando-me para o salão de primeira classe. Senti-me culpado, mas fui assim mesmo. Atravessei aquela massa humana confusa e entrei em outro mundo, cheio de crianças ocidentais jogando Banco Imobiliário, além de adultos que se pareciam muito comigo; uns tocavam violão, outros comiam queijos com torradas na varanda da popa. Os cabelos das mulheres se agitavam ao vento, soltos, os braços nus realçados pelas camisetas de mangas curtas. E estavam descalças. De repente, dei-me conta, eu os via com olhos da população local, sob o ponto de vista daquele povo que vestia trajes largos e mantinha as cabeças sempre cobertas. As mulheres ocidentais eram tão livres, tão soberbas com seus corpos. Não surpreendia que os nativos as identificassem como "fáceis". As crianças berravam com os garçons e subiam na amurada como se o navio lhes pertencesse. Todos tinham espaço para relaxar e se espalhar nos sofás e em cadeiras enormes e confortáveis. Era um mundo inteiramente diferente — e me chocava. Afinal, no último mês, mal conversara com outro ocidental.

Pareciam tão tranquilos e relaxados; tão à vontade. Eram como os doces, como uma droga, como um luxo inacreditável — cinco minutos na presença deles e não queria mais sair dali. Desejava me espreguiçar no sofá de vime, bebericar uma taça de vinho, degustar torradas com queijo cheddar, observar as crianças, que tanto lembravam meus filhos. Queria abraçá-las e afagar seus cabelos. Queria conversar sem parar sobre qualquer coisa que me ocorresse, sem medir cuidadosamente minhas palavras. Mas precisava partir. Era como quando, lendo, subitamente olhava para cima, dentro do trem indiano, e não conseguia acreditar em onde estava. Desta vez, no entanto, era pior. Partia-me o coração. Em vez daquele sentimento que se abatera sobre mim repentinamente na Amazônia, sentia-me exausto e saudoso. Sonhava em ver meus próprios filhos rindo e jogando Banco Imobiliário, e meus próprios amigos bebendo vinho. Era preciso fugir; se não o fizesse, seria devorado. E esta era a parte mais grave: ao ficar junto daquela gente ocidental, ameaçava minha capacidade de tolerar a barraca de chá e de permanecer no meio da multidão; de suportar a esmagadora solidão de toda aquela massa humana e aquela pobreza constante, que mal percebera enquanto se tratava de tudo o que via. O contraste na primeira classe era demasiadamente espantoso.

Perguntei a Ashisha se poderia falar com o capitão. Conduziu-me, então, até o passadiço, onde ficava a pequena cabine do leme, toda em madeira. Fui apresentado a Lutfas Rahman, que vestia jeans azuis e um paletó abotoado até o pescoço, apesar do calor de mais de 30 graus. Estava sentado de pernas cruzadas sobre a bancada dos mapas. A casa do leme era simples: um grande timão de madeira e alavancas de metal, substituídas por duas de aço inoxidável quando o *Ostrich* foi convertido de carvão para diesel, em 1995, um GPS e uma bússola. Não havia radar. Perguntei-lhe se era um bom navio.

— Não! — respondeu. — É velho. Uma embarcação com roda de pás atualmente é inútil. Onde no mundo utilizam-se navios como este? Em lugar nenhum; só em Bangladesh! — ele quase cuspia as palavras e sacudia um bocado a cabeça. O *Ostrich* pertencia ao governo, que não tinha dinheiro. Pelo menos, disse, era um barco seguro; eram as lanchas particulares que afundavam. — Gostaria que fosse novo e moderno, com hélices no lugar de pás.

Já fazia muito tempo que navegava. Começara como marujo, em 1976. Ficava com a mulher e os filhos nos domingos e nas segundas de manhã, em Daca, antes de voltar para Khulna. Era um bom emprego, embora o salário fosse baixo.

— Em Dubai, poderia ganhar 150 mil takas (cerca de 2 mil dólares), mas aqui o governo paga apenas 20 mil takas (290 dólares) por mês. E não há instrumentos neste navio. Assim, só podemos confiar na minha experiência, e os rios mudam o tempo todo. Já vi muitos ciclones na vida. Já vi homens, vacas e cavalos boiando no rio em direção ao mar. Olho e penso, mas não posso fazer nada. Só me resta chorar.

SAÍ DO PASSADIÇO e sentei numa passagem de madeira no convés superior do *Ostrich*, de modo a observar o fluxo do rio. Era o final da tarde; tudo estava sossegado. A água tinha uma cor azul prateada; as margens, suntuosas, exploravam infinitas variações do verde. O sol ainda batia forte; gotas de suor escorriam-me nas costas e na testa. Mas não fiquei muito tempo sozinho. Um rapaz subira a escada e, vendo-me, veio a mim. Usava calças jeans e camiseta; uma mochila escolar lhe pendia do ombro. Preparei-me para encarar mais um negociante esperto. Rokibal Islam, porém, era diferente. Tinha apenas 19 anos e seguia para a universidade. Era inteligente. Seus olhos brilhavam. Contou-me uma história tão triste e, ao mesmo tempo, tão comum em lugares como Bangladesh. Seu pai era diretor da escola local de ensino médio.

— Era um homem muito honesto. Sempre acreditou na honestidade. Ele nos dizia que o dinheiro não era tudo; que não devíamos ser gananciosos. Sua honestidade, contudo, era desafiada incessantemente. Sempre lhe pediam dinheiro para que conseguisse uma promoção. Mas se recusava a pagar. Então, era transferido o tempo todo e obrigado a usar sua bicicleta para trabalhar em várias escolas diferentes. Uma vez lhe ofereceram um emprego de vigia florestal, mas se tratava de um cargo corrupto e ele não aceitou, deixando o posto para um amigo que agora está riquíssimo e possui quatro casas em Daca. Meu pai morreu de câncer quando eu estava com 14 anos. Nós éramos tão pobres que sequer tínhamos dinheiro para ir à escola.

Rokibal aprendera a ler sozinho; estudara em casa, por conta própria. Perdera um ano letivo, mas lutara para se recuperar. Afinal, formou-se em terceiro lugar na turma. Agora, estava na universidade e pensava em fazer um mestrado.

No início, quando me disse que era muito pobre, achei que pediria dinheiro ou alguma ajuda para conseguir um visto. Eram tantos que agiam dessa maneira — e eu nada podia fazer. Acabava me sentindo culpado pelo fato de aqueles pedidos me irritarem. Mas ele nunca tocou nesse assunto, e, quando o dia virou crepúsculo e o rio se tornou um mundo sombrio, falou-me de encontros com as moças, de seus sonhos e conflitos para se soltar ao mundo. Tinha uma namorada, ou algo parecido, com quem falava ao celular, uma relação, entretanto, que não passava de conversa para lá e para cá. Sabia que acabaria se casando com alguém escolhido pela mãe.

— Com certeza — afirmou, franzindo ligeiramente as sobrancelhas. — Não tem outro jeito.

Era quase meia-noite quando atracamos em Khulna. Saímos do *Ostrich* espremidos e aos empurrões, e passamos sobre uma prancha instável até alcançar ruas sujas, escuras e esburacadas. Fiquei três dias em Khulna — e parecia uma estada no fim do mundo. Não sabia em que dia nos encontrávamos. Perdera a noção do tempo. Sentia-me cada vez mais longe de tudo, sozinho em algum lugar no planeta. Os turistas não vinham a Khulna; pelo menos, não muitos. Meus planos consistiam em tomar o Foguete até Khulna e então achar um barco de passageiros que fosse mais para o sul, na direção do oceano. Perguntei no hotel o nome do porto e embarquei num riquixá a pedal. Havia poucos carros, o que acalmava o lugar. Era tudo nebuloso, frio e empoeirado: o ar, as ruas, o riquixá, as frentes das lojas — tudo. Ao nos aproximarmos do rio, deparamo-nos aos poucos — o rapaz nos pedais suava e se esforçava, mas avançávamos mais devagar do que se caminhássemos — com ruas esburacadas e repletas de caminhões pintados de vermelho, azul e amarelo, e de carrinhos de mão abarrotados de tonéis e canos de PVC. Vacas e cabras passeavam e ruminavam no lixo e em pilhas de talos de abacaxis e de cana de açúcar. Passamos por lojas abertas, apinhadas de lâminas de metal, e fábricas onde se soldavam armários de aço e estruturas de camas. Os homens usavam *salwar kameezes* e sarongues; as mulheres, burcas. Pedras, galinhas e gente, gente em todos os lugares — uma massa espessa e pungente. Assim que saltei do riquixá, porém, não consegui achar um guichê de passagens, nem alguém que falasse inglês e que pudesse me ajudar. Havia embarcações atracadas no cais, mas ninguém sabia de coisa alguma — e, por comunicação, tinha apenas os olhares e as cabeças sacudidas de homens enrugados com poucos dentes e rostos devastados por mascar noz-de-areca e *paan*. Era como se estivesse num sonho, num pesadelo no qual não pudesse me comunicar; não conseguia atravessar as fronteiras da interação humana.

Desisti. Voltei ao hotel e convenci Milton, o mensageiro, a me acompanhar, conduzindo o riquixá com suas calças pretas, camisa branca e gravata. Com 150 quilos de carga no total, começou imediatamente a suar e logo se exauriu. Quando sugeri que talvez fosse mais rápido seguirmos a pé, sacudiu a cabeça e disse que não. Já às margens do rio, encontrou três sujeitos diante de um livro de registro castigado pelo tempo. Falaram-se em bengali, enquanto suas cabeças balançavam sem parar.

— Não o entendem — explicou Milton. — São pessoas mal-educadas. Ignorantes. Não compreendem por que alguém quer viajar; por que você está aqui.

Finalmente, no entanto, a verdade foi revelada. Não havia barcos que se dirigissem ainda mais ao sul, somente algumas pequenas embarcações que faziam um curto percurso na direção de que eu viera. Para chegar a Daca, a única solução era o *Ostrich*, que não sairia dali antes de três dias.

— E o trem? — perguntou Milton.

A estação ficava perto. Um trem partia dali todas as noites às 20 horas.

Passei mais dois dias em Khulna e andei pelas ruas como uma celebridade. Não conseguia caminhar mais de meio quarteirão sem ser interrompido e envolvido numa conversa. De que país vinha? Por que estava em Khulna? O Barak Obama era muçulmano? Qual era minha profissão? Bangladesh era o país mais amistoso e curioso em que já pisara. Bebi chá num abrigo escavado dentro de uma árvore; fui levado ao escritório de um importador de camarões congelados; fiz uma excursão, guiado por um menino, a uma universidade local, acompanhado de duas moças só com os olhos descobertos. Havia muitas oficinas nas ruas e atividades individuais em todos os lugares. As bigornas eram marteladas e faziam chover centelhas. Algumas lojas fabricavam baldes de lata. Soldadores, todos descalços, ficavam sentados num chão imundo dentro de lojas, que tinham o tamanho de uma garagem para um único carro.

— Por favor, se por acaso você encontrar alguém a fim de fazer negócios em Bangladesh — advertiu Hossain Lukman, que me parou na rua —, pode lhes dar meu nome e endereço. Nós somos uma família e nosso negócio é fazer negócios. Somos honestos e podemos fazer ótimas parcerias. Bangladesh é muito pobre, mas nós trabalhamos duro.

Eu mal conseguia dizer uma palavra; meu protesto de que não estava interessado em negócio algum era ignorado. Bangladesh era um lugar de formigas operárias, das quais continha de dezenas de milhões, curiosas, dispostas a quase tudo, ávidas por praticamente qualquer coisa. Lukman tinha 27 anos.

— A honra da minha família é o sucesso; isso é muito importante atualmente.

No instante em que me dizia "americano", as pessoas levavam a mão ao coração, assentindo com a cabeça em sinal de reverência.

A VIAGEM DE TREM de volta a Daca foi sossegada, mas terrível. Fiquei sentado durante a noite inteira e, de resto, as portas e janelas abertas deixavam passar o ar frio e úmido. O trem chocalhava ruidosamente, som que resultava numa sinfonia cheia de distorções. Chegamos ao amanhecer.

AINDA NÃO EXPERIMENTARA viajar numa das incontáveis embarcações particulares — as verdadeiras armadilhas fatais de Bangladesh. Assim, bem cedo na manhã seguinte, caminhei até o Suder Ghat e comprei uma passagem para Chandpur, onde centenas de pessoas haviam morrido nos inúmeros naufrágios dos últimos anos.

Com as proas apontadas para um embarcadouro flutuante, dezenas de barcos de aço branco, danificados e enferrujados, boiavam — o equivalente aquático dos *matatus* de Nairóbi e dos trens suburbanos de Mumbai.

— Chandpur, Chandpur, Chandpur — todos anunciavam. Subi a bordo.

As embarcações eram todas iguais: um convés amplo e aberto, equipado com bancos voltados para a proa; acima, um convés plano com mesas e cadeiras soldadas na base. Às vezes, carregavam 3 mil passageiros. Naquela ocasião, no entanto, havia somente uns duzentos. Contei trinta boias, mas nenhuma balsa ou bote salva-vidas. Um sino de bronze soou e zarpamos. O céu era de um azul enevoado sob o sol ardente. Dividíamos o rio, bastante movimentado, com alguns cargueiros e centenas de pequenos *nowks* de madeira, como chamavam as pinaças menores, tão cheios de gente, tijolos e pilhas de lenha que as amuradas dos mais sobrecarregados pareciam literalmente sumir sob a água. Passamos por quilômetros de fábricas de tijolos, extensões de terras arenosas improdutivas em torno de uma alta chaminé cilíndrica, algumas das quais remetiam a cenas faraônicas, com centenas de homens sem camisa e mulheres de sári que levavam baldes de areia e pilhas de tijolo sobre a cabeça. Era o mundo sem filtros. Cru.

Enquanto olhava os pratos de papel com porções de grão-de-bico que um menino distribuía no convés inferior, um homem alto com expressão infantil se instalou na cadeira à minha frente e se apresentou. Mohammed Amir Hosain, mas podia chamá-lo de Fardus. Usava calças largas em cáqui esverdeado e uma camisa xadrez rosa. Seu rosto era redondo como uma bola.

— Você quer um pouco? — perguntou; assobiando, chamou o menino e fez sua encomenda de forma arrogante.

— Sou um soldado — declarou. — Sou um homem forte! De onde você vem?

— Dos Estados Unidos — a resposta preciosa.

— Os Estados Unidos são meu hobby! — afirmou. — Você gostaria de almoçar comigo quando chegarmos a Chandpur?

Havia algo de diferente naquele sujeito. Era gentil. Franco. Confiei nele. Disse que aceitava. Fardus sacou dois telefones celulares, fez uma ligação e, interrompendo a chamada um instante, questionou-me:

— Peixe ou frango?

— Tanto faz — respondi.

O grão-de-bico era picante e coberto de cebolas, pimentões e suco de limão. Fardus fez questão de pagar. Sugeri um chá e, logo depois, chegou; mais uma vez não pude pagar. O sol batia, a brisa soprava, o motor roncava e, de tempos em tempos, uma embarcação de madeira aparecia ao lado do navio e transferia alguns passageiros. Quando nos aproximávamos de Chandpur, uma mulher coberta de preto, com apenas os olhos de fora, surgiu ao nosso lado. Era a irmã de Fardus. Ele nos apresentou e estendi a mão para cumprimentá-la, mas houve uma hesitação e ela retirou a dela antes que nos tocássemos.

— Na nossa cultura, nada de contatos físicos — disse ele. — Mas tudo bem.

Champdur se parecia com a ideia que fazia de Zanzibar na época de Richard Burton ou de John Hanning Speke — um bazar atravancado, um mundo de detritos e de barcos de madeira, alguns à vela, mulheres cobertas de preto e crianças nuas, resplandecendo, brilhando e brincando na água abarrotada de lixo. Um mercado estreito de estandes de madeira se comprimia numa rua lamacenta. Fardus fez uma pausa e comprou maçãs e laranjas; mais uma vez recusou minha oferta para pagar. Atravessamos os trilhos de uma ferrovia e pegamos um atalho entre muros cheios de portas e gansos que bamboleavam à nossa frente. Em seguida, embarcamos num riquixá a pedal e seguimos adiante. Era tudo silencioso. Não havia carros, tampouco riquixás motorizados; apenas o tilintar dos sinos das bicicletas, centenas delas, e o som de vozes.

— Esta é a escola pública de ensino fundamental — apontou. — Ali, a mesquita.

As pessoas gritavam para ele.

— Estados Unidos! — ouvi.

— A irmã da minha mãe — dizia —, meu tio, meu primo.

Fardus estava em casa; todos o conheciam e ele conhecia todos, assim como conhecia cada esquina, árvore e prédio local.

— Minha mãe está em Hajj, irmão Carl — contou-me. — Meu pai morreu. Trabalhava no setor têxtil. O túmulo dele fica ali atrás — falou, indicando o final de uma ruela.

Passamos por homens e mulheres que se banhavam nos lagos, esfregando-se e espumando-se com sabão. Sua irmã saltou numa esquina e entrou numa via pavimentada coberta de árvores. Nós viramos à esquerda por um caminho de terra e chegamos a uma porta que se abria para um pátio e um jardim, com uma pequena casa coberta de zinco. O tio de Fardus, que possuía um nariz longo e majestoso, aguardava-nos vestido com uma camisa azul e um sarongue, ao lado de dois irmãos de 16 e 19 anos.

— Precisamos nos lavar — disse Fardus, entrando em casa e saindo um minuto depois sem camisa e descalço, envolvido por um sarongue verde. — Este é meu favorito.

No canto do pátio havia uma bomba d'água. Agachamo-nos ao seu redor e esfregamos os rostos e as mãos com sabão na água fresca e limpa.

Um homem apareceu — nunca soube quem era — e trepou num coqueiro, do qual arrancou cocos com uma faca. Fardus os abria habilmente e lhes despejava o líquido dentro de um jarro de plástico. Em seguida, bebemos o suco adocicado e comemos a polpa fresca. A casa possuía um cômodo com uma cama de casal e outro, pouco maior, com duas camas de solteiro, uma mesa, uma televisão, um armário e um computador novo em folha — não tinham, porém, conexão de internet. O teto era de bambu; o chão de cimento, macio, estava frio sob meus pés descalços. Num pórtico exterior, havia um fogão de uma boca e alguns baldes. Uma mulher de olhos arregalados e com uma argola de ouro no nariz cozinhava sentada no chão. Era estranho; um tempo estranho. O inglês de Fardus não era ruim para as conversas mais básicas, mas não ia além do elementar. Seus irmãos e seu tio não falavam uma palavra, contudo. E lá estava eu, na casa deles, na vida deles, todavia com um grande abismo, de quilômetros, a separar nossas culturas. A refeição foi servida e somente Fardus e eu comemos; os outros ficaram sentados na cama, olhando. Estava delicioso: enormes porções de arroz, frango e peixe, ovos cozidos e folhas verdes semelhantes ao espinafre. Comemos com as mãos. Fardus me incentivava sem parar e demonstrava hospitalidade e generosidade extraordinárias. Novamente, tinha tão pouco a oferecer; nada, na verdade, além de mim mesmo. Como sempre, meus sentimentos eram confusos. Uma parte daquilo parecia idílico: uma aldeia calma, a intimidade familiar e a proximidade da cidade, um lugar onde se podia conhecer todo mundo e ser amado por todos. A outra me aterrorizava. Era a luta fundamental de minha vida: encontrar-me próximo e afastado, divido entre fazer parte de um grupo ou ficar sozinho.

Fardus e seus irmãos eram apaixonados pelos Estados Unidos. Então, fiz meu discurso. Disse que a vida era dura por lá, frequentemente fria e solitária, que as pessoas trabalhavam e trabalhavam, sem cessar, e que, muitas vezes, jamais conquistavam o sonho americano. As famílias não eram unidas; os idosos moravam em asilos. As pessoas viviam sozinhas. Não era como ali, onde de fato havia intimidade e união.

— O que mais se pode desejar? — perguntei. — Nos Estados Unidos, seria difícil ter tudo isso.

Foi maravilhoso, mas também embaraçoso e exaustivo. E eu precisava ir embora. Tinha de pegar o navio de volta a Daca. Fardus insistiu em me acompanhar. Os irmãos e os tios se puseram em fila, apertei-lhes as mãos, as quais levaram ao coração, e logo partimos, dessa vez comprimidos num riquixá motorizado, ao lado de três outros passageiros e do condutor — os corpos colados uns aos outros.

— Sairei do exército em janeiro — contou Fardus, enquanto bebíamos uma rápida xícara de chá no porto. — Vou para a Romênia trabalhar como empreiteiro de eletricidade. Poderei ganhar 700 dólares por mês, ao passo que aqui ganho setenta.

Nada disse. Apenas assenti com a cabeça e tentei entender, identificar-me com seus sentimentos, mas já era hora de viajar, de modo que nos abraçamos e nos despedimos. O navio singrou o rio sob a luz prateada do fim da tarde. Contudo, não conseguia deixar de pensar no equívoco que cometia — o inverno rigoroso na Romênia e ele, Fardus, o caloroso Fardus, longe da família, de sua aldeia, do túmulo do pai, dos irmãos e tios, da bomba d'água, dos coqueiros e do peixe fresco temperado, vivendo num apartamento romeno, frio e sombrio, e trabalhando para nada. Quanto conseguiria economizar? Quão grandes as chances de que ficasse preso durante anos lá?

O comandante me convidou ao passadiço, que nada tinha. GPS, radar, nada, sequer um rádio. Apenas o leme. E então desci e deitei num banco, sonolento, esgotado, farto do mundo de Fardus e de Bangladesh, do rio e de minha solidão, e do meu fracasso por não conseguir me aprofundar mais. De novo, pensei que deveria ter ficado em Chandpur: erguer uma casa, tentar construir uma vida; não, mesmo assim não teria mergulhado o bastante. O motor a diesel trovejava, o crepúsculo caía e eu lia *Um delicado equilíbrio*, de Rohinson Mistry, quando um homem apareceu e se pôs a me olhar.

Depois, escureceu muito e pensei em Fardus e em seu delicado equilíbrio entre esperança e desespero. Estávamos a 600 metros das margens do rio e cruzávamos com embarcações de madeira no que seria o mais absoluto breu, não fossem os pequenos lampiões que queimavam a bordo daqueles barcos, cada qual um mundo em si mesmo. O rio fluía para outros rios, fluía para o mar; o Amazonas, o Mississipi, o Casamansa — tudo parte de um só universo, todos diferentes e todos idênticos. Queria espiar dentro de cada barquinho, de cada casa; queria tocar cada pessoa, saborear todas as suas refeições; queria abri-las e vesti-las como se roupas. Mas não podia. O mundo era grande demais. Diverso demais. Havia muitos idiomas e pouco tempo. Seria mais fácil aproximar-me daquelas famílias que viajavam na primeira classe. Partilhávamos uma língua, a tecnologia, uma visão do mundo. Apreciávamos *prosciutto* e Picasso, e também gostávamos de deitar na praia ao sol e sair com amigos para um café. Passar o dia com os pobres, entretanto, era outra coisa. Sentei e fitei a escuridão. Vi passar barcos sem qualquer tipo de iluminação, apenas uma sombra negra e vagas silhuetas humanas em pé na popa. Quanto mais se aprofundava minha viagem, mais difícil ficava conhecê-los — e eu, de minha parte, tornava-me progressivamente mais ignorante, curioso e impotente. Cada qual era um mundo por si; algo que eu poderia até vislumbrar, mas nunca conhecer.

Domingo, um ônibus em alta velocidade da Blueline chocou-se contra uma árvore em Nova Délhi, matando uma mulher e ferindo vinte pessoas. O acidente aconteceu quando o ônibus perdeu o controle na Ashok Road. Os veículos da empresa privada Blueline, apelidados de "ônibus homicidas", provocaram 120 mortes nas ruas da capital no ano passado e, até o momento neste ano, 19 pessoas já morreram.

— Hindustan Times, *23 de março de 2008*

NOVE O que fazer?

Embalagens de cigarros e de *paan* espalhados pela rua imunda. Barulho, o clamor constante de buzinas e vozes que nunca se calavam na Índia. Havia longos rolos de corda no chão, ao lado do ônibus, e homens do Rajastão, que usavam turbantes, subiam pelas escadas com enormes caixas equilibradas sobre a cabeça. O teto já estava coberto de sacos de juta que chegavam a 1 metro de altura, e mais elementos eram içados a cada minuto. Uma cama ampla com madeira esculpida. Um sofá. Um mundo de coisas se apinhava lá em cima. Sob o veículo, com uma camiseta branca escurecida por graxa e óleo, um sujeito se contorcia. A princípio, deveríamos partir para Patna, a capital de Bihar, em 30 minutos, mas isso não parecia provável.

Bihar era o estado mais pobre da Índia, com uma taxa de analfabetismo de quase 50%. Lá abundavam bandidagem, assassinatos, suicídios, acidentes rodoviários e corrupção. Achei, pois, que seria interessante tomar um ônibus até o centro da região.

O guia *Lonely Planet* sobre a Índia advertia: EVITE VIAJAR POR BIHAR DURANTE A NOITE. "Meu Deus do céu, por que você vai tomar um ônibus para Patna?", escreveu um indiano enquanto eu buscava informações na internet sobre segurança e logística para aquela expedição.

— Você não deve ir de ônibus — disse o taxista. — Tome o trem.

De minha parte, todavia, não estava muito preocupado. Tendo nascido e crescido em Washington, quando a capital registrava as mais elevadas taxas de homicídio nos Estados Unidos, nunca me surpreendia quando os supostos horrores de um lugar deixavam de se materializar. Ainda assim, queria estar preparado. Os seguranças do aeroporto de Kolkata tinham confiscado a faca que me acompanhava desde a Colômbia; comprei uma navalha feita à mão de um vendedor de rua e fiz com que um alfaiate, que trabalhava numa lojinha do tamanho de uma cabine de telefone, costurasse um revestimento na altura da minha perna. Depois, acenei para um táxi e rumei para Babughat, uma das estações rodoviárias de Kolkata. Esta, por sua vez, obviamente, não era uma estação, mas sim uma longa e caótica fila de ônibus na margem coberta de lixo do rio Hooghly. Cada um dos veículos possuía um cartaz que informava o destino. Vários partiam para o mesmo lugar. Para Patna, contudo, havia apenas um. E só viajava à noite, saindo às 16 horas para um percurso que durava 17 horas.

— Mas, não tem problema! — Ranjit Pandit bateu nas minhas costas, apresentando-se como o motorista e dizendo que pegaríamos a estrada por volta de 16h30. Melhor ainda, o ônibus tinha leitos suspensos por ganchos sobre os assentos, no lugar de bagageiros, e reservei um para mim.

O motorista assistente estava agachado no chão. Um limpador profissional — esta, a forma como o chamavam — lavava seus olhos. Este gesticulava teatralmente, como um mágico. Passava um pauzinho em seus cabelos sujos e oleosos, e o esfregava, coberto de carvão e sebo capilar, na vista do cliente. Suas mãos descreviam movimentos rápidos. O motorista piscava, lágrimas escorriam. Mais floreios se seguiram. O limpador de olhos envolveu a ponta do pauzinho com um chumaço de algodão, mergulhou-o numa garrafa de vidro e o aplicou sobre as órbitas brilhantes e sanguinolentas do outro. Era horrendo.

A buzina soou às 17 horas; o motor fora miraculosamente remontado. Todos nós embarcamos e saímos, sacudindo pelas ruas de Kolkata ao pôr do sol. A janela ao lado do meu leito estava aberta; bebês choravam; e meu estômago doía pela primeira vez na viagem. O ar tinha um odor acre que misturava cheiro de diesel, escapamento de gás carbônico e merda; lufadas de areia e poeira entravam e cobriam meu corpo. A cidade parecia arrancada do chão, jogada dentro de um vaso enorme, agitada violentamente por uma década e, depois, devolvida ao lugar.

No final, porém, não tive queixas da jornada até Patna. O ônibus estava lotado e o corredor, tomado por sacos de 50 quilos de arroz, mas eu me encontrava, como de hábito, num casulo de generosidade e olhos atentos. Ranjit, por exemplo, passara-me um travesseiro coberto de veludo vermelho. Novamente, a faca não seria necessária. O vento e a poeira invadiam a janela e me envolviam; parávamos a cada três horas para descansar — afinal, 25 homens viajavam em pé (ou agachados). A primeira parada me deu ânsia de vômito. Havia um trilhão de insetos que voavam e zumbiam em torno das lâmpadas. Fizemos uma fila ao lado de tendas armadas ao longo da estrada e mijamos numa vala que acumulava anos de garrafas, embalagens plásticas e papel higiênico com cheiro de fezes e urina. Então, lembrei-me de ter feito a mesma coisa no Peru, sob a chuva, quando descíamos para Puerto Maldonado, e aquilo me fez rir; no mundo todo, naquele exato instante, provavelmente, havia ordas de homens e mulheres urinando nas montanhas, nas rodovias e nas selvas, ao lado de um ônibus em péssimo estado.

A viagem até Patna e o retorno resumiam a vida de Ranjit. Contava 36 anos e ganhava 300 rupias (6 dólares) por viagem, sete dias por semana. Perguntei-lhe onde morava.

— Aqui — respondeu, apontando para o leito ao lado do meu, que partilhava com o motorista assistente.

Era uma resposta notável, pois tinha esposa e dois filhos em Kolkata. Ele os via entre as partidas da manhã e da tarde, mas, passando a maior parte do tempo indo e vindo de Patna, era dentro do ônibus que morava.

— Você precisa voltar para Kolkata e me telefonar. E traga sua família — disse-me, escrevendo o número de seu celular em meu caderno de anotações.

Nós assistimos a três filmes de Bollywood na TV de vinte polegadas aparafusada sobre a passagem, entre o motorista e o resto do ônibus.

— O herói! — Ranjit apontou para o protagonista. — Esse homem vai ser atacado a facadas — um bando de motociclistas circundou o ator e o golpeou. Então, todos começaram a cantar e a dançar. Ele conhecia cada cena; já vira aquilo incontáveis vezes. Ainda assim, sua alegria era a mesma, e mal podia tirar os olhos da tela. O romance, a cantoria, os surtos repentinos de violência, a luta da família e sua redenção — tudo era estereotipado, claro, mas falava tão diretamente à alma de Ranjit que havia algo de reconfortante e divertido ali. Os filmes populares norte-americanos eram todos sobre alienação e individualidade; até nas comédias românticas, os amantes viviam praticamente dentro de um vácuo. Na Índia, em que as grandes famílias sempre se impunham, era diferente.

Chegamos a Patna às 10 horas. Estava tão coberto de poeira que parecia saído de um chiqueiro. Um elefante caminhava pela rua e a cidade era uma desordem dinâmica de coisas quebradas, betume coberto de areia e vacas ruminando em meio a pilhas de lixo.

Não me demorei por lá. A impressão era de que já estava na rua há muito tempo, em constante movimento, raramente conversando com alguém que falasse inglês nativo. Sentia-me robusto, enrijecido pela estrada, capaz de suportar qualquer coisa, comer qualquer coisa e falar com qualquer um. Havia, entretanto, um preço: estava ansioso para me envolver com as pessoas; minha família parecia imensamente longe, no tempo e no espaço, e o fato de já estar separado de Lindsey não ajudava muito. Os e-mails estavam mais rudimentares; superficiais. Quanto aos amigos, suas mensagens pela internet minguavam aos poucos. Eu estava simplesmente ali. Em algum lugar. Mas tinha amigos em Nova Délhi, e em breve seria dia de Ação de

Graças. Estava louco para ir até lá. O Majhdad Express saiu às 20 horas, e a estação ferroviária era um carnaval a que toda a Índia acorrera. Sentei num banco de concreto, espremido entre dois homens. Outro cara se aproximou e, empurrando seus ombros e quadris contra mim, arrumou um lugar. Um sujeito com um olho só e uma menininha descalça vieram até onde me encontrava e, cavando um espaço, também se instalaram. Estávamos completamente esmagados uns contra os outros. Era bonito e feio, e cheio de vida, mas havia, ao mesmo tempo, a alteridade — algo que não podia esperar compreender. E quanto mais me achava ali, em meio àquele povo, mais solitário me sentia; a solidão da multidão expunha a minha. Eu era um fantasma ambulante; uma presença entre aglomerações. Porém, despercebida, invisível para elas também.

A situação pioraria no trem. A prancha sobre a qual deitava, bem no alto, fervilhava de mosquitos. Aos trancos atravessamos a noite. Um vento frio me congelava até os ossos e me cobria com a poeira arenosa onipresente na Índia. Passei a longa madrugada na posição fetal. Tremendo. Algumas horas mais tarde, contudo, estava de banho tomado e barba feita, sentado num sofá macio dentro do conforto do apartamento silencioso e imaculado de meus amigos em Nova Délhi.

MEUS AMIGOS ME levaram a um jantar elegante numa casa majestosa, com teto alto e uma lareira formidável, onde foram serviram vinhos e uma refeição preparada pelo cozinheiro-chefe. Na manhã seguinte, mal consegui sair da cama grande e macia. Após meses de comidas de rua e água das torneiras de Mumbai, Kolkata e Daca, tive uma diarreia terrível. Meu corpo queimava de febre. Sentia dores e o antibiótico Cipro agiu rapidamente e deixou meu rosto coberto de urticária.

Então, os terroristas atacaram Mumbai. Em frente ao Café Leopold, onde encontrara Nasirbhai duas semanas antes, homens armados dispararam suas automáticas e lançaram granadas. E na Victoria Terminus, o palco de todas as nossas aventuras em trens suburbanos, mais de cinquenta pessoas foram mortas. Meus anfitriões logo desapareceram. Ela, uma diplomata, ficou atarefada por conta do ataque e em decorrência da crise dos reféns. Seu marido, jornalista, embarcou num avião para Mumbai na manhã do dia de Ação de Graça, deixando-me novamente sozinho.

— Você pode ir, de qualquer maneira, à festa de Ação de Graças para a qual fomos convidados — disse-me ao telefone, do aeroporto. — Tenho certeza de que não haverá problema; basta lhes explicar a situação. E leve a caixa de cerveja que me pediram.

Ainda me sentia um pouco enjoado, sem falar no embaraço de pedir a uma pessoa estranha para comparecer a seu jantar de Ação de Graças; mas telefonei assim mesmo. O anfitrião foi muito simpático.

— Todo mundo teve de ir para Mumbai. Portanto, não sei ao certo quem virá. Pelo menos, haverá bastante comida — falou. — Você será muitíssimo bem-vindo.

Sentindo-me como se carregasse uma bola de basquete dentro da barriga, saí pela noite de Délhi com um engradado de cerveja. Chamei um riquixá a motor. Meu destino não era próximo e o condutor se perdeu no caminho. A temperatura caiu. Eu congelava. Durante uma hora, sobre rodas lamuriantes e no meio do caos, avançamos. Ele enfim me deixou diante de uma casa imensa, cercada de muros, e entrei num ambiente acolhedor, repleto de aroma de peru e risos de crianças.

— Oi — cumprimentou-me uma americana de cabelos castanhos grossos e olhos grandes da mesma cor, trajando um vestido florido sobre uma meia-calça preta e sem sapatos.
— Quem é você?

Respondera a um bocado de questões nos últimos meses, mas era a primeira vez que me perguntavam aquilo. O mundo dos estrangeiros em Nova Délhi era pequeno; todos se conheciam e eu era um alienígena. Ela era direta, espirituosa, inquisitiva. Tratava-se de um jantar simples, casual; a maior parte dos convidados, jornalistas, viajara para cobrir a chacina em Mumbai. Nós comemos com os pratos sobre as pernas e ela disparou várias perguntas sobre mim; gostei de sua curiosidade. Conversamos sobre o futuro das revistas. Sobre o que fazíamos. Dois de meus editores haviam sido professores dela na faculdade de jornalismo. Não conseguia parar de lhe olhar, principalmente para as mãos. Tínhamos a mesma altura, e ela era ao mesmo tempo desajeitada e elegante. Suas mãos, porém, possuíam vida própria. Flutuavam, dançavam e me atraíam. Eram as mãos mais femininas que já vira.

Quando chegou a hora de partir, ela chamou três táxis — e nós fomos três a sair juntos da festa. Mas só havia um carro lá fora e eu era o que ia para mais longe, sem ter a menor ideia de onde estava.

— Você pode ir na frente — ela disse.

Eu me despedi e ela começou a se afastar. Subitamente, parou, olhou para mim e olhou para o táxi. Deu mais um passo e parou de novo. Seu gesto e sua expressão eram sutis, mas não pude deixar de pensar que queria dividir o carro comigo.

Seu e-mail chegou na manhã seguinte. Adorara meu blog. Pude notar que lera cada palavra. Forcei-a para que tecesse alguma crítica. Era mais jovem do que eu; portanto, habituada à internet. "Você deve interagir com seus leitores, as pessoas que deixam comentários", escreveu. "Seus vídeos são muito parados." Minha barriga estava melhor; estava louco para sair e lhe respondi dizendo que, se ela e o namorado estivessem a fim de fazer algo à noite na cidade, gostaria de acompanhá-los.

"Vou dar uma festa na segunda-feira", contou-me. "Você está convidado."

Cheguei tarde e, ainda assim, fui o primeiro a aparecer. Subi umas escadas que levavam ao terraço e logo ela surgiu, os longos cabelos castanhos molhados, um perfume doce. Acabara de sair do chuveiro. Foi um lindo momento. Atrapalhei-me com um saca-rolha para abrir o vinho, enquanto ela permaneceu a meu lado, bem perto, não o bastante, só nós dois e aquelas mãos. Depois de tanto tempo sem um relacionamento verdadeiro, separado de minha esposa e morando longe de minha família há quase dois anos, aquela atração não poderia ter sido mais forte.

Nisa — como um limpador de ouvidos que mais tarde se tornou meu amigo a chamaria — encontrou-me para um almoço num parque, a alguns quarteirões de seu escritório e, nos dias que se seguiram, mantivemos um fluxo constante de mensagens via telefone, e-mails, refeições ligeiras e mais alguns drinques no intervalo. Criávamos uma ligação forte, rápida e profunda, e eu lhe dizia tudo; minha vida jorrava como as cataratas do Niágara. E quanto eu mais falava, mais me ouvia, perguntava, queria saber. E vice-versa: ela me parecia um continente totalmente inexplorado, esperando para ser descoberto. A viagem me levara para fora de minha vida, me abalara, deixando frouxa a ideia já desgastada de um lar. Uma complicação maior surgiu em seguida: precisava de vistos para entrar na China e na Rússia, e também de uma carta-convite vinda de Moscou. O visto russo levaria de dez dias a três semanas e meia. Após meses em movimento, de repente, estava parado, sem lugar para ir.

Uma semana depois de nos conhecermos, começamos a passar longas noites nos telhados da cidade, bebendo vinho e conversando, conversando, conversando; e os dias nos parques, em meio a pedintes atléticos dando cambalhotas, e nas ruas loucas e abarrotadas da Velha Délhi.

Então, certa tarde, dentro de uma livraria, ela estendeu o braço e apanhou na prateleira um livro: *A leste do Éden*.

— Um dos meus preferidos — disse. — Leia.

Eu o li. Tratava das vidas emocionais das pessoas, complicadas mas surpreendentes. E vi ali, em cada palavra, o reflexo de minha existência e de minha viagem. Nenhum livro me tocara tanto desde o tempo de faculdade. Podíamos, se assim o quiséssemos, tentar ao máximo e nos superar; ser fortes o bastante para nos perdoar. Podíamos ir além de nossos próprios enganos, não porque fosse obrigação ou porque alguma divindade nos intimasse a isso, mas simplesmente porque tínhamos escolha. Isso devia ser óbvio, é claro, mas me perdera em algum ponto nas últimas décadas e fizera aquilo que alguns homens fazem tão frequentemente: concentram-se no trabalho e deixam suas esposas tomar conta do resto, desde o círculo de amizade até os eventos familiares. Estava quase sempre fora. Se minha irmã ou meus pais quisessem combinar algo, ligavam para Lindsey. Se eu quisesse saber sobre meus filhos, perguntava a Lindsey, que também organizava a maior parte de nossos eventos sociais e criava nossas novas amizades. Ela sustentava nosso mundo, para o qual, contudo, eu frequentemente deixava de contribuir, literal e emocionalmente, e por isso me sentia quase sempre um estranho. No lugar de admitir minha distância, no lugar de tentar conversar com Lindsey ou com qualquer pessoa sobre minha infelicidade naquela situação, simplesmente trabalhava, fugindo para mais longe ainda. Na Indonésia e na Índia, perdera muito da intimidade e da proximidade que desejava, e que experimentara com Lily no Peru. Mas não era desesperador. O fim ainda não chegara. A cada momento tínhamos a escolha de nos perdoar e tentar outra vez. E, repentinamente, não queria mais fugir. Queria ser como aquelas pessoas nos trens, nos navios e em Buru, deitadas umas sobre as outras; queria dar as mãos em vez de sair correndo. A viagem — minha jornada — me mostrava o que eu queria, aquilo pelo que eu ansiava, dando-me alguma perspectiva pela primeira vez em sete anos.

Sentia-me como se a viagem me tivesse lavado até mesmo a alma com jatos de areia, e foi aí que conheci Moolchand. Vira um limpador de ouvido pela primeira vez no Rocket, em Bangladesh, e a ideia de haver alguém na rua enfiando bastões em meus ouvidos me horrorizava. Por outro lado, fascinavam-me os milhões de trabalhadores autônomos nas ruas, de limpadores de ouvidos a lavadores de olhos, de engraxates a aliciadores de passageiros, que perambulavam pelos parques, estações de trem e esquinas empoeiradas do mundo. Queria conhecê-los, e Moolchand cruzou meu caminho no momento certo.

Ajoelhou-se a meu lado sobre a relva baixa, como a de um campo de golfe, do Palika Park, no Connaught Place, em Nova Délhi, e fez o máximo para me convencer de que não importava o quanto achasse que meus ouvidos estavam limpos, pois sairiam ganhando com seus experientes cuidados.

— Você não vai acreditar! — afirmou. — Não me pague nada e me deixe fazer meu trabalho. Você vai ver. Depois, então, pode me pagar, o quanto quiser.

Havia algo de especial nele. Dei corda, me esquivei, hesitei e brinquei.

— Mas minha namorada adora limpar meus ouvidos e, se você o fizer, ela não vai ficar feliz.

Ele bateu nas pernas e começou a rir.

— A limpeza de seus ouvidos precisa ser feita por um profissional.

— Tudo bem — respondi. — Mas como minha namorada vai reagir?

— Não vai querer ir para cama com você.

— Exatamente.

Ele atacou novamente, defendendo seu argumento, e nós rimos um bocado. Tinha seis filhos e andava de ônibus, na famosa Blueline, uma hora e meia para ir e para voltar da cidade, todo dia. Então, de repente, a minha oportunidade... Eu queria pegar um Blueline desde que chegara em Nova Délhi. Essa companhia privada de ônibus sucateados era conhecida por andar em alta velocidade, atropelar as pessoas, tomar a direção errada — capaz de qualquer coisa para ganhar tempo e dinheiro.

— Vamos pegar um Blueline amanhã! — disse.

— Não saia daí — pediu. — Vou buscar um chá para nós.

Voltamos a nos encontrar na manhã seguinte. Sacudimos e balançamos durante horas no trânsito e, para ser honesto, os momentos passados no Blueline foram bem mansos. Nada além de veículos abarrotados e bastante lentos. Numa hora, um passageiro de outro ônibus atacou um do meu pela janela, a 10 centímetros de distância; em outra, subimos, a toda velocidade, por uma avenida de pista dupla, na contramão, e o cobrador, dependurado à porta, sinalizou para que os carros que vinham em nossa direção desviassem. Mas ninguém se esborrachou contra uma árvore, atropelou um ciclista ou matou alguém. Era bom poder mergulhar no mundo novamente, ouvindo Moolchand contar sua vida, bem típica da Índia.

Deixara sua aldeia — próxima a Khajuraho, uma cidade célebre por suas esculturas do Kama Sutra — quando tinha 10 anos para acompanhar um tio a Délhi, onde começou a trabalhar como engraxate no parque. Aos 15, seus pais lhe encontraram uma noiva, uma menina de 14 anos. Encontrou-a somente no dia do casamento, rapidamente; depois, voltou a Délhi por mais três anos, até ela enfim vir morar com ele.

— Nós dormimos juntos e conversamos pela primeira vez naquela noite.

Fazia vinte anos que limpava ouvidos. Tinha quatro filhas e dois filhos — um terceiro morrera de inanição.

— Em minha próxima vida — disse-me, encostado contra mim dentro do ônibus —, não vou ter tantos. Saem muito caro.

Mandava dinheiro para os pais, pagava mil rupias (cerca de 20 dólares) por mês à polícia, batalhava sete dias por semana, às vezes limpando os ouvidos de muitas pessoas, às vezes de nenhuma, e, de um jeito ou de outro, mantinha sua família vestida, principalmente alimentada e, em geral, escolarizada.

Comemos algo bem apimentado com pães *chapattis* na rua. Depois, seguimos em meio às vias empoeiradas de tráfego intenso, no subúrbio residencial distante chamado Rohini, e ele perguntou:

— É verdade que nos Estados Unidos as pessoas se beijam nas ruas?

— É — respondi.

— Eu já vi! Vi uns turistas fazendo isso aqui!

Em seguida, questionou-me sobre as lésbicas. Existiam realmente? As mulheres se beijavam de verdade? Beijam-se o tempo todo, contei. Ele ficou pasmo.

Uma coisa o deixava perplexo: que as mulheres estrangeiras, as mulheres ocidentais, supostamente, fossem tão fáceis. Usavam roupas apertadas. Deixavam os ombros nus. Encontravam um cara no filme, rapidamente se viam as roupas voando e logo estavam fazendo de tudo. Mas ele assediava as ocidentais incansavelmente, para limpar-lhes os ouvidos e, de vez em quando, tentar algo mais; no entanto, jamais conseguiu levar alguma para a cama. Não entendia.

Era quase impossível explicar. Como costumava fazer para lidar, eu mesmo, com questões e percepções sobre a beleza, a liberalidade e os novos ricos, tentei explicar que Hollywood era uma coisa, a realidade outra. Sim, era provavelmente um bocado mais fácil dormir com uma norte-americana do que com uma indiana, mas a maioria das mulheres não deixava rolar a qualquer hora ou a qualquer momento.

— Tá, mas por que então usam roupas assim tão apertadas? Por que beijam e andam de mãos dadas em público?

Era-lhe simplesmente impossível aceitar tal ideia.

À tarde, retornamos ao Connaught Place e lhe disse que seria uma honra para mim se limpasse meus ouvidos.

— Espere — falou, sorrindo.

Afastou-se por um instante e voltou com o boné e um saco de lona contendo suas ferramentas. Fez com que me sentasse na grama; o sol batia em meu ouvido. Depois, segurou minha cabeça com firmeza, mas delicadamente, e se pôs ao trabalho. Na verdade eu os limpara, com um cotonete, alguns dias antes. Não tinha problema. Ele conhecia seu ofício. Futucou, raspou (não vou ser muito específico) e de fato removeu coisas do meu canal auricular. Notou uma cicatriz no tambor do ouvido direito, vestígio de uma perfuração num antigo acidente de mergulho.

— Você não tem nojo? — perguntei, à medida que acumulava a cera sobre o dorso da mão.

— Fique quieto — exigiu. — Este é meu trabalho. Isso não é nada.

Envolveu o algodão em torno de uma haste e girou-a no interior de meus ouvidos; depois de raspar um pouco, lavou-os com alguma coisa.

— Medicina ayurvédica — declarou. Em seguida, começou a poli-los com óleo de mostarda. — Agora seus ouvidos estão limpos.

Dia sim, dia não, passava um tempo no parque com Moolchand e os rapazes. Ficávamos sentados na grama e bebíamos *chai*. Olhar para o Palika Park era ver uma colina urbana, pequena e desgastada, de relva entremeada de detritos e marcada pelo cuspe avermelhado daqueles que mascavam *paan*, lugar repleto da espécie de trapaceiros que normalmente tentamos evitar e, se possível, nunca ver à nossa frente.

Após algumas semanas, conhecia bem o lugar. Havia uma ordem ali, um cosmos indiano. Todos tinham um emprego, um negócio, uma especialidade, e cada especialista vinha da mesma área do país. Havia os engraxates. Os limpadores de ouvidos. Massagistas. Aliciadores de passageiros, que ganhavam cerca de 100 rupias a partir do momento em que você os acompanhava a uma loja, e 15% do valor das compras.

Os engraxates eram de aldeias em torno de Khajuraho — todos. Conheciam-se, pois tinham nascido perto uns dos outros. Todos os limpadores de ouvidos usavam um chapéu redondo e vermelho, espetados com as hastes e os chumaços de algodão, e todos eram muçulmanos. Pobres, mas não solitários; sabiam quem eram e de onde vinham. Moolchand usava um boné vermelho de beisebol. Uma exceção, pois hindu. Além disso, tratava-se de um engraxate que mudara de profissão, daí o boné de beisebol. De resto, era o único limpador de ouvidos de Khajuraho e o único não muçulmano de que tive notícia. Talvez por isso, gostasse dele. Um rasgo de diferença num mar de tradição.

Em maio e junho, voltavam para suas aldeias e passavam dois meses com a família. A de Moolchand possuía seis acres, "mas às vezes chove demais e outras vezes nem uma gota. O que fazer?" Naquele dia, fazia frio e estava nublado. O parque parecia sujo, como se de fato pertencesse aos corvos; nenhum turista no local, notaram. O que fazer?

Um dos engraxates reparou que o zíper de minha mochila quebrara. Então, colocou-o entre as pernas e começou a trabalhar com uma atenção aos detalhes e um cuidado dos quais somente um indiano pobre é capaz. Eu costumava abri-lo com um puxão, e ficava cada vez pior; ele, contudo, enfiou a mão e se pôs ao conserto, usando a graxa que lhe servia para os sapatos, cortando fios com uma lâmina de barbear, e deixou a mochila nova em folha. Os trapaceiros do parque não cobravam nada em troca.

Moolchand morava num só cômodo com a esposa e os seis filhos.

— O que fazer? — exclamava com um sorriso. — Diga a seus amigos aqui em Délhi que você conhece um homem bom para trabalhar. Preciso de um emprego estável. Limpeza. Lavagem. Mil rupias por mês.

O equivalente a 20 dólares.

Fora tratado tão bem por tantas pessoas, gente pobre, nos últimos meses! Mas, com alguém como Moolchand, nunca sabia se havia realmente uma ligação entre nós ou se a atração deles por mim, a abertura deles a mim, devia-se ao fato de eu ser um estrangeiro branco. Estariam apenas esperando que lhes conseguisse um visto? Emprego? Ainda assim, depois de minha experiência em Buru, por exemplo, sabia que não era somente isso. Poderíamos um dia nos tornar amigos, transpondo nossos imensos abismos de cultura e riqueza? Não havia como descobrir no curto tempo que me restava. Estava em Délhi há três semanas e meia. Era hora de partir; meu visto russo finalmente chegara de Moscou. Certa manhã, despedi-me de Moolchand e dos outros.

— O que fazer? — perguntou. — Quando você volta para a Índia? E quanto a Nisa? — questionou Moolchand, sobrancelhas franzidas com preocupação.

— Não sei — respondi. Seria preciso resolver os problemas domésticos, antes de seguir em frente.

Moolchand ficou quieto por um instante.

— Na próxima vez, venha para Khajuraho comigo! — ele não conseguia imaginar que talvez nunca mais nos víssemos.

— Isso — concordaram os outros, bebendo seus chás, fumando e mascando tabaco —, iremos todos para Khajuraho.

Gostaria de ir, disse-lhes, honestamente, e apertei suas mãos e me afastei daquele pequeno mundo que fazia parte de um mundo bem maior num parque minúsculo que acabei conhecendo só um pouco. Era meio triste que houvesse tanto ainda a conhecer e, provavelmente, que nunca viesse a visitar a aldeia que enviava seus filhos para engraxar sapatos no Palika Park.

O que fazer? Minha intenção era a de voltar para casa no Natal; era o que dizia a mim mesmo. Por causa do atraso do visto, porém, não seria possível. E sabia que, independentemente da ligação cada vez mais forte com Nisa, nada havia a fazer antes de resolver minha situação e enfrentar os desafios em casa diretamente. Precisava ir embora. E o destino era o Afeganistão. Num sábado, fui ao escritório da Ariana Afghan Airways comprar minha passagem para Cabul. Era uma sala limpa com mesas de madeira e paredes decoradas com pôsteres do Afeganistão, representado como um paraíso para os turistas. O lagos azuis resplandecentes de Bamiyan. Os camponeses enrugados e encantadores. Sequer uma menção sobre o país sitiado, um dos lugares mais perigosos do mundo.

— O voo está marcado para domingo — informou Rajesh Kumar, emitindo meu bilhete manualmente, depois de lhe passar um monte de cédulas —, mas estou escrevendo segunda-feira na passagem. Não sabemos ao certo quando o avião partirá. Domingo, espero, mas não posso dizer com certeza. Há muita neblina por aqui — encolheu os ombros e anotou o número do meu telefone celular. — Ligo para lhe dizer amanhã.

— A que horas chega?

— Não sei — respondeu.

— Quantos aviões tem a Ariana?

— Seis. São muito velhos, mas não se preocupe com sua capacidade de voar, *sir*!

Passei o resto da tarde e a noite toda com Nisa. Passeamos. Conversamos. Comemos. Perambulamos por toda Délhi, a pé e em riquixás. Bebemos *chai* numa sala repleta de cravos na Velha Délhi e vinho demais num terraço, sem conseguir achar uma saída. Ela trabalhava na Índia. Eu tinha uma família a 13 mil quilômetros de distância, e queria estar lá por causa deles. Não podia prometer coisa alguma; ela tampouco.

— Quando você partir, não nos falaremos mais — disse. — A menos... A menos que possamos. Arriscaria tudo o que temos agora pela possibilidade de isso vir a acontecer.

Na manhã seguinte, abraçamo-nos rapidamente, ou nem isso — estávamos numa esquina da Índia, afinal de contas —, entrei num táxi, ela num riquixá e, segundos depois, estava sozinho novamente.

Quatro homens armados sequestraram uma cidadã alemã que trabalha para uma agência humanitária, quando ela almoçava com o marido num restaurante de Cabul. Foi um ataque ousado em plena luz do dia. Recentemente, os talibãs informaram o fracasso da negociação para libertar 19 reféns sul-coreanos. Enquanto isso, na cidade de Kandahar, no sul do Afeganistão, um atentado com carro-bomba matou 15 pessoas e deixou 26 feridas, inclusive várias mulheres e crianças.

— Denver Post, *19 de agosto de 2007*

DEZ Assustariana

Noite e trevas; o aeroporto obscuro, quase vazio. Lá fora só se via a escuridão. Nenhum carro. Nenhum prédio. Sinal algum de iluminação ou de vida nas ruas. Um motorista do hotel deveria me buscar. Não havia ninguém, no entanto, e o aeroporto logo se esvaziou completamente. Estava sozinho em Cabul, no Afeganistão, sem contato com qualquer organização, e tinha medo. Tentei ligar para o hotel, mas meu telefone não funcionava. Saí na escuridão e o frio se abateu sobre mim; algo que não sentia há meses. Fiquei ali um momento, tentando me orientar. Nenhum táxi. Nada. Apenas uma praça pavimentada de concreto, imensa e vazia. Voltei ao aeroporto, mas um soldado com uma AK-47 me interceptou.

— Táxi — balbuciei.

Não entendeu. Gesticulamos por alguns instantes e ele finalmente compreendeu. Lá fora, indicou com um gesto. Simplesmente siga em frente. Não me restavam escolhas. E eu custava a acreditar. A ideia de chegar a Cabul e ser sequestrado diretamente no aeroporto parecia ridícula. Contudo, era mais possível do que a de mergulhar de um penhasco em qualquer ônibus peruano ou a de naufragar em Bangladesh. Dei alguns passos, vasculhei minha bagagem, achei minha faca e a enfiei sob a manga direita da camisa, o cabo na palma da mão. Uma rápida estocada com a mão esquerda, seguida por um possante soco com a direita — o que deveria fazer com que pelo menos o agressor se rendesse —, para depois quebrar-lhe a perna com meu pé direito e sair correndo; repeti o enredo em minha mente enquanto caminhava. E então me senti um idiota: o aeroporto era cercado por um muro com um portão mais adiante; alguns metros à frente havia um punhado de silhuetas no escuro e um homem logo gritou:

— Táxi!

Disse "Gandamack", o nome do hotel. O motorista tinha barba, vestia uma jaqueta preta de couro e, pegando minha bagagem, conduziu-me até uma minivan Toyota. Sentei no banco da frente, falei "Gandamack" novamente, e ele assentiu com a cabeça. Mas estava totalmente perdido naquela noite e não dava para ver grande coisa de dentro do carro. Espaços devastados. Postes projetando luzes mortiças. Sacos de areia, muros blindados, arame farpado e bloqueios na rua, comandados por homens com metralhadoras. Paramos ao lado de um muro alto de cimento com um pequeno portão de aço.

— Gandamack — disse o motorista.

Desembarquei. Uma janela de 10 centímetros abriu-se lateralmente no portão. Palavras em idioma dari. Um ruído de ferrolho, porta aberta, e a passagem para um compartimento emparedado. Lá estavam dois homens, ambos armados com AK-47, um deles com uma pistola 9 milímetros presa à perna. Seis metros adiante, outra porta de aço. Soou uma campainha e entrei numa sala de concreto de 1m², defronte a outra porta de aço, por cuja janela um homem, que também portava uma AK-47, observava-me. Quando a primeira porta foi fechada, a outra apitou e penetrei num mundo de luzes natalinas e na cordialidade do universo paralelo de Cabul, um mundo de correspondentes internacionais da imprensa, trabalhadores humanitários e diplomatas bebendo vinho, protegidos por muros de aço e armas.

SENTIA-ME EXAUSTO e ansioso. O voo na Ariana atrasara duas horas e o avião era um Boeing 727 velho. Era uma loucura ter vindo para o Afeganistão. O país estava em desordem, os talibãs a cada dia reconquistavam um pouco mais de poder; dizia-se que estavam cercando a própria Cabul. E a Ariana tinha o apelido de "Assustariana". Seu histórico era deliciosamente diversificado. Na faculdade eu lera o clássico da literatura de viagens, obra de Robert Byron, de 1937, *The Road to Oxiana*, no qual se encontrava a seguinte passagem: "Havia partido da Inglaterra em agosto com duas esperanças: a primeira, ver os monumentos da Pérsia; e em segundo lugar, chegar àquela cidade", referindo-se a Mazar-i-Sharif, um desses nomes que permanecem grudados à lembrança — exótico, remoto, o epítome do romance. Desde então, desejava conhecê-la. Ficava ao norte, num território tradicionalmente antitalibã, de onde, após o atentado de 11 de setembro, fora lançado, com a ajuda dos Estados Unidos, um ataque comandado pela Aliança do Norte.

O voo em si não me assustou, embora só tenha ouvido histórias de terror das pessoas que o tomaram. A companhia fora banida e não podia voar dentro da União Europeia. Dessa forma, era proibida para funcionários da ONU, ainda que vivessem no Afeganistão. Quando o avião começou a acelerar e o comandante fez seu anúncio pelo sistema de som — "Nós desejamos a todos um agradável voo até Cabul" —, torci para que fosse tão fácil sair do país quanto entrar. Não havia como dar meia-volta e recuar; de certa maneira, senti-me como se pela primeira vez cumprisse algum tipo de promessa macabra, a de viajar de encontro ao perigo. Foi um voo curto, um salto no espaço e no tempo, saindo da agitação caótica — mas acolhedora — da Índia para a extrema severidade e violência de um estado medieval que vivia as agonias da guerra. A Índia verde e fértil na decolagem; o marrom cru e natural do Afeganistão, com o pico de suas montanhas cobertas por um intermitente manto de neve, na aterrisagem. Tudo isso em duas horas. Quando me instalei no quarto, com sua cama confortável e muitos cobertores, protegido por camadas de muros blindados, armas e arames farpados, numa cidade onde viviam homens que levariam um segundo para cortar meu pescoço, senti-me só, mas não abandonado, pela primeira vez em muito tempo. Meu telefone tocou; uma mensagem chegara de Nova Délhi: "Não fique triste. Anime-se. Uma aventura o espera."

Não fazia a menor ideia do que o futuro me preparava. Entretanto, tinha uma impressão crescente de que logo saberia, e de que a viagem me lançava na direção certa. Essa evidência estava em meu poder. Sabia que existia de fato um outro lado, que poderia procurar e achar.

Não tinha certeza sobre a segurança em Cabul; se caminhar pelas ruas era ou não arriscado. Em Délhi, jantara com uma mulher que trabalhava para a ONU e ela me dissera que era proibido circular pela cidade; o trajeto entre o trabalho e sua casa era feito de carro. Havia apenas um mês, o hotel cinco estrelas Serena fora atacado por homens armados e furiosos, que o metralharam. Na esquina do meu hotel, dois americanos, funcionários da DHL, haviam sido baleados.

Prendi minha faca sobre o antebraço direito — o cabo fazendo uma leve protuberância sob a manga da camisa — e saí. Vi a claridade de um céu azul e limpo; as altas montanhas de Hindu Kush cobertas de neve ao redor. Havia um cheiro de diesel sufocante, proveniente dos canos de descarga dos carros e dos geradores que se sucediam pela calçada, diante de cada loja. Os homens usavam *salwar kameezes*, com lenços em volta do pescoço, e tinham barbas e expressões ásperas, uma aparência remota, envelhecida, gasta e terrosa como as árvores, as colinas e as montanhas. Ruas bloqueadas. Caminhonetes Toyota novinhas transportavam policiais armados com metralhadoras. Tentei resumir o que lera sobre sequestros: um carro, sempre um carro. Armas provavelmente. Tempo: você tinha de ser localizado, onde exatamente se encontrava, enquanto homens, carros e armas apareciam ao mesmo tempo. As pessoas eram sequestradas em restaurantes, em seus veículos parados nos bloqueios ou em estradas percorridas diariamente, e eram identificadas ao longo dos dias. Então caminhei rapidamente, atravessando as ruas a cada centena de metros, constantemente alterando o itinerário. Mantinha minhas costas contra os muros, tanto quanto fosse possível. Andava na direção contrária ao fluxo do trânsito, de modo a não ser surpreendido por um carro vindo de trás. Mantinha-me atento, como Nasirbhai. Penetrei no mercado do centro de Cabul, passei por ministérios protegidos em paredes blindadas e arame farpado, e fiquei nervoso ao entrar numa loja para comprar um cartão de telefone. O vendedor teve de fotocopiar meu passaporte e precisei preencher um formulário; os minutos corriam. Fiquei numa esquina do lado oposto, costas contra a parede, olhando para a porta, meu lado esquerdo para frente, minha mão esquerda sobre a direita, com a faca. Imaginei que haveria armas; porém, valia mais vivo do que morto, e não pensava em resistir. Provavelmente estaria morto se me apanhassem. Talvez estivesse louco. Talvez não funcionasse, mas estava pronto, pronto para explodir em meio à violência: um pontapé forte nos joelhos para fazê-lo se abaixar e um corte rápido no rosto, antes de fugir. Não poderia hesitar — a regra básica de autodefesa. No instante em que um ou vários homens se aproximassem de mim — e sabia que os reconheceria pelos olhares —, no instante em que visse uma arma ou a mão de um deles na minha direção, seria o momento de aproveitar a oportunidade e atacar, como dois galos se defrontando numa rinha, como uma cascavel dando o bote assim que a ameaça estivesse a seu alcance. Uma bomba era outra história. Os homens-bomba gostam de multidão e mercados cheios de gente. Nesse caso, não havia muito a fazer. O importante era continuar em movimento.

Havia muita gente nas ruas, principalmente homens, mas também mulheres em burcas azuis, caminhando lentamente, e, de vez em quando, uma em jeans, com a cabeça coberta por um lenço. Mas não se viam outros ocidentais. No meio daquela massa humana, entre lojas vendendo celulares, computadores e materiais de escritório, era quase possível esquecer quem eu era. Uma parede de tijolos e casas de barro se erguia íngreme pela encosta de um morro atrás da rua, um universo sem água corrente, eletricidade ou aquecimento. Caminhei por duas horas. Queria parar e beber um chá, apenas sentar e observar, mas não podia. A cidade parecia em efervescência, ávida, à espreita, dedos nos gatilhos em toda parte.

O dia de Natal amanheceu claro, azul e frio. Naquela noite, sozinho no meu quarto, telefonei para casa e vi minha família abrir os presentes natalinos — um embrulho que enviara da Índia — graças aos milagres da internet. A câmera do meu computador não estava funcionando. Então, numa metáfora reveladora, podia vê-los — mas sem ser visto. Eu estava lá e não estava; sentia-me parte daquela manhã, ouvindo as exclamações de surpresa diante dos presentes, os risos e gritos, mas, com um simples toque no botão, já não estaria mais lá; já não estava mais lá. O mundo sumira, e me encontrava sozinho novamente, sentindo falta deles, imaginando e esperando que, assim que a tela se apagasse, não fosse esquecido. E sabia que, com todos os meus esforços para mandar os presentes e ligar para casa, não o seria, e que aquilo tudo era unicamente minha culpa.

NA MANHÃ SEGUINTE, conheci Najeeb, um contato local, e lhe perguntei sobre a possibilidade de tomar um ônibus para atravessar o desfiladeiro de Salang e o norte do Afeganistão até Mazar. Ele usava um casaco *tweed* e calças largas, e parecia um professor. Durante um bom tempo, o homem pensou em silêncio.

— Acho que é possível — respondeu pausadamente. — Talvez haja 75% de chances de fazê-lo em segurança. Mas essa é uma questão muito séria e preciso dar a resposta correta. O problema é o motorista. Se você encontrar o homem certo, que trabalhe para uma boa companhia, então sua segurança está garantida. O desfiladeiro de Salang está coberto de neve agora. Na semana passada, algumas pessoas ficaram bloqueadas durante três dias.

Najeeb tinha um amigo, disse, que talvez pudesse me acompanhar. Uma hora mais tarde, Khalid Fazly apareceu. Era um jovem de 25 anos, com olhos verdes brilhantes e alertas, que falava inglês perfeitamente. Vestia calças listradas e uma jaqueta de lã. Bebemos chá do lado de fora, sob o sol morno do inverno, enquanto helicópteros Blackhawks e antigos Mil russos sobrevoavam ruidosamente nossas cabeças.

Ele me censurou por ter andado tanto pela cidade.

— Você foi longe demais para poder se manter discreto. Um alemão foi sequestrado um mês atrás no lugar em que você estava.

No Afeganistão, eu era menos um homem do que uma joia enorme, um diamante de valor quase inimaginável. Prosseguiu:

— Nunca tome um táxi. O motorista pode ligar para um amigo e armar uma cilada.

Khalid disse que se informaria a respeito de minha pretensão, analisaria as condições de segurança e depois voltaria. O que de fato aconteceu, algumas horas mais tarde.

— Acho que não haverá problemas — falou.

Tratara com uma companhia de ônibus que considerava segura. Mas me informou que eu teria de vestir um *salwar kameez*, o traje local dos afegãos. Não devia chamar atenção. Partiríamos em dois dias.

ESTAVA CURIOSO sobre a Ariana e, enquanto esperava, liguei para o presidente daquela companhia aérea. Consegui falar com seu assistente, que marcou um encontro para a manhã seguinte. Completamente perdido dentro de um labirinto de segurança, fui conduzido, sob os cuidados de um soldado de olhos verdes, por várias ruas de terra — um desfiladeiro entre muros de cimento cobertos por arame farpado e barricadas de saco de areia — até um prédio de concreto dilapidado, outrora pintado de azul brilhante e agora de tonalidade esmaecida. Uns guardas me revistaram, mas não acharam minha faca, agora presa à minha perna, e segui por um corredor frio, escoltado por um velho que carregava um caderno em frangalhos. Deparei-me, três andares acima, com uma porta em que se lia: PRESIDENTE. Entrei.

No interior da sala, os sofás estavam ocupados por homens de terno, que aguardavam. O lugar, com seus tantos tapetes, pareceu acolhedor. Um afegão alto, com terno de veludo e uma gravata laranja chamativa, apresentou-se: Mohammed Omar, o assistente com quem falara na véspera.

— Lamento — disse —, tentei ligar para seu celular várias vezes. O encontro teve de ser adiado e será às 11 horas; recebemos uma ligação do presidente Karzai e era impossível não atendê-lo.

Fiquei por ali, do lado de fora, esperando na poeira e no frio durante uma hora. Quando voltei, Mohammed me fez entrar num escritório espaçoso, com um mapa-múndi imenso na parede. Tapetes orientais cobriam o chão. A mesa de trabalho de Moin Khan Wardak era do tamanho de um carro, com um tampo de vidro e pilhas de papéis. Wardak vestia um terno de três peças azul. Era um homem grande, forte, bem escanhoado, com cabelos curtos e pretos. Um serviçal trouxe uma bandeja com amêndoas, passas e xícaras de chá. A história da Ariana refletia a história do Afeganistão. Houve um tempo em que Cabul fora uma cidade próspera, época em que a companhia mantinha parceria com a PanAm. Possuía uma frota de DC-3, DC-9, Boeings 727 e um grande DC-10, e tinha rotas para Paris, Londres e Frankfurt. A situação, porém, ficou feia com o começo da guerra civil, e os voos passaram a ser alvos de mísseis, não raro se espatifando contra as montanhas. A sucessão de perdas era espantosa — e por motivos diversos. A Aliança do Norte, por exemplo, capturara um avião em Mazar e o vendera ao Irã. Uma companhia de seguros ficara com uma aeronave atacada. Em 2000, para escapar dos talibãs, dois irmãos sequestraram um 727, com 180 passageiros, e o pousaram em Londres, depois de paradas em Tashkent e Moscou. E os Estados Unidos bombardearam três 727 e um Antonov de fabricação russa. Ao final da era talibã, portanto, não sobrara avião algum para a companhia.

— Perdemos tudo! — declarou.

A Índia doou três velhos Airbus para que a empresa recomeçasse, e agora a Ariana contava com cinco 727 em operação e um Airbus alugado, que tinha, por base de manutenção, a Alemanha, e possuía permissão para voar para a União Europeia. O telefone tocou.

— Você está pedindo cinco lakh e dez lakh; quanto é isso em dólares? Se me fizer a gentileza de enviar as faturas, transferirei o dinheiro, mas é preciso liberar o motor! Vou pagar, prometo!

Ele desligou e sacudiu a cabeça.

— Temos uma aeronave parada em Ancara, que precisa de um motor. Temos um acordo com a Air India, mas eles não querem liberá-lo! *Inshallah*, vamos crescendo um pouquinho a cada dia.

Fora piloto por 24 anos. Na época dos talibás, voava com uma barba "até aqui", contou, com a mão na altura do peito.

— Não havia auxílio à navegação ou qualquer apoio no solo afegão, nada. Agora, temos sistema de pouso por instrumento em Cabul e luzes de pista em Kandahar.

Os pilotos chegaram a voar com unidades manuais de GPS. O que era assustador, considerando que Cabul estava cercada por montanhas com 4 mil metros de altitude. E mesmo atualmente, admitiu:

— O aeroporto de Cabul é perigosíssimo, especialmente à noite e com o tempo ruim. A pista tem somente 1.800 metros.

Encontrei Khalid, às 5 da manhã, vestindo um *salwar kameez* cinza. Tinha um boné de esqui andrajoso à cabeça e um lenço em volta do pescoço. Fazia três dias que não me barbeava. Sentia-me como um palhaço, mas Khalid foi encorajador.

— Você não parece um estrangeiro — disse. — Está parecendo um afegão!

A manhã ainda estava negra como o breu, gelada, e as estrelas brilhavam como luzes natalinas. Na maior parte de Cabul, não havia eletricidade; nada além de formas vagas de barro e tijolo, empilhadas umas sobre as outras — um mundo de sombras e escuridão, e imaginava um amontoado de corpos no interior. Três ônibus aguardavam no estacionamento escuro, na periferia da cidade; um vendedor oferecia chá e pão sob a claridade de um lampião a querosene; mulheres amorfas em burcas; homens em trajes verdes esvoaçantes, chapéus de lã de carneiro e casacos de couro. Pela primeira vez no Afeganistão, senti-me oculto e seguro. No escuro e dentro daquelas roupas, ninguém percebia minha presença. E me dei conta de que ali, longe dos hotéis e prédios ministeriais, não havia homens armados, barricadas, e de que essa ausência transmitia segurança.

— Um ano atrás — disse Khalid, enquanto bebíamos chá na escuridão —, havia muitas mulheres andando pela cidade. Agora, quase nenhuma. As restrições ficaram muito mais severas.

Na verdade, o último informe sobre segurança, afixado na parede do hotel, tinha vinte páginas. Os talibãs cercavam a cidade a partir do sul, do leste e do oeste. Ao norte, ambos esperávamos, estaria mais tranquilo. Mas a vida de Khalid, ali, corria risco, tanto quanto a minha ou mais. Quando lhe perguntei se ficava nervoso em relação à sua segurança, foi direto:

— Só quando estou a seu lado.

Se encontrássemos problemas, afinal de contas, eu provavelmente seria sequestrado. Mas ele seria morto.

Embarcamos e, alguns minutos depois, partimos, avançando aos solavancos pela cidade escura, silenciosa e adormecida. Paramos num posto de controle — barricadas na estrada, soldados e armas — e só ganhamos velocidade quando o motorista seguiu pelo campo, adernando nas curvas, penetrando num mundo de terrenos marrons, muros de lama marrons, casas de barro marrons, no rumo das encostas escarpadas e denteadas das montanhas cobertas de neve do Hindu Kush. Um homem passou pelo corredor; carregava um saco plástico cheio de vômito. O sol surgiu no horizonte e o murmúrio das preces ecoou dentro do ônibus. Khalid passou as mãos no rosto.

— Rezei para viajarmos em segurança.

Projetamo-nos sinuosamente pelas curvas e logo chegamos às montanhas. Começamos a subir, cada vez mais alto, por uma estrada de duas pistas ao longo do rio, até o desfiladeiro de Salang — um túnel construído pela União Soviética nos anos 1960, a cerca de 4 mil metros de altitude. Marrons e rústicas, as casas, à medida que prosseguíamos, transformavam-se de lama em pedra. Pedaços de rochas rolavam, acumulando-se à base dos penhascos íngremes, uma paisagem áspera, fria e crua, que rapidamente se cobriu de neve. Em alguns lugares, vendedores, em contêineres enferrujados ao longo dos acostamentos de gelo e lama, ofereciam correntes antiderrapantes. Homens e mulheres tossiam; aparentemente, todos sofriam com a secura. Então, apenas neve. Poderíamos estar nas Montanhas Rochosas, nos Estados Unidos.

Khalid me contou como sobrevivera aos talibãs nas três vezes em que fora apanhado. Na primeira ocasião, com sua mãe e uma irmã de 13 anos, que não estava de burca. Os talibãs os pararam. Alegavam que a menina não estava vestida corretamente. "Ela é muito jovem", argumentara sua mãe. "Não existem para seu tamanho." Os homens não se importavam; espancaram-na com um pedaço de pau na rua. Na outra, fora detido porque não tinha barba — era ainda adolescente — e levado para a prisão.

— Fiquei com medo — admitiu —, pois não tinham um registro sobre quem era quem, e eu não queria ser extraviado e esquecido no meio de prisioneiros políticos.

Simplesmente o arrancaram das ruas; ninguém avisou sua família. Após cinco dias, os guardas perguntaram se alguém entre os prisioneiros cozinhava. Khalid ergueu a mão e disse: "Eu cozinho bem!" Na verdade, porém, sequer sabia fazer ovos cozidos.

Fez batatas para os carcereiros no primeiro dia e feijões no segundo. Pelo menos, estava fora da cela, com certa liberdade de movimento. No quinto dia, um ônibus trouxe uma carga de prisioneiros do norte. Khalid foi falar com o motorista.

"Só estou aqui porque raspei minha barba", contou. "Mas agora estou livre; por favor, me leve quando for embora." O homem concordou, mas disse que não podia garantir o que aconteceria no portão.

"Não se preocupe", tranquilizou-o Khalid.

Antes de chegarem à saída, alguns talibãs subiram no ônibus e lhe pediram dinheiro. Não sabia quanto tinha, mas deu-lhes tudo e, uma hora depois, entrou em casa, quase uma semana após ser preso.

Alcançamos o túnel, que testemunhara violências durante anos, rota principal entre o norte e o sul do Afeganistão. Os mujaidin haviam armado diversas emboscadas para os soviéticos naquela área; ainda agora, as carcaças de tanques e os veículos blindados se amontoavam nos acostamentos da estrada. A Aliança do Norte explodira as duas extremidades de modo a impedir que os talibãs avançassem para o norte. Campos minados espalhavam-se por todos os lados.

— Quase morri aqui, certa vez, por causa de um acidente de carro — disse Khalid, enquanto entrávamos num mundo opaco, escuro e encharcado, com a estrada coberta de gelo endurecido e o ar espesso em decorrência do gás carbônico dos veículos que por ali passavam em fila indiana.

Do outro lado, finalmente, uma paisagem de sol intenso, cenário em que começamos a descida em zigue-zague, ultrapassando caminhões lentos e seguindo por uma terra remota e intocada. Paramos, por volta das 9 horas, ao lado de uma construção de concreto longa e baixa, um restaurante. Estava frio lá dentro e não havia aquecimento. Sentamos de pernas cruzadas sobre as plataformas — que ficavam à altura dos joelhos, cobertas de tapetes afegãos de cor marrom e vermelha, situadas ao longo das paredes e no centro da sala —, e uns meninos iam e vinham nos trazendo bandejas de alumínio com kebabs de carneiro, chá e pão afegão bem quente. A carne estava salgada e macia. Ninguém parecia ter me notado. Ninguém estava armado. Não havia mulheres, e fiquei curioso por saber onde comiam aquelas que viajavam conosco. Encontrava-me bem ali, no coração do Afeganistão, como uma mosca na parede.

Fomos em frente. A terra era plana agora; andávamos rapidamente através de vastos vales marrons, um lugar chamado Disho, com os campos polvilhados de arbustos ralos e esverdeados e muros de tijolos. Estrumes de vaca de forma arredondada secavam ao sol, como calotas num depósito de ferro-velho. Mulas e crianças brincavam, e mantas roxas secavam sobre as pequenas árvores empoeiradas. Havia enormes pilhas de feno. Surpreendeu-me não ver lixo no chão. Nada. Nenhuma garrafa de plástico, algo onipresente em todo o mundo. O que significava, portanto, que ali havia poucos objetos manufaturados; poucas coisas eram compradas em lojas. Seguindo aos trancos pela província de Baghlan, na altura da cidade de Puli Khumri, o ônibus bruscamente parou e não conseguiu pegar novamente. Já me levantava quando Khalid me advertiu sobre Hekmatyar e disse que deveria permanecer sentado e quieto. Então, começou a rezar, e o suor frio escorreu por meu corpo.

Estávamos numa ligeira inclinação. Um bando de homens empurrou o ônibus para trás e o motorista pisou na embreagem. O veículo ressuscitou num estalo. Meu coração se contraiu.

O motor voltou a pegar e permaneceu roncando. Todos embarcaram novamente, e prosseguimos.

Foram dez minutos — que pareceram uma existência. Poucos instantes e quilômetros depois, contudo, o medo era só uma lembrança. Tinha acabado. E não fora tão ruim assim — como sempre me parece em seguida, apesar da proximidade do perigo. Os barcos, os aviões, os ônibus nos penhascos nada eram demais. Quanto mais o risco se me acercava, mais natural me era. Caminhava, entretanto, sobre uma linha tênue, especialmente ali, no Afeganistão. E se fosse sequestrado? E se desaparecesse? Se ficasse fora de alcance? Consideraria que tudo valera a pena? Meus filhos me perdoariam um dia ou pensariam que morrera fazendo algo que amava? Alguém contaria tudo a Nisa? A morte era tão banal; nada romântica. Andar à beira de um precipício podia parecer glorioso, mas quando daria o último passo? O passo que levaria ao abismo? Quando? Não era possível saber de antemão, e era esse o problema. Nunca saberia se estava bem no limite ou a quilômetros de distância. Aquilo fazia com que me sentisse vivo; os extremos eram um poderoso afrodisíaco, e as semanas longe daquela sensação, em casa, vertiam meu lar em algo entediante. Essa busca tinha um preço, pois. Afastava-me de todos os outros, de todos aqueles do mundo normal; ninguém entenderia aquilo pelo que passara, o que fizera, a menos que o experimentasse também, a menos que fosse parte normal de suas vidas. E não somente meus amigos, mas as pessoas que amava. Minha família. Era egoísta. Um segredo egoísta que carregava comigo, impossível de partilhar mesmo quando tentava. Lembro-me de que uma vez, voltando do sul do Sudão, encontrei Lindsey zangada, pois não lhe telefonara. Simplesmente zangada — o que não conseguia entender. "Estou em casa!", disse. "Por que você está zangada comigo? E como poderia ter telefonado?", gaguejava. "Estava numa zona de guerra, com estrondos noturnos e homens morrendo de ferimentos à bala, crianças esfomeadas, não tinha telefone!"

"Como posso te amar quando você está lá?", ela finalmente perguntou. "Como se pode amar alguém que pode ser morto, sequestrado ou desaparecer num acidente de avião e deixar a família sofrendo?"

Mas como poderia não viver aquilo, não saborear aquele gosto após tê-lo experimentado? O ônibus seguia em frente, e meu medo já era uma lembrança amena e sem arestas. Aquela sensação, porém, permanecia. Do instante do medo. Da intensidade; de me sentir tão assustado, e então me saber vivo. Fundamentalmente, a sensação de não querer morrer. Amava minha família, sentia saudade dos meus, ainda que precisasse acertar as coisas e mudar de vida. E era exatamente o que as viagens significavam: conhecer as coisas do modo mais rigoroso, de uma forma como jamais conseguiria vendo-as de casa.

Depois de passarmos por Puli Khumri, a paisagem se tornou desértica. Nada senão areia e terras marrons e planas. Nenhum arbusto. Nenhuma árvore. Nenhum rio. Aldeias inteiras como castelos de areia marrom e, ali perto, sepulturas coletivas onde a Aliança do Norte enterrara milhares de talibás mortos nas redondezas.

Khalid, como todo mundo, em todos os lugares, tinha problemas com a namorada — problemas que se agravavam em regiões como o Afeganistão e Bangladesh.

— Estou apaixonado, mas ninguém pode saber — falou.

Frequentaram a mesma escola. De algum modo, conseguira o número dela e lhe telefonara. "Não me telefone", ela disse, ao atender. Depois, porém, ligou de volta para ele.

— Vamos à Universidade e depois passeamos no parque, mas, às vezes, a polícia pode nos parar e perguntar sobre nosso relacionamento. Podemos nos beijar e nos acariciar um pouco, mas nada abaixo da cintura. Nossos pais não podem desconfiar, principalmente os dela. Ela seria espancada e proibida de sair de casa. E podem decidir me machucar.

Não era algo desesperador, entretanto. Se contasse aos pais que a vira e que queria se casar com ela, explicou-me, iriam ver os pais da moça, mostrar que se trataria de um casamento adequado e sugerir a união.

— Para reforçar, ela poderia pressionar a própria família, indiretamente, levando-a a concordar.

Khalid também mistificava a mulher ocidental. Certa vez, trabalhara para uma jornalista americana e a convidara para jantar em sua casa. Seus pais, é claro, estavam presentes; sempre estavam. Numa estranha inversão da malsucedida suposição de Moolchand, segundo a qual as ocidentais se dispunham facilmente ao sexo, ela lhe disse que ficara chocada, que pensara que morasse sozinho e que nunca teria ido se soubesse que seus pais estariam lá.

— Não entendi coisa alguma.

ALCANÇAMOS O PORTÃO de Mazar-i-Sharif uma hora mais cedo. Paramos, e o motorista ficou rindo e falando.

— Está dizendo que dirigiu muito rápido e que será multado se chegar cedo demais — me explicou Khalid. Teríamos de esperar.

Carcaças de veículos soviéticos blindados espalhavam-se por toda parte. Alguns soldados, armados com AK-47, entraram no ônibus e vasculharam tudo. Nenhum notou minha presença. Finalmente, partimos de novo. Alguns quarteirões adiante, num cruzamento empoeirado, sob o céu pálido e a luz diáfana, saltamos. Andamos por uma rua de pedras, dobramos uma esquina e avançamos por esburacadas vias de terra, até chegarmos a uma casa de cimento, sem aquecimento, atrás de muros altos — o hotel.

Uma hora mais tarde, estávamos num campo, em meio a centenas de homens a cavalo, com botas até os joelhos e chapéus de pele (e capacetes rudimentares, usados por antigos soldados soviéticos). Eram conhecidos como *chapandaz* e montavam sobre selas de pomo alto, cercados por milhares de pessoas que assistiam ao espetáculo semanal de Buzkashi, em Mazar. Era um vale-tudo selvagem de cavalaria viril, com demonstrações de força bruta. Cada homem tentava arrastar uma carcaça de bezerro, de 50 quilos, para o *daira halal* — um círculo marcado com giz sobre a terra. Os cavalos recuavam e batiam com as patas no chão, suando e espumando com seus músculos poderosos, concebidos para aquela tarefa. Os disputantes os chicoteavam e lutavam uns contra os outros, sob o sol morno do inverno e a nuvem de poeira, enquanto homens e meninos — não havia mulher alguma — enchiam o terreno e corriam para salvar suas vidas quando os musculosos cavalos se aproximavam. Não havia limites. Imagine-se um jogo de futebol americano no qual os espectadores invadissem o campo e ali ficassem, durante a partida, sujeitos aos mais violentos choques. O cheiro, acre, consistia numa mistura dos odores de haxixe e dos animais. A música ao vivo soava, e o apresentador anunciava, para cada rodada, os prêmios em dólares — 30, 50, 130 dólares. Enquanto isso, afegãos enormes e ameaçadores afastavam-me do caminho do perigo e me protegiam sempre que aquela massa de cascos, chicotes e berros avançava sobre nós.

Era um negócio sério, garantiu Aqamurad, de 30 anos, montado sobre seu cavalo de 20 mil dólares.

— Aqui — disse, passando a mão no chão —, os melhores cavalos valem 200 mil dólares. Eles se lançam sobre o círculo, conhecem o objetivo, querem chegar até lá. Não precisam ser forçados.

Era criador e treinador de cavalos, e cavalgava seus animais diariamente, exceto aos sábados, e duas vezes por noite verificava se estavam bem aquecidos. Alguns dos *chapandaz* montavam seus próprios cavalos, como Aqamurad, e outros eram pagos para conduzir os animais de ricos homens de negócio.

Escurecia. O mundo se tingia sob o céu branco e a poeira pesada. Não havia veículos para transportar os cavalos dali. Em todas as direções, as ruas estavam cheias de cavaleiros de botas e animais suarentos, que voltavam para casa. Era um universo em que todos pareciam arrancados das raízes retorcidas de uma árvore. Quando Khalid e eu nos sentamos diante de uma pilha de carne de carneiro num restaurante frio, aberto para a rua, senti-me livre e seguro pela primeira vez no Afeganistão.

TUDO EM MAZAR era diferente de Cabul. O limite desaparecera, o medo e o *pathos* de uma cidade sitiada. Aquela parecia normal. Havia alguns bloqueios, homens armados, sacos de areia, muros blindados e arames farpados. Nada excessivo. Ainda assim, vários expatriados, que viviam no alojamento e trabalhavam para as Nações Unidas, eram proibidos de circular pelas ruas e tinham de ser diariamente transportados em comboios. Eram prisioneiros de seus escritórios e hotéis; algo terrível, pensei, enquanto, na manhã seguinte, eu e Khalid nos aventurávamos do lado de fora. Soprava um vento frio e a neblina era densa. Estava tudo branco, o céu branco, o nevoeiro branco — impossível distinguir o horizonte. Queríamos voar de volta, via Ariana, para Cabul, mas precisávamos das passagens e chegamos a um prédio de cimento pintado de azul pálido, numa rua de terra. Havia uma fileira de sapatos ao lado da porta. Descalçamos os nossos e entramos no edifício gelado. No interior, nada havia, exceto corredores vazios e um sofá com vários homens sentados. No andar de cima, depois de um corredor escuro, encontrava-se o escritório onde se marcavam as passagens.

— Não sabemos — falou o sujeito. — Talvez haja um voo amanhã, talvez não, e o horário não está certo.

Khalid insistiu, fez mais perguntas e foi encaminhado para outro lance de escadas, onde havia uma sala na qual encontramos, aconchegado ao lado de um fogão a querosene, o gerente de comunicações da companhia.

— Só há um voo programado por semana, nas sextas-feiras — informou. — Os outros são da Hajj e, se houver lugar, eles os levam. Mas ninguém sabe ao certo; liguem para mim depois das onze.

Caminhamos pela fervilhante Mazar. "Na verdade, a cidade toda melhorou ultimamente", escrevera Robert Byron. "Os bazares são novos e limpos, e seus telhados, sustentados sobre pilares que deixam passar a claridade. Na nova cidade, onde ficam o hotel, os escritórios e as repartições públicas, as ruas têm sarjetas limpas nas margens." O tempo, aquele tempo, passara, e as coisas não eram mais as mesmas. Lama e poeira, o meio-fio quebrado e em pedaços, a cidade estava tão destruída e despedaçada pelas décadas de guerra quanto o resto do país. Os carros dividiam as ruas com carroças e mulas; vendedores de nozes abanavam braseiros de carvão; e as lojas mantinham-se abertas, apesar da baixa temperatura. Todos pareciam sentir frio em seus trajes precários.

— Venha — chamou-me Khalid. — Vou lhe mostrar uma coisa.

Passamos por entre uma sequência extravagante de minaretes, com azulejos azuis, amarelos e roxos, dispostos dentro de um pátio — o santuário de Hazrat Ali, o túmulo de Ali ibn Abi Talib, o quarto califa, primo e genro de Maomé. Byron descrevera esse lugar como "um cruzamento entre São Marcos, em Veneza, e uma casa de campo elisabetana traduzida em faiança azul".

Deve-se a isso a existência de Mazar, em primeiro lugar, e foi por isso que Byron a visitou, 72 anos antes. Embora a maioria dos xiitas acreditasse que o túmulo do califa se encontrava na Arábia Saudita, dizem que Ali em pessoa apareceu, na primeira metade do século XII, num sonho do mulá de Balkn, cidade próxima, e confirmou que sua sepultura se encontrava na área onde se ergueria Mazar. No local, em 1136, fora construído um santuário, depois destruído por Genghis Khan, que estivera no logradouro. Reerguido em 1481, tornaria a cidade um ponto de peregrinação. Caminhamos pelos jardins exteriores, entre lagos, cisnes e milhares de pombos brancos, que pousavam nas mãos de crianças extasiadas — um lugar cheio de homens e mulheres que, pela primeira vez no Afeganistão, pareciam tranquilos. Paz e sossego; uma espécie de oásis num país em que havia uma luta constante contra o frio e o calor, e entre homens e mulheres, entre as identidades étnicas do Afeganistão, e, acima de todos os embates, uma batalha pela sobrevivência.

— Vamos entrar? — perguntou Khalid.

— Não tem problema?

— Não sei. Provavelmente, não. Mas não diga coisa alguma. Não fale; apenas siga-me de perto. Ninguém está te olhando. É por causa do seu jeito de andar. Você não anda como um estrangeiro.

Passamos por um portão de ferro fundido. Um homem idoso, de barba e rugas profundas no rosto, tomava conta de centenas de pares de sapatos. Removemos os nossos e seguimos por um tapete vermelho, que levava à mesquita. No interior, silencioso, ouviam-se apenas suaves murmúrios. Raios de luz invadiam o ambiente, um mundo de tapetes e portas de madeira, com uma mesa baixa atrás da qual estavam sentados vários *mujawers* — os homens que limpavam e cuidavam do santuário. Khalid se aproximou e se ajoelhou diante deles. Segui-o e fiz o mesmo, sentindo-me totalmente exposto, o coração acelerado. Ele passou as mãos pelo rosto, como se limpasse a poeira dos olhos e da face, e fez um breve gesto com as mãos sobre o peito. Eu nada entendia. Os *mujawers* me observavam. Um americano no mais sagrado templo do Afeganistão, usando um *salwar kameez* de pele de carneiro, com um boné de esqui sobre a cabeça... Imitei vagamente Khalid; tentei reproduzir seus movimentos da melhor maneira. Eles estenderam as mãos. Khalid entregou-lhes algum dinheiro; fiz o mesmo. Ficamos em pé e ele sussurrou:

— Acabamos de pedir perdão.

Ninguém pareceu perceber minha identidade. No centro da mesquita, havia um cubo de vidro, do tamanho de uma garagem, cercado por objetos delicados de madeira. Era a sepultura. Homens e mulheres roçavam-lhe os dedos, os rostos e os corpos, e depois o circundavam. Fizemos o mesmo e fomos embora. Sentia-me como Richard Burton em Meca, culpado, excitado, um pouco desorientado e envergonhado por saber tão pouco, conhecer quase nada sobre um lugar que era tão importante para tanta gente.

Caminhamos lentamente em meio à neblina crescente de Mazar. Sentamos numa esquina e bebemos suco de romã, enquanto um menino, que tremia de frio, sem meias e com o nariz escorrendo, engraxava os sapatos de Khalid. Mendigos, velhos e velhas lhe estendiam as mãos abertas e sempre recebiam alguma coisa, ao que retribuíam com uma oração. "Rezarei para que nunca haja restrições em seu modo de vida", prometeu um homem. Entramos numa confeitaria, cujas paredes estavam cheias de doces caseiros de sésamo, cardamomo, cenoura e caju. Provamos alguns, açucarados, com gosto de nozes e de leite, e Khalid encheu dois sacos.

— Minha família é grande! — exclamou, observando o céu frio e branco lá fora. — Espero que não neve, senão ficaremos presos aqui.

Mesmo sem nevar, a Ariana não se manifestava. Telefonamos cinco vezes entre 10h30 e 3 da tarde. A cada vez, pediam-nos para ligar uma hora mais tarde. O avião sequer decolara de onde quer que estivesse, e ainda precisava chegar a Mazar. Se chegasse, informou um funcionário da companhia, daria meia-volta rapidamente e partiria. As passagens só podiam ser compradas no aeroporto. Era preciso ir até lá, aguardar e torcer.

— A Ariana é assim — afirmou Khalid. — É a companhia aérea menos confiável do mundo, e é muito mal administrada!

Pensei no presidente da empresa, Moin Wardak, sentado em seu escritório confortável em Cabul. Nós nos encostamos ao aquecedor de propano no quarto de Khalid, assistimos às lutas de vale-tudo na TV e ponderamos sobre nossos problemas. Podíamos ir para o aeroporto e esperar. O avião poderia chegar, ou não. Se não, talvez tampouco aparecesse no dia seguinte. E se chegasse, poderia não partir — já escurecia, o teto de nuvens estava baixo e cada vez baixava mais. A escolha era simples: no Afeganistão, os ônibus eram mais confiáveis do que os aviões. E provavelmente mais seguros.

CHEGAMOS A CABUL e acenamos para um táxi amarelo. Àquela altura, ostentava uma barba de cinco dias e minhas roupas estavam manchadas de lama e de gordura de carne de carneiro. No desfiladeiro de Salang, ficáramos imobilizados num enorme engarrafamento de ônibus, caminhões e carros, que derrapavam, deslizavam e, portanto, precisavam colocar correntes sobre as rodas. Um homem veio a mim e começou a berrar em dari. Khalid morreu de rir.

— Ele pensou que você fosse o motorista do ônibus!

Aquilo o fez ter maior segurança, agora que estávamos de volta a Cabul. E após nos abraçarmos e nos despedirmos, mudei-me para um hotel menor, mais barato e com menos segurança, gerenciado por uma família afegã, cujos quartos eram aquecidos por um fogão à lenha — conjunto dentro do qual pude me sentir mais protegido. Naquele lugar menos óbvio, não era um alvo.

SAÍ PARA CAMINHAR. Se ainda não desaparecera, meu medo inicial do lugar ao menos diminuíra consideravelmente. Cortei meu cabelo num barbeiro e entrei num restaurante de kebab cujas paredes, decoradas com a cabeça de um cervo, eram revestidas de pele de lobo e de cujo teto pendiam coxas de boi. Lá, conheci Ali Musabah, um homem enorme, que vestia jeans e casaco de couro, e que tinha orelhas imensas, que pareciam uma couve-flor.

— Sou lutador — rosnou em seu inglês áspero.

Temendo contar que era americano, estupidamente lhe disse que era canadense, uma mentira que lamentei imediatamente e que não pude reparar.

— Vou me mudar para o Canadá! — falou. — Com toda minha família. Odeio o Afeganistão. É violento. Cheio de armas, sequestros, bombas e homens maus. Os afegãos são tão malvados quanto os americanos, que não são boas pessoas. Quando chegar ao Canadá, se Deus o permitir, ligarei para você — ele me trouxe um prato cheio de carne de carneiro gordurosa e cartilaginosa. — A gordura faz bem! Coma. É por minha conta. Questão de hospitalidade.

Perguntei-lhe em quem votaria nas próximas eleições.

— Ninguém. Não há algo que preste por aqui. Não sentirei saudade alguma. Nunca me casarei aqui.

Ficou sentado comigo, protegendo-me, enchendo-me de perguntas sobre Toronto, que fiz o possível para responder, já que estivera lá somente uma vez, desesperadamente querendo confessar minha mentira. Ali se recusou a me deixar pagar pela refeição ou pelas outras que consumi nos três dias que se seguiram.

O Kabul Lodge estava quase vazio. Acordei com a neve caindo e com minha cama balançando — um pequeno tremor de terra. No café da manhã, encontrei a outra única hóspede do lugar, uma francesa pequenina com cabelos negríssimos, um rosto penetrante e exótico, chamada Marie-Elise Palmier-Chatelain. Ela dava aulas de história do século XIX numa universidade perto de Paris e viajara por todo o Afeganistão, pelo Paquistão e pelo Iêmen, intermitentemente, durante três anos. Sozinha — o que fez com que me sentisse um principiante. Comparamos nossas facas. Marie-Elise possuía um canivete de 15 centímetros, quando aberto, e confessou que carregara uma pequena pistola automática no Iêmen. Viajara de ônibus pelo Afeganistão e fora diretamente conduzida, em poucos dias, para a região dos talibãs. Cavalgara do Paquistão até o Afeganistão. Tinha nervos de aço.

— Venha — chamou-me. — Você vai gostar disso.

Vestimos nossas fantasias. A dela, uma *abaya* longa e preta, com um lenço preto. Saímos pelas ruas enlameadas. O sol surgira e derretia centímetros de neve sobre o chão. Entramos num táxi e saltamos no meio de uma densa multidão, seguindo por vias que nos conduziram a estreitas vielas de lama e a antiquíssimas lojas dentro de barracos de madeira, que vendiam pombos brancos de manchas marrons e anéis dourados nas pernas, e periquitos e perdizes de rinha com pernas vermelhas. Cheirando a condimentos e fumaça, o mercado de pássaros era supostamente interditado a estrangeiros — uma área rica em emoções antigas e vivas. Desejei que os tempos fossem outros e que se pudesse passar dias por ali, explorando e conhecendo aquele lugar sem medo de explodir ou de ser sequestrado.

Marie-Elise disse que ninguém a notara — e de fato não parecia uma ocidental —, mas estava enganada. Todo mundo a percebia e a encarava; era o modo como caminhava. Os passos seguros. Rápidos. A cabeça erguida. Esgueirando-se entre uma multidão de homens, uma postura poderosa que nenhuma mulher afegã ousaria demonstrar num mercado público.

O tempo ficava curto, e eu tinha que pegar um voo para a China. Fui revistado uma, duas, três vezes, atravessando os vários controles de segurança até o aeroporto. O portão estava repleto de afegãos e chineses que, acotovelando-se, tentavam embarcar no ônibus que nos levaria ao avião. Na escada para a aeronave, nova revista. Era o mesmo velho 727 da Ariana Airlines que me trouxera de Nova Délhi a Cabul.

O passageiro a meu lado era um chinês de Cingapura que vivia em Pequim e que possuía uma empresa que trabalhava para os americanos na base aérea de Bagram, em Cabul.

— A guerra, a insegurança e o desconforto — explicou —, onde quer que isso exista, o exército gasta mais dinheiro e isso é bom para mim. E seu novo presidente está enviando mais soldados! Os negócios vão melhorar ainda mais! — e disse que, durante muito tempo, todos estavam saindo da China para um lugar melhor. — Agora é o contrário. Todo mundo quer ir para a China!

Três horas mais tarde, desembarcamos no frio de 15 graus negativos de Urumqi, na China — país em que eu completara 24 anos, em 1984, e aonde nunca mais retornara. Na época, as amplas avenidas de Pequim não tinham carros, tampouco placas. Apenas pessoas que andavam a pé e de bicicleta em trajes azuis e verdes, como Mao. Cinco horas antes, caminhara numa cidade arruinada, que enfrentava cortes de luz e em que metade da população escondia-se em burcas. Os aviões eram mesmo como cápsulas voadoras; latas de cultura em conserva. Agora, estava dentro de um táxi, ao som de um hip-hop que berrava "Quero teu corpo", e avançava por longas autoestradas banhadas de néon e por ruas com altos prédios modernos de vidro, e meus olhos piscavam diante da riqueza e da elegância de uma Urumqi outrora provinciana — mulheres com botas de couro de salto alto e jeans apertados, e uns caras moderninhos que calçavam All Star e usavam brincos. O frio, a riqueza repentina, a elegância — acabara de passar sete semanas na Índia, em Bangladesh e no Afeganistão — e a sexualidade ostensiva me deixaram tonto. Mais uma vez, aquele deslocamento pelo mundo se abateu sobre mim. Sentia-me totalmente perturbado. Era véspera de Ano-Novo e as mensagens que chegavam da família e dos amigos pouco adiantaram para amenizar minha solidão, enquanto bebia um uísque no bar resplandecente do hotel, com suas árvores de Natal e garçons que se divertiam com o karaokê. Estava a caminho de casa, percebi. Tinha muitos quilômetros a percorrer ainda, mas, a partir de então, viajaria do leste para o oeste, para os Estados Unidos, e ainda havia tanto que não vira, tanta coisa que não conhecera. Pela primeira vez, desde que saíra de ônibus de Washington, em vez de me afastar, ia em direção a algo. Mas o que significava "casa" agora? Teria sequer um lar para onde voltar? Pensei em Moolchand. O que fazer? Bebi mais um gole de uísque e fui para cama.

.

Um trem de passageiros em alta velocidade, que seguia em direção a um balneário chinês, saiu dos trilhos e se chocou contra outro, matando pelo menos setenta pessoas e ferindo centenas no pior acidente ferroviário do país nos últimos dez anos. Em janeiro, outro trem em alta velocidade atropelou um grupo de operários que fazia a manutenção dos trilhos, matando 18 deles. A China (...) está expandindo seu sistema para criar a rede mais densa de transporte de carga e de passageiros do mundo.

— Sunday Times, *29 de abril de 2008*

ONZE Aguarde e confie

Em Urumqi, mesmo às 8 horas da manhã, era escuro como dentro de uma caverna. Temperatura glacial. O gelo fazia cintilar as ruas. Como um estampado de bolinhas, mucos congelados de cuspe pontilhavam as calçadas e o asfalto. Quando saí de Délhi, sem querer jogara fora meu guia da China. Os chineses eram como os americanos: acreditavam ser o centro do universo (o nome local do país, Reino Central, diz tudo). Poucos falavam inglês, pelo menos em Urumqi. "Poucos", registre-se, para atenuar o impacto. Ninguém falava inglês. Nada. E havia duas coisas que eu sabia dizer na língua deles: "obrigado" e "oi". Meu hotel era um prédio de vidro com 24 andares; pela primeira vez em meses, estava num mundo rico, totalmente moderno, ainda que me sentisse deslocado. Foi preciso improvisar no momento em que tomei um táxi para a estação ferroviária. Desenhei um trem. Falei "chu, chu" e acabei chegando ao terminal correto, uma construção compacta e quadrada, stalinista, que se encontrava lotada — uma turba de gente congelada e trêmula, que pulava para cima e para baixo como os pistões de um motor, surgindo pelas portas e serpenteando pelas escadas. Tive de recorrer aos empurrões para abrir caminho e encontrar os 18 guichês de passagens, cada um com uma fila de centenas, talvez milhares de pessoas. A neve derretida e os escarros cobriam o piso escorregadio. Qual seria o guichê certo? Impossível saber. Teria de esperar horas para depois descobrir que estava no errado?

Precisava de ajuda. Talvez no hotel. Queria um táxi, mas os motoristas sacudiam a cabeça quando tentava embarcar. Homens e mulheres me empurravam agressivamente e embarcavam primeiro. Finalmente reagi e entrei no banco da frente. Entreguei ao motorista o cartão do hotel, com nome e endereço.

— Uh-uh — grunhiu, acenando negativamente, resmungando e vociferando alguma coisa.

Saltei. Fui rejeitado outras vezes. Enfim, apareceu um motorista que me aceitava. No hotel, o atendente do balcão convocou uma mulher que falava um pouco de inglês. Havia, mais próxima, outra agência de passagens. Eu queria ir a Hohhot, de onde seguiria para a Mongólia, e ela escreveu as coordenadas em meu caderno de anotações. Precisei fazer quatro trajetos, a duas estações, para finalmente conseguir a passagem. A barreira linguística era total, como se tentasse me comunicar com um peixe no mar.

Uma hora depois de embarcar, uma cobradora em uniforme azul veio a mim e despejou um temporal de palavras indecifráveis.

— Obrigado — disse-lhe. — Como vai você? — era tudo o que podia falar. Ela saiu batendo os pés e voltou com outro cobrador, que despejou o mesmo temporal. — Obrigado — repeti. — Como vai você?

Ele se esforçou mais ainda. Ela também.

— Obrigado — insisti. — Como vai você?

Foram-se. Alguns minutos mais tarde, voltaram, desta vez com dois passageiros que falavam um pouco de inglês.

— Para onde você vai? — perguntaram.

— Para Hohhot — disse, mostrando meu bilhete.

— Sim — assentiram ambos, em uníssono. — Mas onde vai trocar de trens?

— Trocar de trens?

— Este não vai para Hohhot. É preciso trocar.

— Não sei — respondi. — Vocês me avisam onde!

Eles falaram entre si.

— Wu Wei — afirmaram, com a anuência dos cobradores. — Você precisa saltar em Wu Wei.

— Quando chegamos lá? — perguntei.

Apanhara meu fiel caderno pouco antes. A mulher então o pegou e escreveu "13h10".

Estava não na classe inferior, de assentos duros, mas num leito rígido de um trem impecável, com manta e travesseiros de penas. Nada havia a fazer; impossível tentar qualquer conversa. De vez em quando, as pessoas próximas tagarelavam na minha direção. Eu assentia.

— Obrigado, obrigado. Como vai você?

Saltei em Wu Wei, e sequer sabia onde ficava Wu Wei. O frio era imenso, de quase 12 graus negativos. A estação localizava-se num plano elevado que dava sobre uma praça, na qual, no topo de um poste alto, agitava-se uma bandeira com três cavalos negros. A cidade estava deserta; sossegada. Mostrei minha passagem a alguns policiais. Nada entendi do que disseram.

Um deles, contudo, agarrou-me pelo braço e me conduziu para fora, até outra sala, onde se vendiam bilhetes. Passou-me à frente de todos na fila e falou um bocado com a pessoa no guichê, que lhe deu outra passagem. Desenhei um relógio, apontei para o meu, e ele escreveu 17h48.

Segui-o de volta à estação. O policial sacudiu a cabeça e apontou para... fora. Para a praça. Sacudi a minha. Mostrei-lhe minha bagagem e perguntei se podia guardá-la em algum lugar. Ele balançou a cabeça negativamente de novo, disse palavras que não entendi e me empurrou para a praça. Não, definitivamente não estava a fim de caminhar com minhas coisas, muito menos no frio. Então, voltei para a estação. Fiquei lá, sentado, durante quatro horas, congelando entre camponeses com bochechas vermelhas e dentes prateados. Fiz amizade com alguns. Mostrei-lhes fotos de meus filhos no celular. Uma mulher me deu uma laranja tão fria que, parcialmente congelada, era difícil segurá-la. Andei de um lado a outro e li. Mesmo com duas echarpes em torno do pescoço, luvas, ceroulas, boné de esqui, ainda assim tremia. A hora de partida — ao menos aquela, marcada — aproximava-se. Quando chegou, porém, não havia trem. Levei minha passagem de volta aos policiais. Um deles, uma mulher, disse repentinamente:

— Amanhã.

— Você fala inglês? — perguntei.

— Sim — respondeu. — E seu trem é amanhã à noite.

Quatro horas congelando para nada! Logo descobri, por sorte, que o prédio moderno que se destacava nos arredores da praça era um hotel, e bem razoável. Piei igual a uma galinha. Desenhei uma xícara de café fumegante. E fui compreendido. Percebi, pois, que minha habilidade de comunicação melhorava. Em seguida, trouxeram-me um copo de leite quente e costeletas de porco.

Naquela noite, liguei para casa. Precisava de ajuda. Minha filha mais nova estava no segundo ano de chinês; e Lindsey, por sua vez, comprara um guia da China. Enviaram-me, então, algumas palavras e frases, que copiei no meu caderno e com o que pensei que poderia recuperar o controle da situação.

PASSEI A NOITE seguinte dentro do trem, num assento desconfortável. Todos os lugares estavam tomados e algumas pessoas tiveram de ficar em pé. A janela tinha uma crosta de gelo por revestimento. Sentei-me ereto, como se estivesse num banco de igreja. Meus companheiros de viagem roncavam, observavam e comiam quantidades enormes de sementes de girassol. Meu pescoço doía; meus joelhos berravam; minhas costas palpitavam. Não tinha a menor ideia de onde me encontrava; não podia conversar, tampouco decifrar coisa alguma. Era meu momento de triunfo: percorrera três quartos do planeta. Enfrentara os rios e as estradas enlameadas do Amazonas, os trens desertos do Mali e os barcos de passageiros da Indonésia e de Bangladesh. Caminhara pelos mercados de Cabul. Era meu momento de triunfo, sim, mas, pela primeira vez, senti-me desamparado. Mais perdido do que nunca. Se afastasse a cortina roxa e limpasse a camada de gelo do vidro, nada veria, senão escuridão e neve. Um bebê gritava e eu não conseguia dormir. Senti-me inteiramente desgarrado; a conexão com o mundo, a coisa que mais queria e na qual ficava, à medida que os meses passavam, cada vez melhor, era impossível. Meus companheiros de viagem não demonstravam interesse algum em mim. Pensei na cena do filme *Lá onde o rio te leva* em que Tobias Schneebaum, depois de caminhar sozinho por quatro dias pela selva, depara-se com um bando de índios akaramas nus — tribo de guerreiros tão cruéis e temidos que, segundo lhe avisaram, provavelmente o matariam assim que o vissem. Em vez disso, porém, os akaramas, após observarem silenciosamente sua aproximação, começaram a pular. "Todas as armas tinham sido largadas sobre as pedras e ficamos todos saltitando, e meus braços envolveram um após o outro, me levando à histeria, selvagemente extasiado de amor por toda a humanidade, e retribuí afagos nas costas, mordidas na carne dura e, como eram bem pequenos, eu rodei alguns deles como crianças, varrendo para longe meu mundo passado." Começara a me sentir assim cada vez mais, na Indonésia, em Bangladesh e sentado na grama úmida do Palika Park com Moolchand; aquele amor pela humanidade que às vezes me deixava, isso mesmo, extático e ao mesmo tempo liberto e conectado. Era algo que raramente experimentava em casa, onde sou conhecido como cara chato. Solto no mundo, entretanto, várias vezes me senti novo, vivo, como se pudesse ver cada folha da grama e as pedras nas calçadas, aberto para quem quisesse atravessar meu caminho. Solto no mundo, via cada ser humano como uma pessoa boa e fascinante. Valia a pena conhecê-los. Em casa, com muita frequência, ignorava as pessoas e me via distante de todos. Na estrada, contudo, vinha-me esse desejo motriz de me integrar, e muitas vezes o fiz, em parte porque as pessoas podiam perceber aquela abertura, o que raramente ocorria em casa. Na China, aquilo tudo parecia ter sumido, como um sonho. Seria somente a barreira linguística? Ou algo mais, alguma coisa dentro de mim? Provavelmente um pouco de ambos. Ali, no oeste da China, a lacuna idiomática e cultural era imensa, mas também percebi que, a cada quilômetro, aproximava-me um pouco mais de meu ponto de partida, longe do que era novo, e voltava ao passado. Tive medo. E se tudo que aprendera evaporasse com meu retorno? Como poderia achar a coragem para tornar a vida novamente verdadeira?

Uma hora antes de chegar a Hohhot, em decorrência de uma parada, um jovem casal se sentou a meu lado. Ele usava jeans preto apertado e um agasalho preto bacana, com um zíper prateado. Fiquei pasmo.

— Qual é seu número favorito? — perguntou-me, sem mais nem menos, em excelente inglês.

— Meu número!? — exclamei.

— Isso, sabe, como um, dois, três, quatro...

— Seis — respondi.

— Cara, isso é ótimo! — disse ele, erguendo o mindinho e o dedão. — Seis e oito dão sorte! Nós somos estudantes. Sou um calculador! Trabalho com os números.

— Um contador?

— Isso. É isso aí! Um contador. Qual é seu esporte preferido? Você gosta do NBA?

Fiz que sim e questionei:

— Você consegue assistir a NBA na China?

— CCTV 5! — respondeu. — Cara, é o canal que passa todos os esportes!

Mas isso foi a uma hora de Hohhot e logo tive de descer e caminhar até meu hotel. Depois, voltei à estação para tratar da próxima etapa da viagem, rumo à Mongólia. As filas eram épicas. Qual o guichê? Não tinha a menor ideia. Desenhei dois relógios, com as horas de uma a meia-noite. Escrevi o equivalente a "amanhã" perto da palavra Erlian.

— Erlian, *ming tian* — falei audaciosamente ao chegar à bilheteria, cortesia de Charlotte — Erlian, amanhã.

— *Mayo* — retrucou a mulher, "não tem". Desenhei um calendário e apontei para o dia. — *Mayo*.

Encolhi os ombros e indiquei a data novamente. Uma passagem apareceu de repente. Para domingo, cinco dias depois. Tempo demais para ficar em Hohhot.

Acabei achando uma estação rodoviária. Consegui comprar uma passagem para a cidade de Erlian, na fronteira entre a Mongólia e a China, com partida marcada para o dia seguinte, às 8 horas. Não conseguia fazer funcionar a maior parte das frases que minha filha Charlotte me ensinara — em mandarim, a entonação era importantíssima, e os termos saíam desarticulados de minha boca. Marchei de volta para o hotel sob frio intenso. Fui até o restaurante.

— Como vai? — disse. — Obrigado.

Fiz um pedido. Ou seja, apontei para o cardápio sobre uma foto do que pareciam ser pedaços retangulares de carne e vagem. Meu jantar chegou: nacos de banha pura com pimenta e alho. Era como se comesse só a gordura do bacon, sem a carne. Apesar da textura horrenda, o gosto era bem saboroso.

Voltei rapidamente para meu quarto. No caminho, passei por uma legião de garçonetes e funcionários da recepção que me disseram "Como vai? Obrigado!". Depois, começaram a rir.

De manhã, coloquei minha bagagem nos ombros e caminhei pelas ruas frias de Hohhot em direção à estação de ônibus. Não tinha a menor ideia para onde ia, exceto de que meu destino era a Mongólia. Tampouco sabia quando chegaria lá. Havia dúvida sobre se precisaria de um visto ou não. O guia do país dizia que sim; vários sites na internet diziam que não. Consolava-me, todavia, pensando em Moolchand e Fardus, com seu otimismo inabalável. Ademais, acabara de concluir as 1.886 páginas da edição chinesa, em língua inglesa, de *O conde de Monte Cristo*, de Alexandre Dumas, cujas palavras finais eram "Aguarde e confie".

Entrei no ônibus, que logo foi embora. O homem sentado a meu lado usava calças de cetim prateadas e brilhantes e tinha longas costeletas.

— Como vai você? — disse.

Ele me olhou como se para alguém da Idade da Pedra e ficou calado.

Subimos as montanhas marrons cobertas de neve por uma pista sinuosa. Uma hora mais tarde, emergimos num planalto ondulado. Sol. Um céu imenso, com um horizonte sem fim. Passamos, no meio de lugar nenhum, por estranhas construções, que pareciam hotéis de beira de estrada, mas com tendas circulares em vez de quartos.

Fizemos uma pausa para o banheiro. O dos homens era uma obra de arte. Uma vala ao ar livre revestida por 10 centímetros de mijo, com reflexos vagamente amarelados. Cinco buracos no chão — 1,5 metro acima da superfície — revelavam espantosas esculturas eretas de merda congelada. Fazia tanto frio que sequer fedia.

No começo da tarde, saímos da autoestrada e seguimos para uma cidade, na qual paramos. Todos desembarcaram. Parada para o almoço! — supus. Dei uma volta por ali. Depois, entrei num restaurante, mas não havia qualquer outro passageiro lá dentro. Aguardei. Sentia frio. Estava congelando. Voltei para o ônibus. Sentei no meu lugar. Passados 20 minutos, o motorista veio e me lançou labaredas em chinês. Ouvi a palavra Erlian.

— Erlian! — falei. — Sim, estou indo para Erlian.

— Erlian! — ele disse. — Erlian! — então, entendi. Na verdade, estávamos em Erlian. A Mongólia ficava em algum lugar ali perto.

Vi um hotel; que não era um hotel, mas uma estação de ônibus.

— Mongólia — balbuciei no guichê.

Uma passagem apareceu na minha frente. Uma hora mais tarde, encontrava-me em um pequeno ônibus, desprovido de aquecimento e que caía aos pedaços. Mulheres se enfiaram lá dentro, com sacos e mais sacos de tecido cru. Cada uma carregava cinco; eram comerciantes. Tomaram todos os lugares. O gelo cobria as janelas. Um homem embarcou com um pneu de caminhão. Outro enfiou um assento de carro, coberto de pele falsa de leopardo, no corredor. Partimos. Chegamos à fronteira. A mais pomposa que já vi. O céu, a neve, a estepe e um prédio maciço de mármore, cujos vidros refletiam a luz do sol. Entrei por um lado e saí pelo outro. Cem metros à frente, a Mongólia. A abundância, a vivacidade e as luzes da China evaporaram.

O posto de fronteira era sombrio, velho e empoeirado. Preenchi um formulário. Número do visto: não tinha visto. Hotel: não tinha hotel. Número do voo: viera de ônibus. Deixei isso em branco também.

Esperei numa fila longuíssima. Nutria esperança.

A funcionária que me atendeu era linda. Sobrancelhas elegantemente arqueadas e tratadas. Batom rosa. Cabelo longo, negro, com um rabo de cavalo. Uniforme verde camuflado. Um distintivo dourado enorme.

— Qual é o número do ônibus? — perguntou.

— Não sei — respondi. — O ônibus veio de Erlian — quantos outros podiam existir nesse trajeto?

— Qual é o número do ônibus?

— Não sei.

Ela saiu falando um monte de coisas para as pessoas atrás de mim, as quais encolheram os ombros; nenhuma viajara comigo.

Questionou-me cinco vezes e cinco vezes respondi que não sabia. Olhou para mim.

— Qual o hotel?

— Não sei — respondi. — Zamyn Uud — era para essa cidade que íamos.

— Zamyn Uud Hotel? — perguntou.

— Isso! — exclamei. — É isso mesmo. O Zamyn Uud Hotel!

Ela anotou. Mas era o visto, ou a falta de um, que me preocupava. Então, abriu meu passaporte, folheou as páginas e me encarou.

— Qual é o número do ônibus?

Dei com os ombros. Ela anotou alguma coisa e, *vapt*, carimbou meu documento. Quinze minutos mais tarde, estávamos em Zamyn Uud, Mongólia, à beira do deserto de Gobi.

Nada havia em Zamyn Uud, na Mongólia. Ou melhor: havia lama, gelo, neve, três restaurantes, uma estação de trem, um bocado de tendas e umas duas mercearias. Fazia quarenta graus negativos. Uma mesa de sinuca jazia na praça da cidade, o feltro coberto pela camada branca. Na extremidade da cidade, como folhas de compensado de madeira, couros de cavalo congelados eram descarregados de dois vagões e transferidos para caminhões. Meu hotel, que não era o Zamyn Uud Hotel, não dispunha de água quente. Quando a noite caiu, no céu só se viam estrelas, minúsculas partículas de gelo brilhando como estilhaços de vidro. Sentia-me longe de tudo. Nisa me telefonou de Délhi, aos soluços. Lindsey enviara uma mensagem em que me advertia sobre um novo relacionamento, em fase inicial. Aparentemente, não era o único a sentir que me distanciava. A caminho do restaurante para jantar, deparei-me com um iaque solto. Encontrei também um homem deitado na neve. Usava um boné de pele, botas de couro até os joelhos, tinha dentes de ouro e suas pernas se mexiam, embora o sujeito não saísse do lugar. Era incapaz de se levantar, totalmente bêbado. Fiz o máximo para erguê-lo, mas era grande e sólido, e se agarrava a mim com firmeza, contorcendo-se e escorregando. Não tinha luvas. Enfim, deslizamos e escorregamos, sabe-se lá como, até alcançarmos um banco na praça, ao lado da mesa de sinuca revestida de neve, onde o deixei. Queria ficar um tempo ali, conversar, ou apenas sentar e observar o mundo, encontrar pessoas, mas isso era impossível sob 40 graus negativos. Todos passavam apressados em seus casacos espessos de inverno. Se parasse por um só instante, o frio atravessava minha roupa, como se estivesse nu. O que teria acontecido com a aventura de Schneebaum se aqueles akaramas o tivessem ignorado?

No restaurante, toquei-me: começava tudo de novo. Afinal, não sabia sequer uma palavra em mongol e o cardápio estava escrito em cirílico. Traga-me qualquer coisa, gesticulei. Foi uma luta. Naquela situação, se houvesse alguém que falasse inglês no raio de 1 quilômetro, certamente me acharia.

E assim foi.

— Qual é o problema? — perguntou um homem. — Carne — ele disse. — Na Mongólia, comemos carne.

— Está ótimo — falei. — Quero carne.

Então, vociferou um pedido, sentou-se comigo e dividimos uma cerveja. Chamava-se Tsedee, tinha algo em torno dos 30 anos e era fluente em mongol, inglês, alemão e russo.

Vi ali minha oportunidade. Tsedee dirigia-se para Ulan-Bator com um caminhão de 20 toneladas carregado de propano. Aquilo não fazia exatamente parte das regras ridículas que fundamentavam meu objetivo insano — afinal, não havia registros de carretas lotadas de propano explodindo na Mongólia. Tomara toda sorte de ônibus, barcos, trens e aviões para os quais fosse possível comprar uma passagem, mas não me bastava. Queria mais aventura. Mais riscos. Mais conversas. O trem de Zamyn Uud para Ulan-Bator não prometia qualquer novidade. Já o percurso de caminhão... Enchi seu copo, encarei-o e disse:

— Vou fazer um pedido estranho e sério.

— O que é? — perguntou.

— Gostaria de viajar para Ulan-Bator no seu caminhão.

Ele olhou para mim e foi direto:

— A estrada é horrível. Não é um pouco ruim; é muito ruim. É um trajeto difícil. O frio congela a gente. O aquecimento do caminhão está quebrado. Vai levar 36 horas para percorrer 560 quilômetros. É uma tortura.

— Perfeito — declarei. — Posso ir com você?

Antes de responder, fitou-me de cima a baixo:

— Você verá camelos, tendas e o deserto de Gobi — sorveu um gole de cerveja, e concluiu. — Pode.

Esperei três dias; o último, dentro de uma casa de um só cômodo, com duas camas e sem água corrente, aquecida com um forno de carvão, enquanto Tsedee aguardava um telefonema do chinês do propano e eu temia que tudo falhasse e acabasse morrendo congelado.

O caminhão estava do lado de fora; vigas de madeira sob o eixo dianteiro. Seríamos três: além de mim e de Tsedee, um motorista chamado Batbillq, que não queria que eu fosse.

— Faz frio demais — argumentou. — E não tem espaço.

Subi no caminhão de modo a estudar a área. Um só banco servia de assento e, no meio, onde deviam ficar minhas pernas, um aquecedor sobressalente balançava no piso, conectado ao sistema elétrico por fios desencapados. A cabine era um caos. Estopas ensopadas de óleo, lixo, peles e uma caixa de ferramentas se espalhavam ao acaso. Parecia bem apertado mesmo. Tsedee, porém, mandar-me-ia, naquela noite, uma mensagem de texto em que se lia: "Seja bem-vindo a viajar com a gente. Estou em Erlian e volto amanhã à tarde."

"Bayarlalaa", respondi. "Obrigado."

E no dia seguinte, bem cedo, fui tomar meu café da manhã.

— *Bi husej buuz baina* — pedi. — Gostaria de uns bolinhos de carne.

QUANDO ENFIM partimos já eram quase 22 horas. Sob frio de 40 graus negativos, logo aprendi, tudo é impetuoso. Tsedee vestiu um macacão de pele longa que o deixava parecido com o Abominável Homem das Neves, e ainda pôs um casaco por cima. Batbillq usava botas revestidas de feltro espesso. Eu calçava botas de caminhada normais. A lua, a um dia de sua plenitude, estava imensa e luminosa, tão claramente definida que parecia ser possível cortar os dedos em seu contorno. Pairando sobre a escuridão do deserto, resplandecia o bastante para desvendar um horizonte sem fim. O vento era uma navalha afiada, que talhava e queimava a pele mesmo através de quatro camadas de lã, como se vestisse só uma camiseta. A neve que soprava sobre a relva parda e curta era tão seca que parecia talco. Tsedee tinha razão; aquilo era uma tortura. Em meio a guinadas e a solavancos, numa velocidade entre 8 e 15 quilômetros por hora, seguimos sobre uma estrada esburacada, cheia de lama congelada, que desembocou num caminho que, a rigor, consistia numa trilha precariamente inscrita e mantida pelas marcas de pneu no deserto, e aquilo — a constatação de que meus companheiros de jornada consideravam aquela via uma opção verdadeiramente normal — golpeava-me os rins como socos de George Foreman. O para-brisa rachado cobria-se de neve. O esclerosado aquecedor sobressalente funcionava ao máximo, embora meus pés ficassem cada vez mais frios.

Durante o percurso, tivemos três pneus furados. O primeiro, por volta da meia-noite, logo se tornou um pesadelo. Os pneus eram grandes e pesados. Como possuíam câmara de ar, e uma vez que o breu era total, tivemos de remendá-lo sob a luz dos faróis. Levamos quase duas horas. E fomos em frente. Nada no caminho; nenhum outro carro ou caminhão, tendas ou camelos. Nenhum arbusto. O segundo pneu furou ao raiar do dia. Nós o consertamos. No final da manhã, ficamos sem gasolina, e aquilo poderia realmente ter nos liquidado, porque o aquecedor, por pior que fosse, não funcionava com o motor desligado; além disso, o vento aumentara. Estranha e milagrosamente, contudo, o motor morreu defronte a um posto de gasolina, numa das raríssimas aldeias pelas quais passamos — um amontoado de pequenas casas de madeira no meio de lugar nenhum. Ainda assim, foi uma provação. Batbillq teve de enfrentar o vento até a bomba, e precisamos levantar a cabine três vezes, enquanto mexia no motor para fazê-lo funcionar novamente, sob os açoites lancinantes do frio. Seguimos durante 36 horas sem parar. Eu observava Batbillq cair no sono ao volante e derrapar para fora da estrada, mas não precisava dizer ou fazer coisa alguma, porque não havia uma estrada de verdade e, pois, nada contra o que se chocar; de modo que apenas seguíamos adiante, até que acordasse e retomasse a trilha. Fizemos uma pausa para almoçar e tirar um cochilo. Descansando por três horas em um lugar esmo — um horizonte ininterrupto que se estendia em todas as direções. Tsedee vasculhou atrás do banco e achou um bujão de propano, um queimador e uma panela. Batbillq se encolheu num canto e começou a roncar, ao passo que Tsedee cozinhava o *buuz*, bolinhos de carne com leite, sal e água. O caldo ficou cheio de gordura, oleoso, salgado e consistente, e nós o devoramos.

NÃO CONVERSÁVAMOS muito. Ou talvez sim. Trinta e seis horas simplesmente eram horas demais, tempo demais. Não havia assunto para tanto. Aprendi algumas coisas sobre o negócio dos combustíveis e sobre como é viver na Mongólia. A gasolina era mais barata na China do que na Rússia — ligada por uma estrada a Ulan-Bator. Então, Tsedee fazia essa viagem algumas vezes por mês. Ele fora criado pela avó e, aos 15 anos, enviado para uma escola em Moscou; depois, passou alguns anos em Berlim. Era um cara esperto, viajado, ambicioso; com sua capacidade para os idiomas e sua vontade de empreender essas jornadas épicas, imaginava que muito em breve ficaria rico.

Descobri o quanto o frio pode ser frio. Passamos apenas por um camelo, que dormia ajoelhado, ao lado de uma tenda, e vimos um bocado de pequenos camundongos e vários antílopes, que saltavam adiante, iluminados pelos faróis. Na segunda noite, um terceiro pneu furado. Dessa vez, não havia com o que consertá-lo; tampouco tínhamos um sobressalente. Ficamos parados, na escuridão, coçando a cabeça. Em seguida, sem alternativa, retiramos a roda, que amarramos no caminhão, e embarcamos novamente.

— Hahahaha! — Tsedee começou a rir, batendo a porta com força. — Vamos rezar para fazer o percurso com apenas nove pneus!

Se aquilo tivesse ocorrido alguns meses antes, teria feito muito mais perguntas. Naquele momento, porém, já viajara três quartos do planeta. Cruzara a América do Sul e a África, e estivera em Bangladesh, na Índia e no Afeganistão, de modo que apenas me acomodei, mastigando meu bolinho mongol e observando as noites e os dias passarem numa região que tinha meio habitante por quilômetro quadrado. Era uma medida de quão longe eu fora, da profundidade de meu mergulho, e de todo o tempo em que ficara ausente. Estava totalmente exposto, aberto por inteiro ao mundo e me sentindo em casa ao lado de dois descendentes de Genghis Khan. Na verdade, estava até um pouco entediado. Chegava a hora de ir para casa; de completar o círculo. Viajar só valia a pena com o olhar virgem, quando a jornada nos surpreendia, espantava e nos fazia pensar sobre nós mesmos de um modo diferente. Não se pode viajar para sempre. Quando paramos de ver, quando perdemos a curiosidade e a abertura para o mundo, é o momento de retornarmos ao ponto de partida e avaliarmos onde estamos, refletirmos sobre onde chegamos. Há em todo mundo, suspeito, uma tensão entre a necessidade da alteridade e do familiar. Todos queremos segurança e todos queremos aventura — o que nos é habitual e o que é novo disputando o controle. Mas, quando a alteridade começava a parecer normal, o próprio lar se tornava um tanto exótico. Até Schneebaum finalmente conseguira escapar do universo dos akaramas e voltar a Nova York, "indo procurar o mesmo eu que sempre fui". Thesiger e T.E. Lawrence deixaram para trás sua bem-amada Arábia e foram para Londres. De resto, já evitara as coisas por um tempo demasiadamente longo. Era preciso encarar alguns fatos e dar partida a algumas mudanças.

Após uma noite, um dia e outra noite sem ver nada, as luzes de Ulan-Bator apareceram como se nos aproximássemos pelo mar. Eram 7h30 e o sol de súbito surgiu sobre um mundo de vapor e gelo, não muito diferente daquela manhã de março em que chegara de Toronto, vencida a primeira viagem noturna de ônibus. Mal conseguia manter os olhos abertos. Paramos numa esquina e, num instante, Tsedee apertou minha mão e saltou do caminhão. Seguimos por mais alguns quarteirões, até o depósito de gás. Quando Batbillq estacionou perto de uma cerca de madeira para abrir o portão, tirei as grandes botas de veludo que me emprestara, peguei minhas coisas e acenei para um táxi.

A VIAGEM DE TREM — de Ulan-Bator a Vladivostok — durou quatro dias. Uma longa jornada, cumprida sob céu branco, entre neve e árvores desfolhadas e marrons, e sobre rios congelados — uma paisagem interminável e imutável.

— A natureza — exclamou Albert Golod, olhando pela janela. — A natureza russa!

Ele tinha 70 anos, e era forte e franco, ao mesmo tempo paternal e infantil em seu esforço para me mostrar os encantos da Rússia. Estava a caminho de um sanatório em Vladivostok, onde ficaria por três semanas. Seus cabelos eram longos e brancos, como sua barba. Falava russo, alemão, hebraico e inglês, e tivera duas profissões: fora engenheiro de radar e, em seguida, arqueólogo, ocasião em que trabalhou e morou no Tajiquistão. Golod insistia para que o visitasse por um instante todas as noites, a fim de saborear um chá com bolo.

— Este chá é russo — dizia. — Este bolo é russo.

Depois, deixava-me ir embora.

Após a tepidez verdejante da Amazônia, a paixão e as cores da Índia, os mares azuis da Indonésia e as multidões calorosas de Bangladesh, após o perigo e o exotismo, a paisagem russa parecia opressora, e os russos, orgulhosos e indiferentes. Nada havia de glorioso ou grandioso ali, exceto a extensão territorial tremenda, a neve e a infindável escuridão fria. Entretanto, Golod não era o único a ver aquele conjunto com assombro e admiração. Um jovem soldado conversou comigo certa tarde e a primeira coisa que falou foi:

— Veja! A Rússia é tão bonita!

Olhei em volta e vi neve, céu branco e desolação.

Nada havia de perigoso ou sujo, e o trem não estava lotado, o que foi uma decepção. O visto para ingressar no país, que conseguira em Délhi, expirara quando cheguei a Ulan-Bator. Portanto, se não quisesse esperar mais três semanas, a única opção era um visto de trânsito, e uma passagem pré-paga de trem. Pedi um lugar na terceira classe, mas não existiam assentos dentro do trem, apenas compartimentos.

Assim mesmo, aquilo era um trecho da Transiberiana e, como escreveu Peter Fleming, em 1934, na rota de Londres para a China, em seu livro *One's Company*: "Todo mundo é romântico, embora em alguns o romantismo seja de um tipo perverso e paradoxal. E para o romântico, afinal de contas, é algo importante ficar em pé sob o sol ao lado do expresso Transiberiano com a aparência casualmente senhorial de passageiro, e refletir sobre aquele longo e rígido encadeamento de ferro, madeira e vidro que vai sair gingando e trepidando do oeste para o leste, carregando-o junto." Adorava aquela descrição, ainda mais porque eu subvertia a imagem de Fleming, indo ao leste a partir do próprio leste. Porém, desde minha partida dos Estados Unidos, e durante toda a viagem, a impressão fora aquela mesma: a de que integrava um encadeamento rígido de ferro, madeira, vidro, borracha e alumínio, serpenteando a partir de Washington e cobrindo o mundo todo.

O trem seguiu seu curso. Numa tarde, fui arrastado para um compartimento abafado e suarento, ocupado por sete homens. Eram vândalos, uns caras durões.

— Vodca! — berraram — Vodca russa!

Garrafas vazias espalhavam-se pelo chão. Uma carcaça gordurosa de frango gotejava sobre uma pequena mesa. Os sujeitos tinham a dentição completa em ouro e prata, os corpos cobertos de tatuagens — aranhas nos dorsos das mãos, cruzes nas barrigas das aranhas. Era como se me encontrasse numa disputa de bola de uma partida de rúgbi. Estávamos entalados dentro daquele compartimento, e os tipos se estapeavam e se abraçavam, agarrados uns aos outros e a mim, com um abandono ébrio e uma proximidade física que o homem norte-americano sente insegurança só em esboçar. Seguravam minha mão e me envolviam com seus braços. Davam-me tapas e também uns nos outros. O contato era intenso, estimulado por talagadas incessantes de vodca e alimentado por pedaços de frango jogados de um lado a outro. Um dos sujeitos, Patap, com os olhos em chamas e dentes de metal que cintilavam a poucos centímetros de meu rosto, agarrou minha mão e a beijou; depois, colocou-a contra a própria testa e me acertou com força na perna, falando, falando, falando, sempre na minha cara. Reagi do mesmo modo, física e oralmente. Falávamos sem nos entender, mas todas as palavras atingiam seu objetivo. Tínhamos certeza disso. Sim, sim, está certo! O comissário de bordo tentou me tirar dali; parecia preocupado.

— Homem mal — alertou-me

Nada havia a fazer, contudo. Formávamos um emaranhado de corpos e hálitos amargos, uma massa que proferia brutalidades no limiar do descontrole. Não sei quanto tempo aquilo durou. Eu perdera a noção. Finalmente, de algum modo, voltei para meu próprio compartimento, extremamente esgotado, e me lancei a observar vertiginosamente uma paisagem que, de tão desolada, era capaz de assassinar qualquer sorriso. Em seguida, desmaiei, ouvindo, ao longe, difusamente, baques surdos e latidos; os gângsteres ainda estavam na mesma, agarrados, batendo-se uns nos outros.

A noção de tempo, a rigor, nunca mais me ocorrera. Havia o horário de Moscou, o horário de Vladivostok e o horário em que nos encontrávamos, num ponto qualquer entre uma cidade e outra, num dia igual ao anterior. Num determinado momento, naquela escuridão plena que antecede a alvorada, chegamos a Vladivostok. Era hora de ir embora; a hora de deixar a selva. Saí caminhando pesadamente pela neve e fiz sinal para um táxi, a cujo motorista pedi que me levasse ao aeroporto.

BRANDON [Manitoba] — Passageiros escaparam em pânico do ônibus da companhia Greyhound quando um indivíduo não identificado apunhalou de repente outro homem que dormia a seu lado. Depois de decapitá-lo, ergueu a cabeça cortada para as testemunhas horrorizadas do lado de fora do ônibus. O ataque aparentemente despropositado deixou 36 pessoas desamparadas no acostamento na noite de quarta-feira (...) enquanto o motorista do ônibus e o de um caminhão, que parara ali perto, trancavam o agressor enlouquecido dentro do ônibus com a vítima mutilada. Segundo relatos divulgados na sexta-feira, o suspeito tentou comer partes da vítima.

— National Post *(Canadá), 31 de julho de 2008*

DOZE Igualzinho, mas diferente

"Morte!" O refrão heavy-metal ensurdecia o terminal de passageiros, proveniente de uma máquina — alinhada no Rock-On Greyhound Multimedia Center — então alimentada pelos dólares de um homem de camiseta preta, pele pálida e cabelos longos e oleosos. Um cara de cavanhaque, que usava um casaco com capuz, sentou-se pesadamente sobre o banco. Uma mulher gorda, de camiseta e calça de ginástica, arrastava uma criança sobre o chão de linóleo, como se fosse uma valise. Estas, por sinal, eram raras. A maioria das pessoas carregava sacos plásticos de lixo, abarrotados, o que dava um aspecto geral de gente em fuga. Eram 6 horas da manhã no terminal da Greyhound, em Los Angeles, e eu tinha passagens para quatro ônibus, que cruzariam os Estados Unidos em 72 horas. Tudo parecia incrivelmente familiar, idêntico. Bogotá. Quito. Lima. Dar es Salaam. Nairóbi. Patna. Hohhot. Outra estação rodoviária, e mais 4.800 quilômetros. Entretanto, também parecia diferente. Afinal, podia ouvir as conversas e compreendê-las; podia pedir coisas, decifrar tudo, e nada havia de romântico. Nenhum quiosque vendendo chá com leite. Nenhum estande de *bakso*. Nem cheiro de merda. Nem de fumaça. Nenhum macaco, nenhum cão feroz, tampouco mulheres com argolas douradas no nariz e braceletes, ou com chapéus de feltro. Nem tortilhas frescas. Nada para comer, exceto as máquinas cheias de Snickers.

Aquilo tudo me parecia um processo meio maluco, inapreensível. Um dia antes, desembarcara de um trem em Vladivostok, na neve e no gelo, ainda de ressaca por conta da farra de vodca e abraços com os gângsteres de dentes prateados; a Índia e o Afeganistão ainda pesavam em meus ombros, em minha mente, mas, bruscamente, *vapt*, atravessava a cálida Los Angeles num táxi.

Desde a degola dentro do Greyhound em Manitoba, no Canadá, em julho, não se podia mais portar facas dentro do ônibus, e todos eram severamente revistados no momento do embarque. Agora, já sabia como agir: coloquei uma sacola no banco a meu lado e fingi dormir; minha boca aberta para desencorajar possíveis companheiros de assento. Nos ônibus, a diferença entre conforto e tortura se encontra exatamente aí; na verdade, o espaço pessoal era a chave para tudo, pouco importa em que país se encontre ou em que tipo de transporte viaje. Deslocar-se no ônibus mais perigoso e mais instável do mundo pode ser um prazer — desde que se mantenha na estrada e ninguém nos corte a cabeça — se houver assentos sobrando e se não estiver cheio.

— Meu nome é Tom. Vou conduzir vocês a Las Vegas. Temos uma parada de 35 minutos em Barstow, a churrascaria da Greyhound. Vocês sabem o que quero dizer, não é mesmo? McDonald's! — em seguida, pareceu recitar. — As regras são: proibido fumar e proibido ingerir bebidas alcoólicas. Nada de palavrões. Qualquer comportamento agressivo, verbal ou físico, e o passageiro será retirado do ônibus!

Bem-vindo aos Estados Unidos.

Tom acionou a ignição e saímos. Passamos pelos galpões cercados de grades do centro de Los Angeles, entramos na rota 405 e rumamos para leste, em direção ao deserto, onde os Estados Unidos imensamente se estendem. As ruas encontravam-se vazias. Onde estavam as pessoas? Exceto pela Sibéria e por Gobi, com Tsedee, até os grandes espaços vazios do Afeganistão, da África e dos Andes pareciam sempre pontilhados por carroças ou por um camponês a cuidar de uma alpaca.

De repente, uma voz se fez ouvir.

— Estou no topo do mundo e ganhando uma grana como se não houvesse amanhã! — era um homem, três assentos à minha frente, que falava ao celular. Alto. Como se estivesse sozinho naquele ambiente. — Fui abençoado com uma inteligência superior e começo meu curso de direito em quatro dias. Vou ser doutor em medicina e advogado, não é incrível?

Desligou o telefone durante dez minutos e, depois, ligou para o médico.

— Aqui é Drew Fenton falando e meu número de previdência social é... — eu não conseguia acreditar; ele digitava os números e prosseguia incessantemente, uma chamada após a outra, um ego que parecia insaciável. — Qual é nossa situação financeira? — perguntou a alguém, numa outra ligação. — Tome cuidado. O cara pensa que sou um banco! — e então me perguntei se aquilo me incomodava só porque podia entender a língua, as palavras.

Chegamos a Las Vegas à tarde. Os Estados Unidos pareciam o lugar mais triste que vira nos últimos meses. Os piores e mais perigosos meios de transporte no mundo sempre levavam uma mistura de pessoas, gente que transbordava de vida, de cor e de amizade. No Peru, no Mali, na Índia ou em Bangladesh, todos eram pobres. Os poucos ricos fugiam; todos os outros tomavam barcos, ônibus ou trens e se preparavam para o dia com suas marmitas de arroz bem embrulhadas, e a quantidade de alimentos frescos oferecidos por alguns centavos era monumental. No entanto, ali, afora Drew Fanton, o tagarela no celular, os demais passageiros do Greyhound representavam o refugo do país, os mais pobres entre os pobres. Minha passagem de Los Angeles para Washington custara mais de 200 dólares. Claro que poderia achar um voo pelo mesmo valor aproximadamente. Nos Estados Unidos, se você tiver acesso à internet e quiser ir a algum lugar, basta procurar o preço mais baixo e decolar. As pessoas no ônibus, todavia, estavam apartadas dessa realidade, não compunham esse cenário.

— O movimento é maior no começo do mês — contou o motorista.

Isso significava que os passageiros viajavam com a pensão que o governo pagava ou coisa parecida. Um homem embarcou em Las Vegas. Carregava somente um saco plástico com latas de Coca-Cola. Fazia já alguns dias que não tomava banho. Com ele, subiu uma mulher magrela e de aparência doente. Tinha o pescoço coberto de tatuagens. Ninguém levava comida; alimentavam-se de batatas fritas e Big Macs. Eram pálidos, os dentes tortos e rachados. "Pronto para voltar para casa?", questionava o cartaz na estação. "Não fuja, meu amor, você não está só! Abra os olhos e volte para mim", dizia outro, que implorava a que os adolescentes em fuga buscassem ajuda por meio de uma ligação 0800. Pensei em Moolchand, pobre de dar dó, pagando-me um chá; em Fardus, alimentando-me com cocos frescos de seu quintal e sonhando com Las Vegas. Mas ali era Las Vegas. Os Estados Unidos, ora, o próprio sonho! E parecia um lugar em ruínas, depenado, que caía aos pedaços. Quem me convidaria para almoçar em casa? Quem ao menos possuía uma casa? Quando passávamos pelos templos a bordo do Blueline, Moolchand rezava; Khalid rezava constantemente, por mim, por nossa segurança; os homens e as mulheres aos quais ele dera dinheiro nos ofereciam orações em troca. Moussa fizera um chá dentro do cubículo do trem no Mali e o distribuíra a quem quisesse. Rokibal, em Bangladesh, desejara saber tudo sobre mim, e Ranjit, o motorista de ônibus no estado mais pobre da Índia, ofertara-me seu travesseiro vermelho de veludo. Wakiba e David imploraram para que fosse até a casa deles, após vinte horas de batalha no tráfego de Nairóbi, e me alimentaram numa residência onde não havia cozinha ou banheiro. Às vezes, as condições eram deploráveis. Sujeira. Calor. Multidão. Ambientes lastimavelmente desconfortáveis.

Perigosos mesmo. Todas aquelas pessoas, todavia, e apesar dos pesares, mostraram-se tão cheias de generosidade e vida, de curiosidade pelos estrangeiros; todas, de algum modo, conectadas inconscientemente a uma sociedade, uma cultura e uma família maiores. Aqueles ao meu redor, por sua vez, pareciam solitários, descasados, soltos; que laço os ligava uns aos outros? Aos Estados Unidos? O que eram os Estados Unidos? Éramos um ônibus de almas penadas num país, ele também, desprovido de alma. Por todos os lugares em que andara nos últimos meses, sem exceção, as gentes me perguntaram sobre Obama; ele tomara posse poucos dias antes, e ali eu estava, finalmente em meu país, e ninguém falava do novo presidente.

Fizemos uma parada rápida em Vail, no Colorado, onde eu vivera durante oito meses, quando tinha 18 anos e era um esquiador vagabundo. Saí com dificuldade do ônibus e fiquei em pé na neve por alguns instantes, para me recordar. De repente, as portas se fecharam com um som de ar comprimido e o ônibus avançou. Saí correndo, batendo na lataria. O ônibus parou e as portas se abriram para o motorista vociferar:

— Não dei autorização para que saísse!

Paramos uma hora depois para que ele pudesse colocar as correntes antiderrapagem nas rodas traseiras, de modo a enfrentar a travessia do desfiladeiro de Vail. Saí novamente e, um segundo depois, o motorista embarcou e arrancou outra vez. Corri até a porta, para que vociferasse novamente:

— Não estou indo embora, porra, apenas estacionando mais à frente. O que há com você?

Nos 80 mil quilômetros até então percorridos, ninguém falara comigo daquele jeito. Perdi a paciência.

— Por que você precisa ser tão babaca? — perguntei.

— Fique longe de mim! — berrou. — Não gosto de você!

Fizemos uma parada em Kansas City, às 9 da manhã. A neve caía levemente e uma insolente Suze Orman, na TV de tela plana presa à parede, dava-nos lições de como cortar as despesas para realizar uma poupança de seis meses em época de recessão.

— Sei como cortar as despesas! — disse um homem a meu lado, a barba de alguns dias no rosto, usando botas de trabalho e uma jaqueta de brim. — Tenho uma ótima ideia. Vou falar para meus quatro filhos que vamos alternar os dias de refeição. Sua mãe e dois de vocês comem nas segundas-feiras, e depois eu e os outros dois comemos nas terças-feiras — ele era um motorista de caminhão que acabara de ser demitido, ao estacionar no depósito em Kansas City naquele mesmo dia, e voltava para casa, na Flórida, de ônibus. — Aposentadoria? Plano de poupança para quando se aposentar? Tenho dois planos: o bom e o ruim. O bom é ganhar na loteria. O ruim é trabalhar até o dia da minha morte.

Os quilômetros e as horas passavam como fumaça. Naquela altura, já estava acostumado ao desconforto físico; aquilo não era nada, embora a dieta constante de Big Mac's e batatas fritas se tornasse repetitiva e meu país parecesse tão triste — não havia outra palavra para descrevê-lo.

— Só preciso descer até o Tennessee, ir até o tribunal e depois regresso — explicou um homem gordo, que vestia meias brancas e bermuda, apesar dos 8 graus negativos que fazia do lado de fora às três da manhã, na estação de St. Louis.
— Espero arrumar algum trabalho perto de Indianápolis.
— Qual é o problema com o tribunal?
— Lugar errado na hora errada, só isso — respondeu, palitando os dentes, enquanto a televisão lá no alto proclamava: "E se eu lhe dissesse que existe uma maneira de ganhar dinheiro conforme sua situação? Ela sempre esteve debaixo do seu nariz; a questão é: você está preparado para isso? Tirar vantagem dos lucros enormes do mercado de ações, não importa seu desempenho!" Era inacreditável; a bolsa de valores tivera uma queda de 60%, um colapso. Ainda assim, havia quem insistisse naquela mesma ladainha, e me perguntei se alguém ainda acreditava naquilo.
— Posso também simplesmente ir para Las Vegas — ponderou. — Apostar tudo na merda do jogo.

Gostava da ideia de me sentir cercado pela alteridade, mas essa era uma da qual queria distância. Não desejava explorá-la, nem me inserir nela. Imaginei Moolchand e Moussa como poços sem fundo, conduzindo-me pela Índia e pelo Mali. Meus companheiros de viagem no Greyhound, porém, pareciam becos sem saída. Não me agradava sentir isso em relação aos Estados Unidos; eu imaginara que, ao voltar para casa, veria meu país sob nova luz, brilhante, limpa, tranquila, moderna, familiar e acolhedora. Esperávamos na fila para voltar a embarcar quando tive de correr até o banheiro. Perguntei a um homem, que estava no mesmo ônibus desde

Los Angeles, se podia dar uma olhada na minha bagagem. Ele então olhou para mim e respondeu, sem piscar:

— Não. Não posso. Simplesmente não é possível.

Embarcamos e seguimos para Pittsburgh. Uma mulher sentou-se ao meu lado e começou a mandar mensagens para um fórum de sexo. "O meu tem 20 centímetros!" "Por favor, alguém pode me ajudar, estou tão necessitada", escreveu "lookin4luvlesb", quando nos lançamos na grande estrada americana.

Outra voz atravessou o corredor.

— O bebê morreu! Verdade, mortinho da silva; estou te falando. Pra mim, parece conversa fiada. Ela não tem trabalho e não faz coisa alguma. Fica só sentada, fazendo pose. Me disse que o bebê morreu, mas de jeito nenhum o bebê tinha 3 quilos; não vai haver corpo nem enterro, nada. Temos de chegar lá e ver o que aconteceu com o bebê. É a coisa mais feia que vi na vida.

SAÍMOS DE PITTSBURGH à meia-noite. Eu estava a caminho de casa. Era difícil imaginar; embora tão perto, sentia-me ainda longe dali, muito mais próximo de Nova Délhi e de Cabul do que de Washington. Terminara. Eis o fato absoluto. Acabara. Não precisava mais sair do ônibus, achar um hotel, planejar o próximo trajeto. Não, não mais. Aquela era minha última noite na estrada. Tinha a impressão de que minha vida mudara; de que conseguira, de forma lenta, porém firme, inexoravelmente, alcançar não um fim, mas um ponto de partida. Um começo.

Escapar para os cantos mais remotos do mundo sempre me fizera bem. Parte disso, só pela aventura, pela excitação de mergulhar nas estradas enlameadas da Amazônia peruana, ou de me lançar a bordo de um barco de passageiros sem a menor ideia de destino. Tinha certeza de que nenhuma missão era demasiadamente longa ou perigosa — tanto melhor quanto mais intensa — e de que minha família estaria lá quando voltasse; de que minha esposa me amaria; de que meus filhos sentiriam minha falta e me abraçariam quando entrasse pela porta novamente, semanas ou meses mais tarde; e de que ninguém nunca mais se sentiria abandonado e de que eu me sentiria por inteiro, parte de suas vidas, como se jamais houvesse partido. Isso era o que sempre me dizia.

Contudo, enquanto o ônibus deslizava pela rodovia, no meio da noite, em direção à minha casa, comecei a pensar no preço que pagara. Ir embora, viver a vida que vivi, custara-me muito. Uma coisa era sair para uma viagem de quatro dias; outra, encontrar-se num navio no Pacífico durante dois meses — e partir três semanas mais tarde para mais 14 dias na Nova Zelândia, como fizera, ausentando-me por mais de 120 dias naquele ano. Só nessa última viagem, passara 159 dias longe do país. Meu casamento desmoronara e eu nada fizera, muito embora dissesse a mim mesmo que tentava salvá-lo. Deixara a dualidade de minha vida crescer, sem interrompê-la. A despeito de que estivesse sempre em movimento, em 15 anos, Lindsey e eu mal tínhamos saído de férias juntos, só nós dois.

Todas aquelas pessoas que encontrara na estrada me levaram a pensar profundamente sobre as viagens, as ligações humanas e a fuga. Sempre me orgulhara dos laços humanos que estabelecia em minhas andanças, desde o suíço doidão em Mombasa até Fardus, em Bangladesh, e Moolchand, em Nova Délhi. Todas essas interações, entretanto, eram rápidas e superficiais — não era possível enganar a mim mesmo negando isso.

Em lugares como a Índia e a Indonésia, onde as pessoas quase sempre viajam juntas e onde me viam, pois, como um maluco solitário, eu finalmente começara a entender o valor de laços mais profundos, reflexão que se aprofundara enquanto atravessava a noite, naquele ônibus de almas perdidas, rumo à minha casa. "Apenas entre em contato", escreveu E.M. Forster — uma dessas frases literárias que se tornaram clichê. Como humanos, isso — esse contato, entrar em contato — é tudo o que almejamos, talvez mais do que qualquer outra coisa. Baixar a guarda, deixar-se conhecer, era tão assustador quanto desejado; que ironia que tantos de nós, em vez disso, fugíssemos, que não nos permitíssemos aquilo que exata e essencialmente queremos. O chamariz dos países e das culturas estrangeiras sempre foi a evasão, mas também a transformação, a redenção, a descoberta. As pessoas que não se sentiam integradas pensavam com mais intensidade em fugir para o exótico, mas isso talvez fosse porque, nessas terras estrangeiras, para começar, nunca poderiam ser realmente conhecidas, nunca precisariam se arriscar se revelando ou confiando nos outros. Passamos por outro McDonald's. Pensei em meu pai, que nunca voltara a se casar depois de se divorciar, 35 anos atrás. Hoje, vivia na Tailândia com uma mulher cuja fluência em inglês era, na melhor das hipóteses, frágil, e era seu relacionamento mais longo em anos. Será que se davam bem porque estavam profundamente ligados, ou porque mal havia ligações e ela não podia fazer-lhe perguntas sobre aquelas questões emocionais irritantes? Houve vezes em que tivera todos esses laços em casa, mas os deixei passar, tendo atravessado um pedaço enorme da vida sem pensar sobre isso, trabalhando na base do piloto-automático, até que fosse tarde demais.

No final — pensei, enquanto entrávamos em Frederick, Maryland, às 4 horas da madrugada —, a evasão era menos uma resposta do que seu oposto: aquele abrigar-se sob o manto da alteridade durante um curto período era uma forma de se esconder numa fantasia. O fato de ser um ocidental solitário no meio de uma multidão exótica e atenta não substituía o amor e seus desdobramentos, algumas vezes intimidadores e exasperantes.

Talvez houvesse certos tipos de viagens, de missões, que não precisava mais fazer. Somente as realmente longas. Aquelas para zonas de guerra ou congeladas; planícies devastadas pelos ventos ao norte da Groenlândia, onde a comida era pouca e as barracas eram derrubadas, onde a intensidade era tão elevada que me sentia isolado do mundo. Pensei no Afeganistão. A coisa ficara feia no país, e eu lera no jornal relatos de trocas de tiro, segundo correspondentes e fotógrafos que estavam na linha de frente. Por um instante, invejei-os. Devia estar lá! — pensei. Mas todos pagaram — e pagavam — um preço por suas reportagens, por aquelas experiências. Às vezes, caro demais, pois alguns morreram ou foram sequestrados, deixando para trás esposa e filhos. Porém, ainda que retornassem em segurança, tornavam-se pessoas à parte, que carregavam experiências difíceis de dividir com alguém que não tivesse vivido o mesmo.

Ao sairmos da rodoviária, o ônibus parou. Arrancou de novo e voltou a parar. Um cheiro de fumaça e de borracha queimada flutuou dentro do ônibus. O motorista saltou e voltou logo em seguida.

— Tivemos o que chamamos de uma avaria em serviço — anunciou. — Os cabos dos freios congelaram. Já liguei para a companhia e vão mandar outro ônibus.

A menos de 70 quilômetros de casa, a realidade era esta: o único meio de transporte, em cinco meses de viagem, que não conseguira me levar a meu destino era um ônibus da Greyhound. Devíamos ir de Frederick até Baltimore, em seguida para Washington; ninguém sabia quanto tempo isso levaria. E eu estava tão perto. Liguei para Lindsey e a acordei. Perguntei se podia vir me buscar.

— Não estou a fim — respondeu. — Você não pode tomar um táxi?

Foi o que fiz. Aninhei-me no banco traseiro de um Chevy Caprice alguns minutos depois e deslizei sossegado e aquecido pela interestadual em direção à minha casa. Imaginava que o ônibus estacionaria na rodoviária, as portas se abririam e eu desembarcaria no meio da madrugada, do local de onde partira, acolhido por meus filhos. O papai que regressava, triunfalmente, após tantos quilômetros ao redor do planeta. Em vez disso, saltei de um táxi, às cinco horas da manhã, diante de meu apartamento vazio.

Só que, desta vez, estava tudo bem. Vira o mundo e a mim mesmo novamente. Partira de maneira a poder encontrar o caminho de casa novamente — e conseguira, mesmo que para uma casa nova e diferente. A viagem me ensinara isso. Quando jovem, perseguia a oportunidade, minha carreira e a aventura; não conseguia ver outra opção à época. Foi só mais tarde, com o sucesso — e com um certo preço pago —, que pude avaliar o custo e admiti-lo. Tinha de me perdoar e começar de novo. Lembrei do instante em que aquele trem entrou, ensurdecedoramente, na estação do Mali, momento em que pensei: "Como é que posso embarcar numa coisa tão danificada e assustadora como essa?" Às vezes, é preciso apenas fechar os olhos e embarcar, viajar em direção às coisas e não somente para longe delas, e é claro que conseguia entender isso porque fora, de fato, bem longe nessa viagem. Subi a escada, abri a porta e entrei, desabando sobre a cama, o mundo e minha vida se debatendo ruidosamente na cabeça.

APÊNDICE

Pedi a Fred Kilbourne, um experiente agente de seguros em San Diego, na Califórnia, para calcular o risco atuarial de minha viagem de 159 dias. Seguem suas descobertas:

RISCO DE MORTE DO *EXPRESSO LUNÁTICO* OBSERVAÇÕES

1. As tabelas anexas indicam que, se Carl tivesse feito suas viagens mil vezes, teria 50% de chances de ser morto na estrada. Isso decorre do risco acumulado combinado de 481.070 por 1 bilhão de viagens, conforme as tabelas. O risco de morte pode também ser expresso em 5% em tais viagens combinadas. Isso surpreende por ser extremamente alto, se comparado a uma viagem de 80 mil quilômetros dentro dos Estados Unidos; porém, bem menos do que um ato suicida absoluto.
2. Todo esse cálculo obedece, é claro, a seleção dos fatores indicados. Os dados estatísticos relativamente adequados

em relação ao risco de viajar pelos Estados Unidos, e o risco matizado de uma morte por bilhões de quilômetros viajados, são sustentáveis. Alguns dados são disponibilizados pelas viagens aéreas internacionais, e os índices selecionados são provavelmente conservadores (ou seja, podem ser mais altos). Por outro lado, só foram encontrados dados incompletos para meios de transporte como barcos de passageiros e *matatus*, e a seleção dos índices foi altamente subjetiva, podendo em alguns casos estar imensamente inexatas. Consideremos, por exemplo, a viagem de ônibus em Cabul. O índice designado de 96 é bastante substancial, mas ficaríamos realmente satisfeitos com o fato de uma viagem de milhões de quilômetros naquela área apresentar apenas 10% de chances de resultar em morte? Eu me sentiria inclinado a ceder meu assento para Carl.

3. As tabelas abordam somente a mortalidade devida a acidentes em determinados trajetos e meios de transporte. Algumas considerações foram feitas em relação ao risco de ataques terroristas no Afeganistão, mas nenhuma em relação à chance de ser esfaqueado por um passageiro louco dentro de um *matatu* no Quênia, ou ser devorado por um crocodilo após saltar de um barco de passageiros indonésio. A morte poderia também decorrer de um contágio de lepra na Índia ou da doença da vaca louca no Canadá. Há também uma força de mortalidade em funcionamento em todos nós ainda que estejamos deitados na cama de casa, é óbvio, mas isso não é culpa das viagens de Carl.

4. Até agora só discutimos os riscos de mortalidade, mas o segurador (e o viajante aventureiro) deve também

considerar as doenças, o roubo e todo tipo de eventos adversos. Ressaltei para Carl que ele poderia ter adoecido por causa dos amendoins no voo para Bogotá, ou quebrado uma perna pulando dentro do trem em Dacar, ou ter sido sequestrado enquanto passeava em Lima, ou condenado por espionagem em Ulan-Bator, ou ter sido assaltado no ônibus para Washington, e mais ainda, pior ainda. Mas revelou-se que ele já havia levado em consideração alguns desses eventos e ficado surpreso em relação a outros. Tudo isso me levou a concluir que *Expresso lunático* é um nome apropriado para as viagens de Carl.

AGRADECIMENTOS

Eu viajei sozinho e escrevi o *Expresso lunático* sozinho, mas nada disso teria sido possível sem a ajuda e o apoio de muitas pessoas.

Pelo amor e amizade dedicados em mais de 27 anos, e meses demais afastado, nunca conseguirei agradecer a Lindsey Truitt suficientemente. Não seria quem sou, não teria a família que tenho, nem conseguiria prosperar como jornalista sem ela, sem seu apoio e empenho. É justo dizer que sem ela *O expresso lunático* não existiria.

Pelo amor e pela paciência com tantas missões que me afastaram de casa, agradeço a Lily, a Max e a Charlotte; meu amor por vocês não tem limite.

Devo muito a meu agente literário, Joe Regal, pelas percepções editoriais e profissionais.

Este *Expresso lunático* teria permanecido para sempre uma ideia sem Charlie Conrad, meu editor na Broadway, que assumiu o risco e apoiou o projeto desde o início, e cuja orientação editorial aprimorou o livro. Por ter me ajudado a transformar um simples manuscrito numa obra, sou imensamente grato ao pessoal da Broadway: Jenna Ciongoli, David Wade Smith, Julie Sills e Laura Duffy.

Agradeço a Alex Heard por ter me enviado ao Congo. Nossas conversas subsequentes germinaram as sementes que levaram diretamente à minha proposta do livro.

Pela leitura inicial dos esboços e pela amizade, agradeço especialmente a Clifton Wiens e a Keith Bellows.

Pela amizade, o encorajamento e a paciente escuta, agradeço a Scott Wallace, Lisa Ramey, Liz Hodgson, Nick Kuttner e Geoff Dawson.

Pelo apoio nos últimos anos, mantendo-me ocupado, agradeço a Susan Murcko, Adam Rogers, Jim Meigs e David Dunbar.

Sou imensamente grato ao experiente agente de seguros Fred Kilbourne pelo doloroso trabalho de calcular o risco de minha viagem; sei agora que deu mais trabalho do que pensava.

Em Lima, no Peru, um grande obrigado a Tyler Bridges e a Cecilia pela atenção e as refeições nos dias de conforto em sua casa.

Pela hospitalidade em Nova Délhi, agradeço a Jeremy Kahn e a Victoria Whitworth; desculpem-me se fiquei aí muito tempo!

E por último, mas de idêntica importância, o *Expresso Lunático* nunca saiu dos trilhos, afundou ou despencou de um despenhadeiro por causa de Melissa Bell. Seu trabalho aplicado de edição tornou o livro mais preciso, mais enxuto e alcançou nuances que, sem ela, nunca teriam sido possíveis. Devo-lhe muito e agradeço sua ajuda.

Este livro foi composto na tipologia Adobe
Garamond Pro, em corpo 11,5/16, e impresso em
papel off-white no Sistema Cameron da Divisão
Gráfica da Distribuidora Record.